丛书主编／乔 力 丁少伦

WENHUAZHONGGUO YONGHENGDEHUATI

文　济南出版社　化　永恒的话题　中　（第四辑）　国

曹雪芹

从忆念到永恒

周锡山 / 著

总　序

乔力　丁少伦

　　如果仅只一般意义上的泛泛之言，那么，文化，特别是较偏注于精神层面的历史—文化类，便容易生出些与现实中社会经济发展进程相疏离的印象，以致它们那份作为生命价值衡定和终极追求的根基，或者伴随原生点所特具的恒久坚持品格，就往往被世俗间浮躁浅陋的表层感觉相遮蔽误读。其实，庄子早就在尊崇着"无用之大用"的绝佳境界，而海德格尔（Heidegger）从另外的角度着眼，也曾经说过"语言是存在的家园"的话头；如此看来，这种类型的人文—文化，很有可能会筑构起人类世界的精神家园，是极力追逐着速效与实用的现代人那匆促焦灼的人生之旅中的一片绿荫，是抚慰芸芸众生的缕缕清凉气息……

也许，简单推引东西方先贤高哲的理论来作譬喻依归，或许强赋它们以过度严肃严重的功能，将使之疲于担当；而新文学家朱自清《经典常谈》里的观点则是颇有意思的参照："在中等以上的教育里，经典训练应该是一个必要的项目。经典训练的价值不在实用，而在文化。有一位外国教授说过，阅读经典的用处，就在教人见识经典一番。这是很明达的议论。"此言诚不虚也！佐之以别样异类的眼光，则使我们更多元、更宽阔地领略体会到这"一番"：那种智慧的激荡、视野的开张，所带给人心灵的愉悦舒畅。

所以，长时间以来，读书界似乎总在期望着能够以广阔的大文化视野去引领统摄，凭借知识门类的交叉综融而打通人为壁垒的割裂，借助畅达明朗消解枯涩僻奥，既有机随缘地化合学术于趣味之中，又仍然坚守高品味格调的那一种境界——也正是基于上述考量，从我们擘画构想大型丛书系列《文化中国》初始，便明晰了相关选题取向定位和通体思路走向，即"兼纳文史，综融古今"的开放性观照角度与充溢着现代发现目光的"话题"式结构形态；而二端皆出之以寓深以浅、将熟作新的"文化解读型"的活泼清新的叙述风格，是谓异质同构。若申言之，则兼纳综融者成就其框架，设定了特具的内容实体，解读者则属它那有机的贯通连接的具象方式、形态。故此，于遵循一般性历史史实文献叙述规则的同时，还须得特别注重大众可读性，凸显文字的充分文学性趋势。

顺便说明的是，总体上应该变换已经凝滞固型的惯常思维模式，而移果就因、将反换正，另由逆向方面重新审查中国社会历史中既然的现象、人物、事件，有可能寻找、开启别一扇不被熟知的门扉。那里面或许藏蕴了无限风光不尽胜境，等待被发现、辨识尚

未迸发出的生命热情与现代活力，给予现在意义上的形态描述和价值评断。新月派诗人闻一多说："一般人爱说唐诗，我却要说'诗唐'——懂得诗的唐朝，才能欣赏唐朝的诗。"借鉴这种自我作古的论辩意味，我们引申出关于"文化"的终极关怀，充分确认了自己的独立研究发端和把握范畴，明晓这并非单纯的中国文学史、哲学史、政治史，或者相关历史、宗教、审美、教化等等所拼接装合的读本。

至于《文化中国》丛书之第一系列《永恒的话题》，我们则不曾有过任何张皇幽眇、搜剔梳罗早已被岁月尘埃埋没的碎琐资料、荒僻遗存以自诩自足的计划：我们之所多为注目留心者，只是那类于漫长的社会历史——文化演进行程中，曾经产生过推动、催变或滞碍、损毁等诸般巨大作用，拥有广泛、深刻的影响力，又为普世民众感兴趣，每每引作谈资以伴晨夕诵读、茶余饭后的"话题"。无论对其揄扬臧否，这里面都应当含蕴包纳了可供人们纵横反复地探讨评骘、上下考量的丰繁内容，能够重新激荡起心灵波纹的感应——这些即是我们选择的参照系，对于"永恒"的理解和定义。

依前所述，虽然本系列关注的重点在于社会历史运动进程中，那些起到支配主导作用的部分，阐释多种文化现象里的主流内容，力求明晰描绘出那些关键环节与最璀璨绚丽的亮色；但不应忽略的是，造成这些"话题"演变的原因、结果往往是多义性的，其运程经过更可能呈现出多元化的展露、一种异常纷杂繁复的构成形态，而极少见到的是那严格意义上的唯一性。故而，与其强调它们的关系属于决定论，倒不如主张为概率式的，才更切合实际，也更需要一种远距离、长时间的"大历史"理念和宽视界、全方位的"大文

化"框架去作重新检讨。两者其实是互补而相辅相成的。如果将这个方法提升成范式，则很可能显示出同以往传统惯常的观点、结论并不总是趋同的独到之处。这也是我们所希望得到的东西。

以上已明了《文化中国：永恒的话题》丛书系列的缘起和总体立意命思，随后就它们的具体撰写旨趣与大致结构特点略予说明。

首先是关于丛书的。本系列要求必以全面、凿实的史料文献作为立言根基，却主张采取清畅流丽而富于文采意趣的散文体笔调去表述，以实现对诸"话题"的多元考量与文化透视。也就是说，意味着从文化的特定视角来重新解读，并非简单、直接地面对某些重大社会历史文化的主题；而给出的现代反思和阐释，也折射、反映着一定的时代文化精神。从这里出发，我们尽管极力求取更多的知识信息含量，但却不是一般化的知识读物；虽然以深厚谨严的学术品格做前提，但非同那种纯粹的学院派学术论著。我们力推有趣味的可读性，却绝对排斥、摒弃那种纯为娱乐而违背史实随意杜撰编排的"戏说"故事；强调现代发现和个人创见，又拒绝只求新异别调的无根游言及华而不实的浮夸笔墨。总归一句话，丛书所要的只是浓郁的文化观照、历史反思和新见卓识，即新的观点、视角和表述方式方法。

后者是关于本系列的。本次的5种为其第4辑。如果依然采用以类相从取所近者而归纳于同一范畴的方式的话，则这5种可是本系列已经出版过的数十种里未曾有过的类型，这反倒与另一个系列《边缘话题》的第3辑相似，皆属于"纯文学性"的题材。只不过那些都是作品，以对中国古典戏曲巅峰制作的5种文本（元人《西厢记》，明人《琵琶记》、《牡丹亭》，清人《长生殿》、《桃花扇》）

来展开叙说述评，敷衍成书；而本系列的 5 种则通为作家了——他们无不是高高矗立在中国文学史极顶上的人物，贯穿着开端到结尾，永远标志了那几千年漫长岁月里所可能臻达的辉煌。

顺便提一下，运作本辑的动念竟有点偶然：因着当代小说家莫言获诺贝尔文学奖事，国人生发出浓郁的"诺奖情结"，热议：设若也为中国古代文学家立项的话，那么谁能够得此殊荣？迭经作家学者们讨论、网友几番票选，百余名有幸获提名者中最居前端的便是本辑的 5 位：真可谓众望昭昭，实至名归。下面就依照其所处时代的顺序先后，列出虚拟颁奖辞，并略缀数语为之说明补充。

《屈原：乡土元音奏典范》："处身于黑暗无序的政治环境里，他却孤独地坚守光明有序。他将极具个性化的楚风楚调之蛮荒神秘转化成为纯美绚丽的艺术世界，虽与中原先民的群体歌唱情韵殊异，然皆为华夏文学文化的源头和经典。"

屈原是战国末期的楚贵族，曾参与过政治最高层，然终遭贬黜斥逐，国家也走向了彻底衰败。作为中国历史上的第一位纯文学作家，他是浪漫的诗人。不过，这种浪漫不重在意志与渴念，也不讲排弃原则的反讽，而是以人为本，张扬人的灵性，将人格与自然的两美蕴含在一起，主客融化，物我成一体，构建起独特的审美形式。屈原之浪漫，每以飞翔的想象、不竭的动力作为外在表现，而内在则支撑充盈以他那独特的理想人格，才铸就了他的精神境界：卓伟高洁，痛快淋漓。

《李白：梦里游客竟未归》："一个终生'在路上'而无所归属的追梦者。由于他气骨高举、豪迈不羁的诗歌所创造出的非凡艺术力量，在不适合幻想的人世里，诠释证明了人格自由和人的价值。"

他名播四海，但生命中却从未得有真正深度介入现实政治的机会，终究以一介平民身份弃世。可他心头总是装着许许多多的梦想，如求道寻仙之梦，任侠仗义之梦，出将入相之梦，拥抱自由之梦……而实际上，李白的这些梦想，并未圆满筑构成，也断难筑圆。不过，他仍然不断地为践行理想奔走，努力探寻他那个世界，给盛唐天空镶嵌上熠熠闪光的星星。就像古代神话中的夸父逐日——夸父尽管"道渴而死"，未能达到目的，但他所留下的手杖，业已化作绚烂如火般热情的桃花林：这便是永远青春盛开的李白，真乃太白金星之精魄也！

《杜甫：儒风侠骨铸真情》："等到身后才被历史发现、认同，尊奉为'诗圣'，享千秋盛誉。他将家国民生之深思大忧融进诗歌，又将诗歌注入生命深处，变移了古典诗风走向，尝试并构建起人工胜天然的新美学范式，遂挈领后世诗坛潮流。"

他总是揣着满满的儒者情怀，忧国忧民，也曾几度任职于朝廷和地方政府，危难时刻仍坚守理想；同时又受到洋溢了青春精神、生命活力的盛唐气象与任侠之风的熏染影响，思想作风时常迸射出侠义光芒。而这些，都根基于他的一片真情、"民胞物与"的大爱情怀。故无论"伤时挠弱，情不忘君"，或者对人间亲友、自然万物，"杜甫是当得起'情圣'这一封号的"。所有种种诸般，都活现在他为之付出毕生心血、直相伴到人生途程之最后的诗歌里，乃至成就为历史的永恒："善陈时事，律切精深，至千言不少衰，世号'诗史'。"或许，杜甫是幸运的，生当这个数千年难得一遇的、国家盛衰转捩的关键；他也是无愧的，圆满完成了自己的诗人使命。

《苏轼：率性本真总不移》："尽管多历跌宕忧患，他仍笑对人

生，将儒、释、道综总融作高远旷达。作为不世出的天才全才，他标志着被视为中国历史上最高度发达成熟的那个文化时代的辉煌。"

苏轼本着以儒济世报国、以道处世为人、以佛治心养气的理念，综融贯通了儒、释、道三教，进而给自己的人生和事业打下"外儒内释"的深深印痕。他才华横溢，学识渊博，极富创造力而成就卓绝不凡。他虽广泛涉猎于文学艺术乃及文化的诸领域，然多能自成一家，"别开生面，成一代之大观"。这也与那个在开明宽松的国家政策和稳定和平的社会环境下，思想文化呈现出历代罕见的大繁荣，造就了发展鼎盛期的时代背景所应合，遂得成巍巍高峰。苏轼的文艺创作崇尚自然，主张创新，别立标格，注重自由写"意"与真实情感的抒发。无论在朝为帝王师抑或出任地方牧守，甚至是屡遭斥逐的艰窘岁月，他都每每以率性本真之面目待人处世，不改其超迈清旷、高绝俗浊之气。

《曹雪芹：从忆念到永恒》："繁华旧梦已化灰，他据之创造出经典的艺术大厦。这是由于他对真理的热情和探索，对思想的贯通能力，对社会的广阔观察，以及他在一部作品中辩解并阐述那种理想主义的人生哲学时，所表现出来的坚执与热忱。"

他一生只写了这一部小说，自称是"自怜幽独，伤心人别有怀抱"之作，藉以表达对宇宙、人生和社会、历史的探讨，散发出悲天悯人的巨大思想精神力量——曹雪芹和《红楼梦》已经紧密地融合为一体。准确说来，《红楼梦》是曹雪芹以自己的亲身经历、见闻为基础，通过典型塑造、虚构提高等诸多艺术加工所成的，带有浓厚自传色彩的稀世杰作。在其间，关于失败贵族青年痛恨前非的忏悔，对忆念想象中曾闻见的优秀女性那瑰丽形象与超群智慧，以

及精湛广博的中国文化的表现，都在曹雪芹笔下被赋予了永远的生命活力。

总括言之，《文化中国：永恒的话题》强调"可操作性和持续发展的张力"，即足够的灵活性和巨大的包容性。作为一个长期的品牌选题，视具体情况，分为若干辑陆续推出，以期完成对"文化中国"的重大历史—社会文化主题的另样解读，自然希望能得到更多读者朋友的关注。倘蒙你们慨然指出不足谬误之处，相互切磋商酌，那便是传递出一份浓浓的友情，而我们的欢迎和感念之情，当是不言自明的。

2014 年季冬之月于济南

目　录

引　言

　　《红楼梦》作为一部伟大的文学作品，20 世纪第一国学大师、清华大学国学院导师王国维的评价最高、最准确，他在其开创 20 世纪新红学的一代宏论《红楼梦评论》（1904 年上海《教育世界》）中指出：《红楼梦》是优美与壮美相结合、以壮美为主的天才之作，是悲剧中之悲剧，是宇宙之大著述。①

　　当代学者公认《红楼梦》是中国古典小说的顶峰之作，中华文化的稀世珍宝，集中而细致地展现了传统文化的神髓、精华和精神；是一部凝结着中国传统审美理想、审美情趣追求的伟大文学作品。

　　《红楼梦》的作者是曹雪芹，对于这位伟大的作家来说，"仆本

---

　　① 王国维：《红楼梦评论》，见周锡山：《王国维文学美学论著集》，北岳文艺出版社 1987、1988 年版；《王国维集》第一册，中国社会科学出版社 2008、2012 年版。

恨人"①，《红楼梦》是他作为"自怜幽独，伤心人别有怀抱"② 之作。他对宇宙、人生和历史、社会的探讨和描写，散发着悲天悯人的巨大思想力量和精神力量。

《红楼梦》是带有自传色彩的一部伟大小说。《红楼梦》中叙述的内容和精彩的描写，是作者曹雪芹在亲身经历、所见所闻的基础上，进行艺术加工、虚构提高、典型塑造的伟大杰作。

曹雪芹从早年生活的忆念走向永恒——繁华旧梦已化灰，却建构起辉煌永恒的艺术殿堂。

曹雪芹将青中年的心酸经历、痛苦的受难经验，转化为完美的艺术成果。他的伟大叙述、深邃探索和优美抒情，储存于中国和世界的文化宝库，被永恒所收藏。

综上因素，《红楼梦》不仅是中国文学史上的扛鼎巨作之一，也是世界文学史、文化史上极少数不可逾越的顶峰式的文艺经典之一。

本书从曹雪芹生平和早年生活回忆的角度出发，结合对他的创作思想、理路的探索，梳理和总结《红楼梦》的伟大艺术成就。

一、《红楼梦》的主题

《红楼梦》有三大主题：

---

① 恨人：失意抱恨的人。《文选·江淹〈恨赋〉》："于是仆本恨人，心惊不已。"吕延济注："恨人，恨志不就也。"仆："我"的自称谦辞。就：成，成功。

② 伤心：悲痛，心灵受到创伤。司马迁《报任少卿书》："悲莫痛于伤心。"梁启超评辛弃疾《青玉案·元夕》："自怜幽独，伤心人别有怀抱。"怀抱：胸襟、抱负。

1. 《红楼梦》是失败青年痛恨前非的忏悔之作

自己又云："今风尘碌碌，一事无成。……我实愧则有馀，悔又无益，大无可如何之日也。当此日，欲将已往所赖天恩祖德，锦衣纨袴之时，饫甘餍肥之日，背父兄教育之恩，负师友规训之德，以致今日一技无成、半生潦倒之罪，编述一集，以告天下。"

2. 《红楼梦》是中国古代优秀女性美好形象的集中展示

《红楼梦》一开始即宣布，"书中所记何事何人?"——

"忽念及当日所有之女子，一一细考较去，觉其行止见识皆出我之上。我堂堂须眉诚不若彼裙钗，我实愧则有馀，悔又无益，大无可如何之日也。……然闺阁中历历有人，万不可因我之不肖，自护己短，一并使其泯灭也。"

在《红楼梦》中，曹雪芹将所见所闻的优秀女子的光辉形象摄于笔底，其品格、气质、美丽和智慧，完美展示了中国古代优秀女性的美好形象。

以上是作者自叙本书的两大主题。

第一主题是揭示失败青年的沉痛教训；同时，也启示了青年成功教育的内容，因此《红楼梦》是千古读者的杰出教科书。第二主题是描绘作者所见所闻的优秀女性的瑰丽形象，记叙了她们的高洁品行和出众智慧。

3. 《红楼梦》是伟大、辉煌的中国文化的精彩展示

但《红楼梦》是封建社会的大百科全书，文化含量极高。书中的人物、情节、场景、对话等种种描写无不展示了伟大中国文化的辉煌；反过来说，是源远流长、博大精深的中国文化，成就了《红

楼梦》永恒和辉煌的伟大价值。

因此《红楼梦》的第三主题是伟大、辉煌的中国文化的精彩展示。

本书论述曹雪芹将其早年亲历的和从女性长辈中听闻的曹府豪华生活及人物，尤其是优秀女性人物，转化为创作的思想、理路和伟大成就。

当今众多学者认为贾宝玉有强烈的叛逆思想，曹雪芹精心描写和歌颂贾宝玉这个叛逆青年的形象，而其叛逆思想，主要体现在反对经济仕途和追求爱情自由，因此《红楼梦》的主题是对封建思想和封建社会的叛逆；同时又认为《红楼梦》的另一重大主题是歌颂爱情，歌颂贾宝玉和林黛玉的爱情。

笔者认为，这是误读。曹雪芹本人在雍正十三年（1735）19岁时以八品恩荫虚衔入仕，以待成年后补缺；后在乾隆初转升六品州同，这是协助知州处理事务的低级官吏。他入仕后仕途蹭蹬，无力上进，所以"改行"写小说，故而在小说一开始即自我谴责"今风尘碌碌，一事无成"。曹雪芹本人的人生实践，证明他对于仕途经济是向往的。

创作《红楼梦》，以现代的眼光，这是有出息的大事，而在封建时代，这却是没有出息的营生，所以小说以自责的口吻开首。他目睹现状，心中涌动着改变社会、服务国家和民族的雄心，但学识、能力不够，"无力补天"。他以创作《红楼梦》来抒发自己无力补天的痛苦和现实，提供失败的经验。

他精心学习佛道经典，深知爱情和事业具有一样的"虚空性"。即如爱情成真、夫妻情笃，也是短暂的："夫妻本是同林鸟，大限

来时各自飞。"要想生生世世为夫妻，或者爱情未遂，发誓要下一世重圆，又犹如王国维《蝶恋花》所说："纵使兹盟终不负，那时能记今生否?"① 因此《红楼梦》是"色空"之作。

正因痛感于时代、家世的苦难，人生、爱情的不圆满，曹雪芹成为"仆本恨人"，《红楼梦》是他作为"自怜幽独，伤心人别有怀抱"之作。

二、曹雪芹的经历与《红楼梦》的自传色彩

曹雪芹的繁华少年时代的生平，只有一些零星的可靠资料。但是胡适创立，周汝昌、端木蕻良等人继承的《红楼梦》"自传说"一派，认为《红楼梦》是曹雪芹的自传体小说，《红楼梦》是曹雪芹的自传。周汝昌写的《曹雪芹小传》，端木蕻良创作的长篇小说《曹雪芹》（完成和出版了上部、中部，下部未及完成作者即去世），就是将《红楼梦》的内容"还原"成作者经历的产物。

胡适首创自传说，至今受到批驳：李希凡认为《红楼梦》既不是一部单纯描摹曹雪芹家族"精裁细剪的生活实录"，也并不是如胡适所言，仅仅是描写一个家族坐吃山空树倒猢狲散的自然主义杰作。写实也好，自然主义杰作也好，都没有意识到小说的艺术创作。②

俞国藩认为：胡适的"整部作品都应以作者自传的意图和行动

---

① 王国维：《蝶恋花》，见周锡山：《王国维集》第二册，中国社会科学出版社 2008、2012 年版，第 281 页。

② 李希凡在 2013·北京廊坊·纪念曹雪芹逝世 250 周年研讨会上的发言《缅怀大师，研读经典》，载《文艺报》2013 年 12 月 11 日。

来理解"这个观点，"造成这些建议激发了一个旨在传记式地研究《红楼梦》的理论运动。这个运动已经走向泛滥。因此，《红楼梦》庞大复杂的文学世界中的人物都无一例外地被视为真实历史人物的隐指，而且对作家家世的把握就被认定为解开《红楼梦》深奥秘密的万能钥匙"。这种将作品完全等同于作者自传的观点，违背文艺创作的基本原理，并不可取，但是他"力主小说开篇对人生失意的辩护文字应视为作者自况"①，是正确的。《红楼梦》的第一主题即由此而来。

我认为《红楼梦》不是自传体小说，但又含有自传的内容。

《红楼梦》有着描绘自己家世的目的。刘梦溪指出：《红楼梦》第五回贾宝玉神游太虚幻境，警幻仙姑向他传达荣、宁二公的口头指示，说："吾家自国朝定鼎以来，功名奕世，富贵流传，虽历百年，奈运终数尽，不可挽回。"这是说《红楼梦》里贾氏家族隆替兴衰的故事，是以1644年（顺治元年）清兵入关到1744年（乾隆九年）左右这一百年的历史环境为背景的。而1744年正是曹雪芹开始写作《红楼梦》的年份。他显然从"百年"这个具有历史轮回意味的时间概念里获致一种"暗示"，因而产生了文学创作的灵感。因为第十三回秦可卿托梦给凤姐曾再致其意："如今我们家赫赫扬扬，已将百载，一日倘或乐极生悲，若应了那句'树倒猢狲散'的俗语，岂不虚称了一世的诗书旧族了。"这应该是作者点题的话。

巴金在《我读红楼梦》中说："这部小说里面有原作者自传的

---

① 俞国藩：《情僧的索问——〈红楼梦〉的佛教隐意》，见乐黛云、陈钰：《北美中国古典文学研究名家十年文选》，江苏人民出版社1996年版，第376页。

成分。书中那些人物大都是作者所熟悉的，或他所爱过的、所恨过的；那些场面大都是作者根据自己过去的见闻或亲身的经历写出来的。作者要不是在那种环境生活过，他就写不出这样一部小说来。"① 巴金创作过有自传色彩的《家》、《春》、《秋》"激流三部曲"，他以自己的创作体会，讲这番话，显示了他学习和继承《红楼梦》的创作根基和亲身体验。

《红楼梦》将作者自己早年经历的江南繁华生活和女性长辈的有关回忆，转化为《红楼梦》，书中蕴有自传的内容和记叙。但《红楼梦》不是自传体小说，这是因为《红楼梦》超越了自传，表现了宇宙人生的丰富复杂内容，描写了广阔的社会生活和极为丰富深邃的人性世界。

不少成长小说、青春小说和经典名著，都带有作者自传的影子或部分内容来自作者的生活，是理论界、创作界、读书界公认的事实。

因此，本书将《红楼梦》的内容以"自传"的视角，分类叙述和评论；依照《红楼梦》的大旨和内容，结合作者的家世、经历，他的生活时代的历史、社会、文化、教育状况，作品中显示的作者继承传统文化和文艺精华的内容，偶也据此借题发挥，给以生发。

三、曹雪芹的繁华旧梦与艺术经典《红楼梦》

曹雪芹的繁华旧梦，包含着他见识过的男女人物、人世人情，和曾经享受过的豪华生活：奇装异服、山珍海味，花园建筑、奇珍

---

① 巴金等：《我读红楼梦》，天津人民出版社1982年版，第3页。

异宝。

与多个亮丽小姐青梅竹马，周围美婢如云，且能亲炙笑咳，故能描写入微。

读书，既饱读经典史书，熟记唐诗宋词古文，又有闲情读闲书，还能欣赏昆剧，聆听民间曲艺，故能见多识广，博大精深，趣味纯正，兼雅俗共赏。

曹頫和李煦诸人都在苏嘉一带广置田园。曹雪芹自幼浸润于江南的青山绿水、田野和园林，对江南山水、田野和园林的风景熟稔于心。

曹雪芹既享受人间生活，又见识方外道佛境界，故能参透宇宙人生。

一般作家没有这样的条件。"天上神仙府，人间宰相家"。《西厢记》写宰相人家的人口单薄，生活简单，是没有生活体验的底层作家的不足而造成的。

只有像曹雪芹这样极个别的生于、长于豪富人家、博闻强记、悟性超人、精于表达的天才，才能掌握博大精深的书本和人生，写出反映富贵人家和人物的文学巨著《红楼梦》。

然而据可靠记载，曹雪芹只是在 13 岁前享受了繁华豪富的生活。曹雪芹在 13 岁前，生活在南京江南织造的豪华官邸中；20 岁前来到北京，渐渐跌入困顿，直至极度贫困。

有一些人颇感疑问：曹雪芹小小年纪就丧失了富贵，对童年和少年短暂的豪华生活，记忆能如此真切、具体、细碎？他本人未曾经历过由盛转衰的官宦生活，思考能够如此深刻，并能据此写成《红楼梦》？他 13 岁即告别美丽富庶的江南，来到北方，仅据这么

年轻的人生经历，就写出繁华旧梦转化的辉煌永恒巨作，可信吗？于是有多位学者提出新的选择，作者可能是曹頫或曹寅，可能是脂砚斋，甚至可能是吴伟业、李渔和洪升。

这个疑问，同样也发生在苏联作家肖洛霍夫（1905～1984）身上。他作为一个军队基层的低职文员，在1926年21岁时开始写作、1928年23岁时就出版了《静静的顿河》第一部。自1926年到1940年，自21到35岁，他用14年的时间完成了全书4部。

肖洛霍夫在1965年获诺贝尔奖后，有不少人，包括索尔仁尼琴在内的文坛重量级人士，不能相信这么一个经历短暂、简单，地位低下，文化素养不高，没有成长背景的23岁的青年，能够写出这么一部深刻、全面、生动的，反映时代风云的，规模宏大、人物众多、情节曲折的画卷式长篇小说巨著，对陌生的顿河流域哥萨克人与战争做出如此生动的描写。有人还明确提出《静静的顿河》的真正作者是当年客死异乡的被俘白卫军官、哥萨克作家费多尔·科留科夫，肖洛霍夫偷了他的手稿。肖洛霍夫本人只能沉默以对，诋毁的浪潮几次要淹没作家，虽经当局的干预而幸免于难，但作家为此终身感到烦恼。

曹雪芹的少年天才，与肖洛霍夫相似，但他是年近四十才动笔书写，到年近五十尚未完成《红楼梦》的最后修改，虽然当今红学界主流无人怀疑他的写作能力和成果，但也颇有学者提出他并非作者，作者另有其人。

曹雪芹创作《红楼梦》，自称："忽念及当日所有之女子，一一细考较去。"

他身边妇女、少女的来源包括他的祖母、生母，堂姐妹和表姐

妹，还有其他女性亲戚。

曹雪芹的姊妹和周围的侍女，不少是世所罕见的佳人和美女。

曹雪芹周围环绕着美丽灵慧的年轻丫鬟。曹玺、曹寅和曹颙三代任职江南织造，会不断从苏州、扬州和金陵地区买入大量奴婢。这些年轻奴婢及其后裔，从小在曹府中生活，受到浓厚的文化艺术气息的熏陶，其中少数美丽聪慧的少女必会脱颖而出，为主子作贴身服务，得到主子的喜爱。另有苏州织造李煦府中的大量丫鬟。

曹府中的家伶，本是聪慧美丽的幼女，嗓音美妙，自小学习昆剧演唱，端庄自娟。

曹家在雍正六年（1728）初被抄没时，在江南的奴婢有114人。李家在雍正元年（1723）即已被抄家，在北京和苏州两地共有奴婢302人。

曹、李两家被抄家后，曹家奴婢赐予隋赫德，4年后隋赫德获罪充军，这些奴婢从此下落不明。李家奴婢，先在苏州被就地变卖，后又被驱赶至京，由年羹尧拣选。雍正三年（1725）底，年羹尧因叛逆罪被处死，其奴婢225人，皆被赐予兵部尚书兼议政大臣、正白旗汉军都统蔡珽。

曹雪芹只能眼睁睁看着这些少年时他所亲近的美貌黠慧的妙婢，在抄家时被全数夺走，落入如狼似虎的老少新主人掌中，心知她们必惨遭蹂躏，感到撕心裂肺的痛苦，而无可奈何。当初与她们耳鬓厮磨，给她们的山盟海誓，皆已成空。他将万箭穿心般的痛彻肺腑的感情，化为笔底的文字。

曹家三代担任江南织造期间，和李煦一起，为康熙南巡而亏空课银300万两。因数目巨大，始终无法补齐。

国学大师陈寅恪向吴宓"详告《故宫博物院画报》各期载有曹寅奏折"。并指出:"及曹氏既衰,朝旨命李榕继曹寅之任,以为曹氏弥补任内之亏空。李曾任扬州盐政。外此尚有许多诸多文件,均足为考证《石头记》之资,而可证书中大事均有所本。而后四十回非曹雪芹所作之说,不攻自破矣。又曹氏有女,为某王妃。此殆即元春为帝妃之本事。而李氏一家似改作为王熙凤之母家。若此之线索,不一而足,大有研究之余地也。"①

因此曹家的繁华旧梦和后来的衰败,给《红楼梦》创作提供了不可或缺的丰富深厚的基础。

四、金圣叹的天才预见和曹雪芹的天才巨著《红楼梦》

《红楼梦》产生和风靡的时代,是当时阅读金圣叹评批的《西厢记》和《水浒传》的读者最多的时代。自明末到整个清代,直到民国前期,读者最为热爱的是"最有名的金圣叹"②。其盛名要远大于《红楼梦》。

金圣叹(1608~1661),名人瑞,字圣叹,江苏吴县(今苏州)人。在明末曾考中秀才,但绝意仕进,一心评批文学经典,以此为生。后因涉及反对贪官的"哭庙案",为清廷所杀。

金圣叹认为《庄子》、《离骚》、《史记》、杜(甫)诗、《水浒传》和《西厢记》是代表中国古典文学中诸子散文、骚赋、历史文

---

① 吴宓:《吴宓日记(1943~1945)》,生活·读书·新知三联书店1998年版,第382页。

② 鲁迅:《南腔北调集·论语一年》。

学、诗歌、小说、戏曲最高成就的伟大著作，将其总称为"六才子书"。他计划评批"六才子书"，指导人们阅读、鉴赏和写作、创作。惜因突然被害，仅完成第三才子书《史记》和第四才子书《杜诗解》的部分；幸得全部完成第五才子书《水浒传》和第六才子书《西厢记》两书的评批，并分别在明末和清初刻印出版。

《金批水浒》（1641）、《金批西厢》（1656）和金批的其他著作出版后，因其极高的分析、评论水平而风行天下，影响极大，达到"一时学者，爱读圣叹书，几于家置一编"①的极度普及程度。当时论者赞誉其"善衡文评书，议论皆发前人所未发"，"读先生所评诸书，领异标新，迥出意表，觉作者千百年来，至此始开生面"。②《清代七百名人传·金人瑞传》说他："纵横批评，明快如火，辛辣如老吏。笔跃句舞，一时见者叹为灵鬼转世。"

面对《金批西厢》和《金批水浒》如此风行的程度，被当今红学界赞誉为《红楼梦》最权威的评批者脂砚斋，则自愧不如，不胜感叹："（《红楼梦》）写尽宝、黛无限心曲，假使圣叹见之，正不知批出多少妙处。""噫，作者已逝，圣叹云亡，愚不自谅，辄拟数语，知我罪我，其听之矣。"③ 对圣叹极表钦佩。

季稚跃《金圣叹与〈红楼梦〉脂批》以大量例证，有力论证了脂砚斋的《红楼梦》批语是金批指导下、模仿金圣叹批语的产物。④

胡适也极度感慨《红楼梦》未有金圣叹评批的幸运，他在其一

① （清）王应奎：《柳南随笔》卷三。
② （清）廖燕：《二十七松堂文集·金圣叹先生传》。
③ 《红楼梦》甲辰本第三十回夹批、第五十四回回末总评。
④ 季稚跃：《金圣叹与〈红楼梦〉脂批》，载《红楼梦学刊》1990 年第 1 期。

代名著《〈水浒传〉考证》、1952 年在台湾大学演讲《治学方法》中，多次给金圣叹、《金批水浒》以极高评价。在 1961 年 1 月 17 日写给苏雪林和高阳的信中，他甚至极度赞誉："最后得到十七世纪文学怪杰金圣叹的大删削与细修改，方可得到那部三百年人人爱赏的七十一回本《水浒传》。"感叹："这真是'点铁成金'的大本领！""（金圣叹）真是有绝顶高明的文学见地的天才批评家的大本领，真使那部伟大的小说格外显出精彩！""是《水浒传》的最大幸运。"最后感慨："《红楼梦》有过这样大幸运吗？"①

胡适将《金批水浒》的伟大成就、《水浒传》金圣叹评批的伟大成就，赞誉到最高的程度，与脂砚斋的看法一致，遥相呼应，为《红楼梦》未能得到金圣叹的评批而极度惋惜。

可是人们都没有注意到，金圣叹生前已经预见到《红楼梦》这样伟大著作的诞生，他在《金批西厢》（即《贯华堂第六才子书西厢记》）的《读法》中说"文章最妙，是此一刻被灵眼觑见，便于此一刻放灵手捉住"：

> 仆今言灵眼觑见，灵手捉住，却思人家子弟，何曾不觑见，只是不捉住。盖觑见是天付，捉住须人工也。今《西厢记》，实是又会觑见，又会捉住。然子弟读时，不必又学其觑见，一味只学其捉住。圣叹深恨前此万千年，无限妙文，已是觑见，却捉不住，遂成泥牛入海，永无消息。今刻此《西厢记》遍行天下，大家一齐学得捉住，仆实遥计一二百年后，世间必得平

---

① 胡适：《胡适红楼梦研究论述全编》，上海古籍出版社 1988 年版，第 237、294～295 页。

添无限妙文，真乃一大快事！①

《金批西厢》完成和刊刻于顺治十三年（1656），金圣叹预见一二百年后，"实遥计一二百年后，世间必得平添无限妙文，真乃一大快事！"，即《红楼梦》的出现。乾隆二十七年除夕（1763年2月12日），曹雪芹去世。他停止了《红楼梦》的写作和修改，离开金圣叹预言107年。乾隆五十六年（1791），程甲本出版，次年程乙本出版。《红楼梦》的一百二十回本完整出版，离开金圣叹预言135年。

更可告慰金圣叹和脂砚斋、胡适的是，曹雪芹创作的《红楼梦》受到《金批西厢》的帮助和影响，然后别出心裁，在小说领域创作出一部与戏曲第一经典《西厢记》可以媲美，而又有新的时代高度的经典巨著。

五、曹雪芹《红楼梦》与当今诺贝尔文学奖

有感于诺贝尔文学奖在当今世界的影响，在莫言获奖信息宣布的时刻，媒体操作频繁，有一则报道《诺贝尔文学奖11日开出百位中国作家预测结果》的副标题为："莫言第三，阿摩司·奥兹最被看好；若能穿越，李白、曹雪芹呼声最高。"② 李白、曹雪芹、杜甫、苏轼、屈原和鲁迅，其中，李白和曹雪芹分别得了16票排并列第一，鲁迅得了6票位居末位。虚拟颁奖词也已准备好。曹雪芹的颁奖词是："繁华旧梦已化灰，他据之创造出经典的艺术大厦。这

---

① （清）金圣叹：《金圣叹全集》第三册，江苏古籍出版社1985年版，第13页。

② 载于《重庆晚报》2012年10月9日。

是由于他对真理的热情和探索，对思想的贯通能力，对社会的广阔观察，以及他在一部作品中辩解并阐述那种理想主义的人生哲学时，所表现出来的坚执与热忱。"

实际上，中国古代经典作家和诗人，与当今获诺贝尔文学奖的作家和诗人，处于两个不同的层次：前者是经典作家和诗人，后者是一流作家和诗人。前者的成就与影响，要远超后者。

热情的中国当代作家和读者做热情的穿越，选了这五位古代作家和诗人，作为最杰出的代表，当然是非专业性的，也是很不全面的。但也可供我们做一个参考。

曹雪芹是中国古代的经典作家，在小说家中可以名列第一，拿诺贝尔文学奖，是委屈他了，他应该得到更为高等级的、最高等级的文学奖。

将莫言和曹雪芹这两位作家做比较，两人的状况，可谓处于两极：

莫言把饥寒交迫、痛苦莫名的童年和少年时代的贫困家乡、故事人事，化为繁花似锦的小说；他得了诺贝尔文学巨奖，名至实归。

曹雪芹将锦衣玉食、喜悲无状的童年和少年时代的富贵豪门、故事人事，写成优美辉煌的巨著；他与莎士比亚、巴尔扎克、陀思妥耶夫斯基、托尔斯泰并列世界文坛巨匠，永垂不朽。

山东高密东北乡，京城贾府大观园，范围小了又小；作者都能做到以小见大，视界高远，胸襟开旷，见地深刻，以生花妙笔，写出风云变幻、苦乐交加的人生和五花八门、奇妙莫测的世界。

莫言和马尔克斯一样，有好的外婆、乡亲讲故事，自己有丰富

的经历，作为创作的源泉。

曹雪芹将自己过去的见闻和经历，也许也有祖母、母亲和姊母等讲述的故事，都写入书中，繁华旧梦虽已化灰，却将之建构起辉煌的艺术殿堂。

六、本书的《红楼梦》版本运用和说明

《红楼梦》的现存版本分成两大系统：

一是程伟元和高鹗整理的程甲本、程乙本，和据此翻印并增加了评批的多种评点本，著名的有三家评本等等。

程伟元（？～约1818），苏州人，字小泉。因科场失意，一生未仕。乾隆末，寓居北京。嘉庆五年（1800）至七年（1802）冬为盛京将军晋昌幕僚，佐理奏牍，时相唱和，并替其编纂《且住草堂诗稿》。后留居辽东，并终卒于此。

程伟元于乾隆后期，在京花数年之功，搜罗《红楼梦》残稿遗篇，并邀友人高鹗共同承担"细加厘剔，截长补短，抄成全部"的编务，两次出版全本《红楼梦》。

高鹗（约1738～约1815），字兰墅，一字云士。因酷爱小说《红楼梦》，别号"红楼外史"。汉军镶黄旗内务府人。祖籍铁岭（今属辽宁），先世清初即寓居北京。

张问陶《船山诗草·赠高兰墅鹗同年》诗自注说："传奇《红楼梦》八十回以后，俱兰墅所补。"于是一般认为长篇小说《红楼梦》的后四十回是高鹗所续。也有人认为是程伟元与高鹗共同续成。也有学者据乾隆间萃文书屋本《红楼梦》程伟元《序》及《引言》谈及陆续购得后四十回续书残抄本，认为另有续写之人，程、

高只做了修补整理工作。

程伟元于清乾隆五十六年（1791年）在萃文书屋出版活字印本《红楼梦》（程甲本），其《红楼梦序》说：

> 《红楼梦》小说本名《石头记》，作者相传不一，究未知出自何人，惟书内记雪芹曹先生删改数过。好事者每传抄一部，置庙市中，昂其值得数十金，可谓不胫而走者矣。然原目一百廿卷，今所传只八十卷，殊非全本。即间称有全部者，及检阅仍只八十卷，读者颇以为憾。不佞以是书既有百廿卷之目，岂无全璧？爰为竭力搜罗，自藏书家甚至故纸堆中无不留心，数年以来，仅积有廿余卷。一日偶于鼓担上得十余卷，遂重价购之，欣然翻阅，见其前后起伏，尚属接榫，然漶漫不可收拾。乃同友人细加厘剔，截长补短，抄成全部，复为镌板，以公同好，《红楼梦》全书始至是告成矣。书成，因并志其缘起，以告海内君子。凡我同人，或亦先睹为快者欤？小泉程伟元识。

高鹗序说：

> 予闻《红楼梦》脍炙人口，几廿余年，然无全璧，无定本。向曾从友人借观，窃以染指尝鼎为憾。今年春，友人程子小泉过予，以其所购全书见示，且曰："此仆数年铢积寸累之苦心，将付剞劂，公同好，子闲且惫矣，盍分任之？"予以是书虽稗官野史之流，然尚不谬于名教，欣然拜诺，正以波斯奴见宝为幸，遂襄其役。工既竣，并识端末，以告阅者。

> 时乾隆辛亥冬至后五日铁岭高鹗叙并书。

程伟元和高鹗诚实地指出《红楼梦》近二十年来已有多种八十

卷抄本流传，而"原目一百廿卷"，是各种抄本所共有的。程伟元数年间从藏书家、故纸堆和鼓担上陆续收齐后四十回的稿件，因有残缺，故请高鹗一起修订。他们绝无掠美之心，不说自己"续作"和改作，声明是将搜来的稿件"细加厘剔，截长补短，抄成全部"，与"原目一百廿卷"相符。

程、高之序发表之时，曹雪芹的有些朋友、当时流行的《石头记》抄本的抄写者和读者还活着，程甲本和程乙本出版后，当时无人发表异议，其真实性不容怀疑。今传"脂砚斋"本说流传的仅知"八十回"，原书是"一百十回"，显然不可采信。而程高本与"原目一百廿卷"相符，所以得到当时学者、读者的信任，成为此后《红楼梦》流传的唯一版本。

二是当今红学界主流津津乐道的脂评本系统。最早发现和提出脂评本的是胡适。当今红学界主流独尊脂评本，否定程甲本和程乙本，对后四十回的艺术成就贬低者有很多。

陈寅恪先生说："脂砚斋之别号疑用徐孝穆玉台新咏序'燃脂暝写'之典，不知当世红专名家以为然否？"①

1990年代初起，自欧阳健先生开创，已有一些学者认为脂评本是20世纪初期出现的伪作。他们的考证成果，未见有力反驳。笔者于此没有研究，对脂评本真伪问题不站队，但为审慎起见，不引用脂砚斋有关曹雪芹生平和书中人物涉及真实性的叙述、评论。其艺术评论，无关其伪作与否，总是一家之言，如有值得参考的，也适

---

① 陈寅恪：《柳如是别传》，生活·读书·新知三联书店2001年版，第877页。

当引用。

俞平伯是胡适的学生中研究《红楼梦》最著名、最有成就的学者，他赞成、继承和发展胡适的观点，一贯崇扬脂评本，否定后四十回。但是他在晚年幡然醒悟，反复申说后四十回的巨大贡献：

> 胡适、俞平伯是腰斩《红楼梦》的，有罪。程伟元、高鹗是保全《红楼梦》的，有功。大是大非！……千秋功罪，难于辞达。①

> 后四十回文字上是很流畅的，也看不出很大的漏洞。② 但从文字看，由八十回至八十一回毫无续书痕迹。③

> 程高整理《红楼梦》，虽非原稿之真，却从此有了一个比较可读的本子，二百年来使本书不失其为伟大，功绩是很大的。④

> 你细读前80回，就会发现有很多问题。而且曹雪芹没有把这部作品完成，原因可能很多，但你说是否有可能是他根本写不下去了呢？……前80回铺得太大，后面要收住，的确不容易。所以我说高鹗很了不起。你知道有多少种续书的版本吗？唯有高鹗是成功的。不管怎么说，《红楼梦》现在是完整的，如果只有80回，《红楼梦》能否有现在的影响都很难说。⑤

在程高本未刊行《红楼梦》以前约两三年，已有全书"秦

---

① 韦奈：《我的外祖父俞平伯》，团结出版社2006年版，第43页。
② 1986年香港媒体采访稿。
③ 余润民：《怀念父亲俞平伯》，载《文汇报》1991年4月9日。
④ 俞平伯：《读红楼梦随笔》第三十五《记吴藏残本（二）》，《俞平伯论红楼梦》（上），上海古籍出版社1988年版，第775页。
⑤ 韦奈：《我的外祖父俞平伯》，团结出版社2006年版，第44页。

关百二"的传说，即已有了一百二十回本。①

值得注意的是，钱钟书先生则认为程甲本最好。张国光先生认为程乙本最好。

细读王国维《红楼梦评论》可知，王国维将前八十回和后四十回看作是一部完整的小说；前已引及，陈寅恪先生认为后四十回可以肯定也是曹雪芹的原作；而钱钟书先生认为《红楼梦》以程甲本为最好。20世纪名声最大的三大家的看法出奇一致。

笔者认为，《红楼梦》的后四十回与前八十回是一个统一的整体，所以将全书作为一部完整的著作来论述。

本书折中以上诸大家的观点，以程甲本和程乙本为主，也择善运用脂评本的文字。

《红楼梦》是一部带有自传色彩的小说，不少论者分析小说时把作者的家庭生活、历史背景结合起来，已有不少精彩的研究成果。由于所据资料极为有限，大家只能根据同样的材料，写出雷同的结果。本书根据现存原始资料，在吸收笔者接受的观点和成果的基础上，用最简练的方式梳理曹雪芹的人生经历，并略述自己的一些新看法。

《红楼梦》是一部艺术成就极高的小说，以整个中国传统文化为宏阔和深远的背景，是《红楼梦》取得巨大成就的主要原因之一，已有众多论者发表过很多精彩的研究成果。本书梳理《红楼梦》全书，揭示、分析其文化背景和具体运用，在吸收已有精彩成

---

① 俞平伯：《略谈新发现的红楼梦的抄本》，载《北京晚报》1959年6月28日。

果的基础上，提出自己的一些新看法。

　　本书的撰写，珍视前人和当今同行的各类成果，不做重复劳动。在吸收和运用已有成果时，引原文、标出处。有的成果已经成为红学研究的公共财产，限于丛书的体例和篇幅，不一一标明出处，在本书"参考文献"中列出来源，以便读者参考。

　　曹雪芹的家世和生平的资料缺乏，本书只能据可靠资料理出一个线索，并作适当引证。本书就学界未能重视和强调的，曹雪芹祖先看似官位煊赫，实质地位卑贱，属于"奴才"的等级，曹雪芹本人也是如此，特作强调，并依此作为曹雪芹反清的主要原因之一。

　　本书除第一章"曹雪芹的家世和生平"之外，全在曹雪芹创作思想和理路与作品结合的基础上，梳理和论述《红楼梦》的伟大艺术成就，并在末章作简要综述和总结。本书在学术界已有成果的基础上，作了比较全面、深入的新的探索和评论。

第一章

曹雪芹的家世和生平

一、卑贱而显赫的家世

曹雪芹的家世既煊赫又卑贱，是清初特殊历史时代和残暴的清朝统治的产物。

1. 曹雪芹的祖先显赫

曹雪芹的祖先煊赫，有三种说法：曹参、曹操和曹彬。曹参、曹操和曹彬，互相之间并无关系，所以曹雪芹的祖先的三种说法，是各自独立的。

关于曹参，清代经学家、汉学大师阎若璩给曹寅的赠诗说："汉代数元功，平阳十八年；传来凡几叶，世职少司空。"纳兰性德在为曹寅题《楝亭图》时，作《满江红》："藉甚平阳，羡奕叶，流传芳誉。"张渊懿题诗说："高门衍世泽，贵胄属平阳。"都指出曹

寅的祖先是西汉的开国大功臣、汉文帝时的宰相、平阳侯曹参。

关于曹操，徐秉义题诗说："曹公种德垂无穷，清门济美班资崇；谯国一家光……"（"清门"的典故出自杜甫诗："将军魏武之子孙，于今为庶为清门。"）敦诚赠曹雪芹诗中有："少陵昔赠曹将军，曾曰魏武之子孙。君又无乃将军后，于今环堵蓬蒿屯。"[①] 赵执信作诗提到曹寅时，有句"横槊心情忆阿瞒"。都说曹寅的祖先是曹操。而且，曹寅的《续琵琶》剧中，极力歌颂曹操：

> 人道俺，问鼎垂涎汉神器；
>
> 叹举世，焉知就里？
>
> 俺待要武平归去解戎衣，不知几处称王，几人称帝。
>
> 今日里，高会两班齐。
>
> 对清樽，要吐尽英雄气。（《北醉花阴》）

不少学者则认为他是北宋名将、平定江南的曹彬之后。

由于缺乏文献和考古根据，所以这三种说法都只是传说，无法确证。

2. 曹雪芹的近祖既卑贱又煊赫

曹雪芹的祖上的籍贯，主要有两种观点：

一是河北丰润。但其祖上于明成祖永乐年间（1403～1424）还到过辽东铁岭，后来跟随清兵入关。

二是东北辽阳。他的远祖曹俊，明初"以功授指挥使，封怀远将军，克服辽东，调金州守御，继又调沈阳中卫，遂家焉。"（曹士锜《辽东曹氏宗谱叙言》）。此后二百余年，其子孙历代世袭这个

---

① （清）爱新觉罗·敦诚：《寄怀曹雪芹（沾）》，《四松堂集》卷一。

职务。

曹锡远是曹雪芹的五世祖，明末任沈阳中卫指挥使。后金天命六年（明天启元年，1621）三月，努尔哈赤攻破沈阳，曹锡远与其子振彦被俘投降。曹锡远和振彦父子，归附后金后，先属佟养性管辖。天聪六年（明崇祯五年，1632），佟养性死，曹振彦后来至迟在天聪八年（明崇祯七年，1634）前，归了满洲正白旗多尔衮属下，为汉人"包衣"佐领，即旗鼓佐领。

所谓"包衣"，满语意为家奴。曹锡远和振彦父子从此沦为满洲贵族的家奴，而且按满洲制度，永世不得翻身，子子孙孙永远是奴仆，即奴隶。因此，曹雪芹终其一生，都是奴仆、奴隶的身份。

此后，曹振彦在入关前的明清战争中，因其年轻有才，作战勇敢，得到多尔衮的赏识。崇祯十七年（1644）四月，曹振彦跟随多尔衮率领的清兵入关。多尔衮利用吴三桂的力量，在山海关战胜李自成。五月，多尔衮占领北京。十月，清世祖福临在北京称帝，国号大清，纪元顺治。曹振彦跟随多尔衮为大清皇朝的开国定鼎立下汗马功劳，曹氏家族开始发迹。

顺治二年（1645）四月，多尔衮之弟多铎率兵南下，过长江消灭南明弘光政权。曹振彦及其子曹玺很可能随军南征。

顺治六年（1649）二月，曹振彦跟随多尔衮征剿山西大同，平定姜瓖叛乱。八月乱平。次年，他任山西平阳府吉州知州。九年（1652），调山西阳和府知府。十二年（1655），升两浙都转运盐司运使，至十五年（1658）离任，已为从三品文官。可见，曹家的发迹，是从曹振彦开始的。

顺治七年（1650）十二月，多尔衮病卒。次年二月，顺治下诏

追夺多尔衮封号，撤庙享。正白旗归顺治自将。其包衣成为皇家家奴，组入内务府，管理宫廷庶务和皇帝私事。曹家从此归入内务府。

曹振彦约于顺治末年去世。他生有二子。长子曹玺，妻欧阳氏所生。次子曹尔正，继室袁氏所生。

曹玺为曹雪芹的曾祖。原名尔玉，字完璧。约生于明万历四十七年（1619），"少好学，沉深有大志"，"读书洞彻古今，负经济才，兼艺能"（《江宁府志》卷十七《曹玺传》，康熙二十三年即1684年稿本）。在其父的带领下，随多尔衮和清军南征北战。在山西平定姜瓖叛乱后，因功"拔入内廷二等侍卫，管銮仪事，升内工部"。康熙二年（1663），"特简督理江宁织造"（同上）。从此曹家世受江宁织造要职，定居江南。

曹玺之妻孙氏，生于天聪六年（1632），据尤侗《曹太夫人六十寿序》载，她娴熟文史。可能以包衣入选宫中秀女，因得到孝庄太后的识拔，在顺治十一年（1654）康熙出生时，为康熙幼时保姆（一说为乳母，不确），此年她年已 23 岁。大约在顺治十八年（1661）康熙继位后，出宫嫁于曹玺。她这时年已 30 岁，曹玺年已 40 多岁，因此她很可能为续弦。但曹玺的原配为何人，没有记载。

曹玺的长子曹寅，是庶出，生于顺治十五年（1658）。孙氏于康熙元年（1662）为曹玺生下次子曹宣，曹宣为曹玺的嫡长子。

曹玺任江南织造后，清除历年积弊，为官清正。江南连年灾荒，曹玺还"捐俸以赈，倡导协济，全活无算。郡人立生祠碑颂焉"（同上）。每次进京陛见，"天子面访江南吏治，乐其详剀"（同上），"赐蟒服，加正一品，御书'敬慎'匾额"（康熙十六年即1677 年刊《上元县志》卷十六《曹玺传》）。康熙二十三年（1684）

六月于江宁织造任上"以积劳成疾"而病故。

康熙旋即命其子曹寅任苏州织造,后又继任江宁织造,曹氏保持了煊赫的地位。

由于对清人的忠诚得到认可,曹家进入乾隆皇帝"御制"的《八旗满洲氏族通谱》,其满洲族籍已得认可,已经归属满洲八旗中的满洲内务府正白旗。《八旗满洲氏族通谱》卷七十四中记载:

> 曹锡远,正白旗包衣人,世居沈阳地方,来归年分无考。
>
> 其子曹振彦,原任浙江盐法道。
>
> 孙曹玺,原任工部尚书;曹尔正,原任佐领。
>
> 曾孙曹寅,原任通政使司通政使;曹宜,原任护军参领兼佐领;曹荃,原任司库。
>
> 元孙曹颙,原任郎中;曹頫,原任员外郎;曹颀,原任二等侍卫兼佐领;曹天祐,现任州同。

曹雪芹的祖先,自曹振彦至曹玺,既卑贱又煊赫。卑贱是世代为包衣,即奴才、奴隶。煊赫是高官厚禄,得到康熙皇帝的重用。

二、杰出的祖父曹寅

曹雪芹的祖父曹寅,顺治十五年(1658)生,康熙五十一年(1712)卒,字子清,号荔轩,又号楝亭、雪樵。官至通政使、管理江宁织造、巡视两淮盐漕监察御史。善骑射,能诗及词曲。

曹寅生于曹玺之家,看似煊赫,且又卑贱。因为他不是正妻所生,虽为长子,却是庶出。

庶出之子,其母必卑贱,是其父小妾。而小妾的家庭出身必然卑贱。曹寅的生母虽非小妾,且出身书香门庭,但却有着心酸的

经历。

曹雪芹的祖父，可以确定，但其曾祖母是否为孙氏，学术界至今还有不同的看法。曹雪芹的父亲是曹颙还是曹頫，学术界至今也不能确定。

我认为，曹雪芹是曹玺和顾氏所生的曹寅的孙子。曹玺的长子曹寅继承了曹玺和顾氏的优点。而次子曹宣则是曹玺与孙氏生的儿子。我认为曹雪芹只能是曹颙的儿子，因为曹颙是曹寅亲生的，才华好。曹雪芹的父亲是才华突出的曹颙，他才有很好的智力遗传。

曹寅善于经营，所积家财丰厚，兼之康熙六下江南，曹寅接驾四次，康熙并住在曹家，曹家成为当时财势熏天的"百年望族"。

1. 曹雪芹的曾祖母——曹寅生母顾氏，英莲的原型

曹寅的父亲曹玺曾任顺治皇帝的内廷二等侍卫，管銮仪事①。顺治之子康熙皇帝——爱新觉罗·玄烨生于顺治十一年（1654），后来成为曹玺正妻的孙氏入宫为保姆。她当年23岁。我认为：孝庄太后认识曹玺，而孙氏是孝庄太后选来充任顺治的小皇子康熙的保姆，所以曹玺和孙氏，都是孝庄熟识而喜爱的皇家奴婢，身份相当，结亲正属门当户对。

可是曹玺这个长子曹寅，不是孙氏所生，而是小妾顾氏生的。

曹寅生于顺治十五年（1658），他的母亲应于顺治十四年（1657）怀孕。此时孙氏还在宫中，她要到顺治十六年（1659）才出宫而入曹家，因为次年她即生子曹宣。因此她不可能是曹寅的母亲。红学家现已考证出曹寅的生母是顾氏。

---

① 据稿本《江宁府志·宦迹·曹玺传》。

关于曹寅的生母顾氏的生平资料，毫无记载，只知她至迟于康熙十八年（1679）即亡故，此时曹玺的原配孙氏还健在，正在江宁继续做着一品夫人。但她的兄长顾景星，曹寅的舅舅，则尚有信息留存。

周汝昌《红楼梦新证》"史事稽年"章，引录张士侃为顾景星《白茅堂集》所作的序后，确定顾景星与曹寅确实是舅甥关系。但他认为曹寅的母亲姓孙氏，为辽宁沈旗人；再者，曹玺是什么时候、什么缘由与湖北蕲州的明朝遗民顾姓联姻，从而为曹寅带来这个舅舅？

顾景星，生年不详，康熙二十五年（1686）去世。字赤方，湖北蕲州人。明朝贡生。时与"黄冈二杜"齐名。入清后不仕，成为明朝遗民。康熙十八年（1679）举博学鸿词，顾景星被征入京，他称病不试，坚持遗民立场。

红学家朱淡文《曹寅小考》① 据顾景星《先姚李孺人行状》和顾景星第三子顾昌《耳提录·神契略》确证，顾景星有一个家传不载的异母妹，并梳理顾氏母家的历史：在明末清初大动乱中，因张献忠于明末占领湖北，兵祸连结，民不聊生，顾家于崇祯十六年（1643）开始流亡，还几乎被张献忠部属所杀。幸免后，避居鸿宿洲。不久徙至西塞山，仆婢三四人叛离，父子大病两月。接着到九江，后转到江宁。最后终于回到原籍昆山。在流亡期间，姊、姑先后病死。祸不单行，顾家刚逃回昆山故乡不久，顺治二年（1645），清兵南下，江南沦陷，清兵屠昆山。顾家再次逃亡。大约在这次逃

---

① 载《红楼梦研究》1982 年第 3 期。

亡中，顾景星失落幼妹，这位幼妹就在此时归曹玺了。

刘梦溪先生据此分析和推断：顾氏落入曹玺手中的方式可能是被清兵劫掠，也可能如《红楼梦》里的英莲一样，被拐卖，然后为曹玺收房，还可能如同娇杏，系封肃之流转赠。曹寅生于顺治十五年（1658），假定顾景星的幼妹失落时5岁左右，到顺治十五年合十八九岁，此时生曹寅，在年龄上是相宜的。甚至可以设想顾景星的这个幼妹，是否为叛离的三四个仆婢携走？然后被"单管偷拐五六岁的儿女"的拐子所拐，"养在僻静之处到十一二岁，度其容貌，带至他乡转卖"？可以想见，此妹长大之后，才貌必不寻常，而"读书洞彻古今，负经济之才，兼艺能"的曹玺也一定是个"绝风流人品"，他一定是"破价"买来，先做侍婢，后收房为妾。还可以想见，顾氏和曹玺的感情一定至为和美，孙氏不免耿耿，因此顾氏的早逝说不定与这种妻妾纠葛有一定关联。如果这样，那就和《红楼梦》中英莲的遭遇太相似了。难道曹玺和"生平遭际实堪伤"的顾氏的这段"梦幻情缘"，真的为《红楼梦》的写作从一个侧面提供了故事线索？也许因此之故，英莲才被排在"副册"的第一名，地位在晴雯、袭人之上，似乎格外为作者所重。这真是"说起根由虽近荒唐，细谙则深有趣味"①。

我们说曹寅的生母顾氏至迟于康熙十八年（1679）亡故，是因为顾景星有《怀曹子清》一诗追念康熙十八年在京拒考后南归时与曹寅告别的情景，此诗最后两句是："深惭路车赠，近苦寒鸿疏。"典出《诗经·秦风·渭阳》："我送舅氏，曰至渭阳；何以赠之，路

---

① 刘梦溪：《红楼梦与百年中国》，河北教育出版社1999年版，第130～131页。

车乘黄。"《诗序》解释：《渭阳》记叙晋文公重耳离秦返晋时，他的外甥秦康公送行到渭水，当时康公母已亡，因此诗中包含"念母之不及见也，我见舅氏，如母存焉"的亲情。于是，只有当母亲亡故以后，才能用"路车"这个典故。这就说明，此时曹寅生母已亡。当时孙氏健在，她不可能是顾景星的胞妹，反证她不是曹寅生母。

正因为曹寅不是孙氏的亲生，孙氏与其母顾氏有纠葛，所以曹寅与孙氏的嫡子曹宣的关系不好。连康熙也知此事，后来曹颙病故时，康熙说："他们兄弟原也不和。"①

曹寅的生母，曹雪芹的曾祖母顾氏的凄惨生涯，表现了古时战乱中女性的悲惨命运。

顾氏本是出身于缙绅家庭，即书香门庭的闺秀。长成后，母家会将她许配给门当户对的书香人家子弟当正妻，然后相夫教子，一般来说，至少可以过上小康的安宁日子。可是在战乱中，她丧失了安宁、幸福的幼年生活，颠沛流离，吃尽逃难路途的苦头。"宁为太平犬，勿为乱离人"，一言道尽战乱中百姓连狗都不如的无尽苦难！接着在逃难时丢落，或被恶仆劫走拐卖，或战乱时清兵杀上门来时被清兵劫走，孝敬长官或转卖时落入长官之手。

顾氏的遭遇，还不是最坏的，因为她才五六岁。如果此时再年长几年，成为少女，就可能被清兵或歹徒蹂躏，或蹂躏后杀掉或转卖，那就更为可怜了。她终归于曹玺，已属不幸中的大幸。可是她当的是侍妾、小妾，又因来路不好，被曹家人轻视，更会受正妻和

---

① 朱淡文：《曹寅小考》，载《红楼梦研究》1982 年第 3 期。

其他妾妇的妒忌和欺凌；因故最后早死，死时大约40岁，因此也已够可怜的了。

江南在北宋和南宋末年惨遭金兵和元兵的蹂躏，都颇有凄惨记载。明末清兵南下，记载更多。晚清太平天国战乱中，江南第五次惨遭摧残。至于江南第六次惨遭毁灭，是1937年日寇侵华后犯下的滔天罪行，单是南京大屠杀即已触目惊心。

青少年妇女在战争中与家庭失散或被兵、匪，或被歹徒拐骗、劫掠，受尽屈辱后再被转卖，这是极为常见的现象。

金兵攻陷汴京，北宋灭亡，明代冯梦龙《醒世恒言·卖油郎独占花魁》描写汴梁城外安乐村开六陈铺（卖粮油、盐杂）的莘善，家道颇颇得过。养有一女莘瑶琴，自小生得清秀，且资性聪明。7岁上在村学中读书，日诵千言。10岁时便能吟诗作赋。到12岁，琴棋书画，无所不通。女红精通，飞针走线，出人意表。金兵攻占汴京时，城外百姓，一个个亡魂丧胆，携老扶幼，弃家逃命。路遇败残的官兵，假意呐喊："鞑子来了！"沿路放火，吓得众百姓落荒乱窜，彼此难能相顾，败兵就乘机抢掠。若不肯与他，就杀害了。莘瑶琴被乱军冲突，跌了一跤，爬起来，不见了爹娘。哭泣时，遇到相识的近邻卜乔。此人平昔是个游手好闲，不守本分，贯吃白食、用白钱的主儿。卜乔见瑶琴逃难落单，便花言巧语，骗她同行。逃到杭州，将她卖于西湖上烟花王九妈家，卖得五十两银子后溜之大吉。莘瑶琴沦落为妓女，受尽苦楚。后幸遇钟情她的卖油郎，才脱身从良。众所周知，妓女得到这个结局是凤毛麟角般稀少的。这个故事动人，所以明末清初的李玉将其改编为《占花魁》传奇，是他著名的"一人永占"四部名作之一。

　　元兵灭南宋后，李渔《十二楼·生我楼》小说描写：姚继的未婚妻是汉口曹玉宇之女。他千里迢迢寻亲上门，却不见此女人影。"原来乱信一到楚中，就有许多土贼假冒元兵，分头劫掠，凡是女子，不论老幼，都掠入舟中。此女亦在其内，不知生死若何。"姚继甚是伤心，哭了一夜，依旧搭了便船，径奔郧阳而去。途径仙桃镇——

　　有无数的乱兵把船泊在此处，开了个极大的人行，在那边出脱妇女。姚继是个有心人，见他所爱的女子掳在乱兵之中，正要访她的下落，得了这个机会，岂肯惧乱而不前？又闻得乱兵要招买主，独独除了这一处不行抢掠。姚继又去得放心，就带了几两银子，竟赴人行来做交易。指望借此为名，立在卖人的去处，把各路抢来的女子都认识一番，遇着心上之人，方才下手。不想那些乱兵又奸巧不过，恐怕露出面孔，人要拣精择肥，把像样的妇人都买了去，留下那些"拣落货"卖与谁人？所以创立新规，另做一个卖法：把那些妇女当作腌鱼臭鲞一般，打在包捆之中，随人提取，不知哪一包是腌鱼，哪一包是臭鲞，各人自撞造化。那些妇人都盛在布袋里面，只论斤两，不论好歹，同是一般价钱。……姚继见事不谐，欲待抽身转去，不想有一张晓谕贴在路旁，道：

　　卖人场上，不许闲杂人等往来窥视。如有不买空回者，即以打探虚实论，立行枭斩，绝不姑贷！特谕。

　　姚继见了，不得不害怕起来。知道只有错来，并无错去，身边这几辆银子定是要出脱的了："就去撞一撞造化，或者姻缘凑巧，恰好买着心上的人也未见得。……"

结果姚继买到的是白发婆婆，他连声叫起屈来。乱兵见他叫屈，就高声呵斥起来，说："你自家时运不济，拣着老的，就叫屈也无用，还不领了快走！"说过这一句，又拔刀来赶他上路。

那姚继生性善良，见老妇颇有素质，不是低微下贱之辈，就认她为母而善待之。

李渔是清末明初的著名作家，离开宋末已近 400 年，轮不到他来写宋末的故事。他这篇小说的这个故事，实际是明末清兵南下时的景象，他不敢公开谴责清军，就移到宋末元军南下之时而已。

清兵南下时，与顾氏同为明末清初的妇女的这种惨状，清代著名文学家陈维崧《妇人集》转载其友董以宁曰：

> 家婶以国破家亡，流离不偶。每吟旧事，不胜惋叹。尝有诗曰："旧婢仆来询老母，嫁衣裳尽典空箱。"每吟二句，辄为泣下，未几云逝。家侍御刻其遗集百余篇颜曰《翰墨有遗迹》。

董以宁的叔父在乱离中亡故，他的婶母在眼泪相伴中靠变卖嫁妆度日，不久泪尽去世，留下她"不胜惋叹"的形象和凄惨悲凉的诗句。这还算是好的，她的丈夫死于乱中，其本人尚有"善终"。

另有秦淮珠市"北曲"名妓王月，在崇祯十二年（1639）秦淮选美时获得群芳之冠地位。有书生看中她，但鸨母见蔡如蘅出价更高，即以 3000 两银子将王月卖于蔡。蔡如蘅后来任安庐兵备道，携王月上任，因其貌美而善解人意，备极恩宠。崇祯十五年（1642），张献忠攻破城坚墙高的庐州府，蔡如蘅惊慌失措，弃城而逃，仓皇间连王月也丢下不顾。贼兵入城，搜出王月后，孝敬给张献忠。此后，她也曾经"宠压一寨"，张献忠玩厌后，在与亲信聚餐时，将她的头砍下，放盘子内蒸熟上桌，"以享群贼"。张献忠抢来的姬妾

多不胜数，来去如流水，他是有名的易怒嗜杀的变态狂，只要他一时喜怒，身边女子都可能立马毙命。王月因是秦淮名妓，才留下了名姓。

至于清兵南下时的恶毒行径，劫后孑存的文人所著的《扬州十屠记》，则已血迹斑斑，骇人听闻。至于在江南的劣迹，有"嘉定三屠"血腥的杀戮，即如已被招降的苏州，清兵也"三五成群，分道掠夺"，"凡值妇女，无论衢巷田野，即裸而狎之，且环而戮之，多顷刻致毙者"。①

至于清军对汉族的屠杀，可谓空前绝后，详情见本章"曹雪芹的反清思想及其根源"一节。

而晚清战乱中的惨状，我研究生时期的已故同窗好友于醒民先生所著《上海，1862年》有零星记载。例如太平军攻入苏南后，清军雇佣的洋兵，将战乱中抢获的妇女贩至上海出卖：

> ……贩卖妇女的现象仍然相当严重。……鬼子兵、鬼子商人把从别处抢来的中国妇女像笼鸟一样囚禁起来，以貌论价，供人选购。便宜时年轻漂亮姑娘的身价是六元到三十元，论斤算比猪肉还低廉；价格上升时，其身价是五十元到一百五十元。为了招徕顾客，洋商把来自名门的"人货"姓名、出身写在广告纸上张贴于通衢。有一处贩卖妇女的黑窝，里面的"人货"被迫穿开裆裤，以便让买主检查有无梅毒等病。②

以上种种丑闻，所显露的被贩卖的女子惨状，和欺凌她们的罪

---

① （清）佚名：《苏城纪变》，清初稿本，上海图书馆善本室藏。
② 于醒民：《上海，1862年》，上海人民出版社1991年版，第20页。

恶行径，令人发指。

至于在战乱中，歹毒的仆婢背叛主人、残害主人，也颇常见。《红楼梦》反映的时代尚属安宁的清平时期，曹雪芹描写甄士隐的仆人因粗心大意而丢失主人家的幼女，也是真实性很强的事件。英莲被拐子抱走，长成后，被人贩子出售，又落入生性蛮横的呆霸王薛蟠手中，接着落到薛蟠凶妻夏氏手中，最后虽然因夏氏多行不义必自毙，而扶为正室，却又难产而死。这样曲折的命运，其后半段经历可能的确隐含着曹雪芹对曾祖母顾氏身世的曲折反映。刘梦溪先生推断，"英莲被排在'副册'的第一名，地位在晴雯、袭人之上，似乎格外为作者所重"，很有说服力，可间接证实《红楼梦》描写的众多优秀女子，是曹雪芹少年时代周围真实存在的闺阁精英。

2. 曹寅的人生简历

曹寅（1658~1712）于顺治十五年九月初七生于北京。6 岁时随父南下金陵，在江南织造府度过童年。织造府园中有楝亭，是其父亲自教导、督责曹寅和曹宣兄弟的读书处。其父聘明代遗民马銮（相伯）为蒙师。曹寅聪慧过人，"束发即以诗词经艺惊动长者，称神童"[1]。

曹寅的正房母亲是康熙最重要的教引嬷嬷，康熙曾对人介绍曹寅之母说："此吾家老人也。"由此因缘，曹寅在少年时，曾为康熙的伴读兼玩伴。曹寅约在康熙十一年（1672），15 岁时为康熙皇帝侍卫。曹寅陪伴康熙多年，康熙与他有很深的感情，非常了解和赏识他的才华。所以康熙后来不要他的保姆孙氏的嫡子，而是指名由

---

[1] （清）顾景星：《楝亭诗抄》卷首《荔轩草序》。

曹寅继任其父的江南织造要职；因任此要职，康熙南巡6次，曹寅竟然在自己家中主持过4次接驾大典。康熙二十九年（1690）任苏州织造，3年后移任江宁织造，官至通政使。康熙四十二年（1703）起为巡视两淮盐漕监察御史，与李煦隔年轮管两淮盐务。

曹寅原配夫人，姓氏不详，在康熙二十年（1681）前病故，无子息。其继室乃李煦父李士祯族弟李月桂之女李氏，约于康熙二十六（1687）或二十七（1688）年嫁于曹寅，时年约30岁或有余，故于康熙二十八年（1689）生曹颙。

曹寅有二子二女。长子曹颙。次子珍儿，康熙五十年（1711）三月夭殇。二女皆由康熙指婚而为王妃：长女嫁镶红旗平郡王纳尔苏（不少红学家和陈寅恪都认为，她是元春在生活中的原型），并育有四子；次女嫁任侍卫的某王子。

然而，就在曹寅在世时繁华的背后，已潜伏危机。曹寅的日用排场、应酬送礼，特别是康熙四次南巡的接驾等等，在经济上给他造成了巨额的亏空。康熙四十八年（1709）十二月初六，两江总督噶礼密报康熙：曹寅和李煦亏欠两淮盐课银300万两，请求公开弹劾他们。康熙对此奏留中不发，私下告诫曹寅和李煦，设法补上亏空。曹寅无力弥补，直到弥留之际，还核算出亏空库银23万两，在忧愁中去世，"身虽死而目未暝"①。

康熙五十一年（1712），曹寅于二月进京述职，携长子曹颙南返。六月，奉康熙之命自江宁赴扬州主持开刻《佩文韵府》。七月，

① 故宫博物院明清档案部：《关于江宁织造曹家档案史料》，中华书局1975年版，第100页。

患风寒之病，继而转成疟疾，李煦向康熙上奏曹寅病情。康熙对曹寅的病情非常重视，立即批复，给予深切而具体的关心，并亲自赐药："今欲赐治疟疾的药，恐迟延，所以赐驿马星夜赶去。"下面，康熙还写了满文，是金鸡纳霜的满文译音，并非常仔细地加以说明。可惜药未到而曹寅已死。

康熙痛心之余，为保全曹家的江南家产，免遭搬迁的损毁，打破不许世袭的成规，特命其子曹颙继任江宁织造。短命的曹颙两年后于康熙五十三年（1714）病故，康熙又特命曹寅四侄即胞弟曹荃（宣）之子曹頫过继给曹寅的妻子李氏并继任织造之职。同时康熙又让曹寅的内兄苏州织造李煦代管两淮盐差一年，用所得的银子补齐曹寅生前的亏空。康熙对曹寅与其子息，连续施以恩惠，极为难得。

康熙五十四年（1715），又查出曹寅生前亏空织造库银三十七万三千两。康熙再做安排，让两淮盐政李陈常和李煦代为补还。到康熙五十六年（1717），才把这笔账补上。

康熙与曹玺和曹寅有深厚情分，康熙曾对曹頫明说："念尔父出力年久，故特恩至此。"对曹頫就疏远、淡漠了许多。康熙六十一年（1721），李煦、曹頫拖欠卖人参的银两，内务府奏请康熙，严令李煦、曹頫必须在年底之前交清，否则严加惩处，康熙当即就批准。

3. 曹寅的文采风流

曹寅文武双全，善骑射，又是清初著名诗人，工诗词及词曲，晓音律，善书法。著有《楝亭诗钞》八卷、《诗抄别集》四卷、《词抄》一卷、《词抄别集》一卷、《文抄》一卷、《续琵琶记》等。又

喜好刻书，刊秘书十二种，为《梅苑》、《声画集》、《法书考》、《琴史》、《墨经》、《砚笺》，刘后村《千家诗》、《禁扁》、《钓矶立谈》、《都城纪胜》、《糖霜谱》、《录鬼簿》。又汇刻前人文字、音韵书为《楝亭五种》，艺文杂著为《楝亭书十二种》，校勘颇精。

曹寅曾因康熙之命，主编和纂刻《全唐诗》、《佩文韵府》等重要文化典籍于扬州。

曹寅为人风雅，喜好文艺，又爱好藏书，所藏书宋元版本和珍贵书籍、抄本颇多，藏书

清人别集丛刊《楝亭集》曹寅

印有"千山曹氏家藏"、"楝亭曹氏藏书"、"子孙保之"、"平滦世家"等。

曹寅喜交名士，慷慨资助了多个贫困的士人。曹寅深厚的文化教养和广泛的文化活动，营造了曹家和江宁浓郁的文化艺术氛围。

曹寅又是著名戏曲家，创作了《表忠记》（已佚）和《北红拂记》等。著名的佚名传奇《铁冠图》即据曹寅的《表忠记》和边大绶《虎口余生》等剧本改编的。曹寅《念奴娇》："白头朱老，把残编几叶，尤耽北调。"他的《北红拂记》，尤侗《艮斋倦稿文集》卷九《题北红拂记》载："荔轩游越五日，倚舟脱稿，归授家伶演之。予从曲宴得寓目焉。"曹寅所著《太平乐事》杂剧，还请了大戏曲家洪升作序。

曹寅作为戏曲家，当然嗜好观看戏曲，依靠丰厚的财力，兴办家班，频繁演出。尤侗《尤悔庵太史年谱》卷下：康熙三十一年（1692），"小重阳严公伟弘大戎园中赏菊，兼观女乐度曲，赠之。

织部曹荔轩亦令小优演予《李白登科记》；将演《读离骚》、《黑白卫》诸剧，会移镇江宁而止。"

曹寅令家优排演全本《长生殿》，并特请作者洪升一起观看，成为清初戏剧界的一件大事。当时记载说：

康熙四十三年甲申（1704），"春末，（洪升）应江南提督张云翼之聘，往游松江。云翼延为上客，开长筵，盛集宾客，为演《长生殿》。曹寅闻之，亦迎致昉思于江宁，集南北名流为胜会，独让昉思居上座，以演《长生殿》剧。每优人演出一折，昉思与曹寅即雠对其本以合节奏，凡三昼夜始毕，一时传为盛事。"金埴《巾箱说》："昉思（洪升字昉思）之游云间、白门也，提帅张侯云翼开宴于峰三泖间，选吴优数十人搬演《长生殿》，军士执殳（shū，古代撞击用的兵器）者，亦许列观堂下，而所部诸将并得纳交昉思。时督造曹公子清寅亦即迎致于白门。曹公素有诗才，明声律，乃集江南江北名士为高会，独让昉思居上座，置《长生殿》本于其席。又自置一本于席。每优人演一折，公与昉思雠对其本，以合节奏。凡三昼夜始阕。两公并极尽其兴赏之豪华，以互相引重，且出上币兼金煦行。长安传为盛事，士林荣之。"曹寅还赠送洪升很多钱财，资助这位贫困的大作家。

三、曹雪芹其人与其豪华的少年生活

曹雪芹（约1715～约1763），名沾，字梦阮，号雪芹，又号芹溪、芹圃。汉族，满洲正白旗包衣。

沾，分润、分得，意思是沾溉恩泽，典出西汉扬雄《长杨赋》："仁沾而恩洽。"芹，蔬菜名，典出《吕氏春秋·本味》："菜之美

者……云梦之芹。"又，《诗·小雅·采薇》："言采其芹。"《诗·鲁颂·泮水》："思乐泮（泮宫，即学宫）水（学宫里的水池），薄采其芹。""思乐泮水，薄采其藻。"后世以"芹藻"比喻贡士（清制，会试考中者为贡士）或有才学之士。"采芹"、"入泮"，指考中秀才入学做生员。圃，种植蔬菜、花果或苗木的绿地、园地，泛指园圃。圃，又指种植园圃的人。芹圃，有颇为强烈的指望读书做官的意向。曹雪芹长大后，不喜欢这个俗气的表字，就改为"雪芹"这个雅号，典出苏轼《东坡八首》："泥芹有宿根（宿根植物，个体寿命超过两年，是可持续生长，多次开花、结果的多年生草本花卉。较常见的的有芍药、秋海棠、君子兰等。宿根另意指佛教、道教所说的前世的根基）"，"雪芽何时东"；苏辙《新春》："园父初挑雪底芹。"雪有洁白之意。雪芹隐含纯洁、耐寒的绿色菜蔬的平凡而高雅的意味。

他的出生时间不能确定，有两种不同的观点：康熙五十四年（1715），或雍正二年甲辰（1724）。

他的卒年也不能确定，主要有三种观点：卒于乾隆二十七年壬午除夕（1763年2月12日），卒于乾隆二十八年癸未除夕（1764年2月1日），或乾隆二十九年甲申岁首（1764年初春）。（作者按：原文不错，阴历不同，阳历相同）

按照雍正二年（1724）出生的说法，他只活了40岁左右。如康熙五十四年（1715）出生，则于49岁（古人用虚岁）或50岁时去世。

一般认为曹雪芹在康熙五十四年（1715）六月十二日子初初刻十分（1715年7月17日23时10分）生于江宁府金陵（今江苏南

京），祖籍辽阳。

他生于祖父曹寅死后 3 年，是曹寅之子曹颙的遗腹子，生母为马氏。

一般认为曹雪芹于乾隆二十七年壬午除夕（1763 年 2 月 12 日）卒于北京西郊西山，享年 49 岁。因此，1963 年 8 月，根据周恩来总理的指示，文化部、中国文联、中国作协和故宫博物院联合主办"曹雪芹逝世 200 周年纪念展览会"。2013 年 11 月 22 至 24 日，中国红楼梦学会、恭王府管理中心、北京曹雪芹学会、新绛集团联合举办"纪念伟大作家曹雪芹逝世 250 周年大会暨学术研讨会"。

曹颙于康熙五十年（1711）十一月所生长子，已夭亡。故而康熙五十四年（1715）三月初七曹頫给康熙奏折说："奴才之嫂马氏，因现怀孕已及七月，恐长途劳顿未得北上奔丧。将来倘幸而生男，则奴才之兄嗣有在矣。"可知曹雪芹是曹颙第二子。

康熙五十四年（1715）正月，曹颙在北京病故后，康熙深表惋惜，特地传谕内务府总管："曹颙系朕眼看自幼长成，此子甚可惜。朕所使用过的包衣子嗣中，尚无一人如他者。看起来生长的也魁梧，拿起笔来也能写作，是个文武全才之人。他在织造上很谨慎。朕对他曾寄予很大的希望。他的祖、父，先前也很勤劳。现在倘若迁移他的家产，将致破毁。李煦现在此地，著内务部总管去问李煦，务必在曹荃之诸子中，找到能奉养曹颙之母如同生母之人才好。"[①]康熙对孙氏关怀备至，要为她的晚年生活做精心安排。内务府询问

---

① 故宫博物院明清档案部：《关于江宁织造曹家档案史料》，中华书局 1975 年版，第 148 页。

李煦和曹頫家人后，议定将曹荃（宣）第四子曹頫过继给曹寅妻为嗣子，补放江宁织造之缺，康熙即予批准。

曹颙的才华，文武兼备，故而得到康熙的异常赏识。其子曹雪芹继承了祖、父的遗传因子，天赋卓特。而曹頫的才能平平，继任后毫无应有的出色表现，也不能吟诗作赋，缺乏文才。后来面对雍正的迫害，更是无力应付，只能任其宰割。这就连累全家遭难，曹雪芹深受此害。

对于曹雪芹的父亲究竟是曹颙还是曹頫，学术界也有不同观点。一般认为曹雪芹是曹颙之子。我认为曹颙的可能性的确更大，曹颙有才华，遗传因子更好。

曹雪芹人生的第一阶段，自康熙五十四年（1715）出生至雍正六年（1728）初曹家被抄没，他在江南度过了13年富贵豪华的生活。曹雪芹的童年、幼年、少年时代在这"秦淮风月"之地的南京"繁华"生活中幸福度过、长大。他还到苏州访亲、生活过。因此，曹雪芹对南京、苏州和江南怀有极为深厚的感情。他青、中年在北京生活，《红楼梦》在北京创作，但他的心在南京，在苏州，在江南。所以《红楼梦》中的优秀女子为"金陵十二钗"，尤其是最心爱的林黛玉是苏州女子，其才女妻子薛宝钗也是江南闺秀；大观园的景色是江南园林和田野的美景，书中总是津津乐道于对江南生活的回忆和与江南千丝万缕的关系。

曹雪芹本人对自己童幼年、少年时代的生活毫无记载，我们只能从《红楼梦》的有关描写中依稀看出他此期生活的痕迹。

另外，我们可以推断曹雪芹出生后，曹頫继任江宁织造，他住在江宁织造府中。当时还有其祖父曹寅留下的丰富的藏书，其中有

大量的史书诸子、诗词曲赋、戏曲小说和笔记杂著等。曹雪芹自幼喜欢读书，这些书对他的影响很大。尤其还有曹寅亲自创作的诗词和戏曲，曹雪芹也受到熏陶。当时，他家生活豪富，祖父时代具备的家伶尚在，他可以经常观看昆剧，因此对昆剧经典非常熟悉。曹雪芹既熟读四书五经、《庄子》等诸子经典，也在耳濡目染、"杂学旁收"中，养成诗词、戏曲、绘画、音乐的高雅爱好和丰富积累，为后来创作《红楼梦》打下了极为丰厚的基础。而《红楼梦》描写的豪华生活——除了绝无仅有的曹雪芹，还没有一个作家能够如此真切生动、具体详尽地写出如此豪华的生活——都是他此期生活中体验、观察和耳闻的景象、人物与故事。

四、家庭巨变，北漂京城

前已言及，曹寅死后，其子曹颙继任江南织造后死于任上，康熙特命曹寅侄子曹頫为曹寅未亡人李氏的继子，继任江南织造。

直至雍正五年（1727）12月24日曹頫被抄家败落，雍正六年（1728）曹氏全家返回北京，在江南祖孙三代先后共历60余年。

曹家回北京以后的情况，文献绝少记载，曹頫曾经在给康熙的奏折里说道："惟京中住房二所，外城鲜鱼口空房一所，通州典地六百亩，张家湾当铺一所，本银七千两……"

雍正即位以后，针对康熙晚年的弊政和腐败的蔓延，严加整肃。他接连颁布谕旨，全面清查钱粮，追补亏空。仅雍正元年，革职抄家的各类高级官吏就达数十人，患难与共的曹家亲戚苏州织造李煦，也于此时因亏空获罪，被革职抄家。

雍正当时并没有把曹家与李煦一起治罪，允许他分三年还完。

可是曹頫自身的亏空尚未补完，又增加了新查出的曹寅遗留的亏空。他只好多方求人托人，试图渡过难关。有人密告雍正，雍正在曹頫的请安折上严词警告："乱跑门路，交结他人，只能拖累自己，瞎费心思力气买祸受；主意要拿定，安分守己，不要乱来，否则坏朕名声，就要重重处分，怡亲王也救不了你！"雍正皇帝的朱批特谕，既对曹頫"乱跑门路"十分不满，又为避免有人吓唬敲诈曹頫，防止事件复杂化。

此后三年，由于曹家被发现卷入康熙诸子矛盾，遭受雍正多次打击：

雍正四年（1726，曹雪芹12岁），曹頫两次因织缎粗糙分别被罚奉一年和诘责追赔。五月曹寅的妹夫傅鼐被革职，远流黑龙江。

七月，曹寅的女婿纳尔苏以"贪贿"之罪，被削去平郡王爵，在家圈禁。其子福彭袭爵。

雍正六年（1728，曹雪芹14岁）年初，因江宁织造员外郎曹頫等骚扰驿站案内，加上曹家内部有人告发转移财物，曹頫罢任，由怡亲王胤祥传奏查办，接着抄家逮问（家人大小男女含仆人114口）。雍正将抄没之房、地、人口、财产全部赏给隋赫德。曹頫家口回京，住蒜市口。

曹雪芹的豪华生活享受到此年年初，他才14岁，实际才12岁半。曹頫被革职入狱，家产被抄没，举家迁回北京，家道彻底衰微。

雍正十三年（1735年，曹雪芹21岁）八月，雍正于圆明园病故，清高宗弘历继位，改元乾隆。九月初三，曹雪芹的高祖曹振彦（曹世选之子）得诰封为资政大夫（二品的虚衔等级），原配欧阳氏、继配袁氏得封为夫人。曹雪芹叔祖曹宣（荃）尚在世，官居护

军参领兼佐领，加一级（是正白旗包衣第四参领兼第二旗鼓佐领，从三品）。曹頫被起用为内务府员外郎。

乾隆元年（1736，曹雪芹22岁），曹家有了些许转机，被赦免各项罪款，家复小康。

可能在雍正末年（1735），21岁的曹雪芹以八品恩荫虚衔入仕，以待成年后补缺；之后于乾隆初转升六品州同，这是协助知州处理事务的低级官吏。虽然官职低微，但比七品芝麻官（县令）略高一级，聊胜于无，尚有低微俸禄可以糊口。后在宗学任教。

乾隆三年（1738，曹雪芹24岁），康熙废太子胤礽之长子弘皙谋立朝廷，暗刺乾隆，事败，被剥夺亲王爵位。曹家被牵累。

自雍正六年（1728）回到北京，至乾隆八年（1743）前，曹家彻底败落，曹雪芹跌入赤贫。

在家庭这一巨大转折中，曹雪芹深切感受了世态炎凉和生活的严酷。他逐渐陷入一贫如洗的绝端困境。

曹家回京后，住在广渠门内、崇文门外蒜市口的十七间半房的小四合院，处于汉族普通平民聚居地。

此时曹頫关在监中，正受着拘押枷号之苦，长年受审。曹雪芹与其祖母李氏（李煦之堂妹）、寡母马氏及曹頫妻女一起生活。曹雪芹起先尚未成年，此后进入青年。他与这群妇女同住，她们日常闲着没事，必会给他讲述众多的家族故事，从祖先到同辈，从男女主人到数代奴婢，金陵旧事是讲得最多的精彩往事。这些妇女，熟悉的是女性亲戚，相处的是丫鬟和仆妇，与男亲戚和男仆的相处较少，所以讲的女性命运的故事必占大多数。现在落魄，没有了享受，于是这些妇女也会津津乐道地回忆过去看过的好戏，听过的好书，

吃过的美食，穿过的衣服，用过的首饰，玩过的好景，藏过的古玩，等等，之后曹雪芹都写入《红楼梦》中。

五、十年辛苦不寻常，撰写和修订《红楼梦》

古人将 15 岁作为成年，即进入青年时期的年龄，到 29 岁为止为青年时期的结束，30 岁起算作中年。曹雪芹自出生到北京的这段生活，共有 28 年时间，从 1 岁到 29 岁，整个幼少年到青年时期，生长于妇女之手。

康熙五十四年（1715）正月李煦的奏折中说及，曹雪芹的祖母、曹寅之妻李氏"年近六十"①。13 年后，落难到北京时，她年已七十有余。曹雪芹的生母马氏和他的婶母、曹頫之妻，三十几岁，丈夫或死或关，满目凄凉。一群妇女，刚从富贵荣华跌入小康，又身在愁城——皇上不知如何发落曹頫，也只有靠回忆度日，靠讲家族故事，排遣寂寞和忧愁。

曹雪芹在乾隆八年（1743）前就丧失了州同的官职，回归内务府。作为正白旗包衣汉人、皇室家奴，他不能擅自离开北京，不能自谋生计，必须听候本佐领和内务府派差，否则就要作为"八旗逃人"，受到严惩。

于是曹雪芹无所事事，他又进入了中年，"一事无成"的刺激，和空闲后回想到过去的繁华生活、可爱女子的倩影，在心里总结近 15 年祖母、母亲回忆昔日豪华的种种故事，激起了他的创作冲动，

---

① 故宫博物院明清档案部：《关于江宁织造曹家档案》，中华书局 1975 年版，第 127 页。

他开始了《红楼梦》的写作。

于是，乾隆九年（1744）至十九年（1754），曹雪芹自30岁到40岁，是"十年辛苦不寻常"地写作《红楼梦》时期。古人将30岁作为中年的开始。

关于曹雪芹写作《红楼梦》的时间，缺乏可靠资料，所以当今学者有多种说法，例如刘梦溪认为开始写作的时间是乾隆七年或八年（1742或1743），定稿时间约在乾隆十九年（1754）。

总之，曹雪芹大约自30岁到40岁，用了中年的10年时间，创作《红楼梦》。

曹雪芹将自己13岁前的豪华阔绰的生活经历，14岁到29岁，15年中听闻的家族故事、社会见闻，在脑海中翻腾、整理和分析，引起了强烈的创作冲动，在三十而立之年，想到前半世已经过去，自己一事无成，只有这些经历和故事，将它们写出来，供世人阅读。一则可以给自己一种安慰，可以消解现实的痛苦；二则犹如庄子所说的"以无聊之事，打发生涯"，打发岁月；三则发挥自己的才情，因为成功的创作，会形成满怀豪情。于是"一事无成"，即仕途经济的失去，和过去生活的梦幻，换来不朽的创作。

关于曹雪芹创作《红楼梦》的情况，有种种传说。

清人赵烈文《能静居笔记》说他"素放浪，至衣食不给。其父执某，钥空室中，三（一作二）年遂成此书"①。说他是这样开始写作《红楼梦》的。据说《红楼梦》的最初草稿成为《风月宝鉴》，

---

① 蒋瑞藻：《小说考证拾遗》，见一粟：《中国古代文学理论资料丛书·红楼梦卷》第二册，中华书局1963年版，第378页。

他的兄弟棠村为他作序。

他被曹家除名逐出，只能离家，"无衣食，寄食亲友家"。"苦无纸，以日历纸背写书"。（清潘德舆《金壶浪墨·读红楼梦题后》）

《红楼梦》的作者是否为曹雪芹，当代一些学者颇有不同意见。他们分别提出石兄、吴梅村、李渔、洪升、脂砚斋等多人是此书真正作者的种种不同说法。实则清代与曹雪芹同时或稍后的友人和学者都作肯定说。例如：

富察明义《题红楼梦》组诗二十首的小序（《绿烟琐窗集》）说：

> 曹子雪芹出所撰《红楼梦》一部，备记风月繁华之盛。盖其先人为江宁织府，其所谓大观园者，即今随园故址。惜其书未传，世鲜知之者。

> 爱新觉罗·永忠《因墨香得观〈红楼梦〉小说，吊雪芹三绝句姓曹》（《延芬室稿》第十五册）：

> 传神文笔足千秋，不是情人泪不流。可恨同时不相识，几回掩卷哭曹侯。

> 颦颦宝玉两情痴，儿女闺房语笑私。三寸柔毫能写尽，欲呼才鬼一中之。

> 都来眼底复心头，辛苦才人用意搜。混沌一时七窍凿，正教天不喊穷愁。

这位永忠乃康熙十四子允禵之孙，诗题中的"墨香"即曹雪芹好友敦敏和敦诚之叔额尔赫宜，此人又是明义的堂妹夫。从此诗可知，他们都认为曹雪芹是《红楼梦》作者。

袁枚《随园诗话》卷二记载：

康熙间，曹练（楝）亭为江宁织造……其子（孙）雪芹撰《红楼梦》一书，备记风月繁华之盛。明我斋读而美之。

袁枚是乾隆年间三大诗人之一、文坛领袖，他是明义之友。

清代善因楼梓本《批评新大奇书红楼梦》第一回朱笔眉批过录乾隆间人的批语说："曹雪芹为拣（楝）亭寅之子，世家，通文墨。不得志，遂放浪形骸，杂优伶中，时演剧以为乐，如杨升庵所为者。"①

以上记载不仅肯定曹雪芹是《红楼梦》的作者，而且还言及曹雪芹在北京与苏州来的"奇优名倡"，相处甚得，还客串演戏。曹雪芹在《红楼梦》中多次描写书中人观看昆剧，尤其柳湘莲喜欢演戏，是他本人的写照。

曹雪芹《红楼梦》是据他早年江南秦淮繁华生活的回忆和咀嚼而创作，故深知其创作情况的敦敏在诗中说："秦淮旧梦人犹在，燕市悲歌酒易醺。"（《芹圃曹君沾别来已一载馀矣，偶过明君琳养石轩，隔院闻高谈声，疑是曹君；急就相访，惊喜意外！因呼酒话旧事，感成长句》）"燕市哭歌悲遇合，秦淮风月忆繁华。新仇旧恨知多少，一醉醍醄白眼斜。"（《赠芹圃》）

在此期间，曹雪芹有一个宗学的职务，后来也失去了。宗学当时有"虎门"②的代称，因此敦诚《寄怀曹雪芹（沾）》说："当时虎门数晨夕，西窗剪烛风雨昏。接䍦倒著容君傲，高谈雄辩虱手扪。"后两句用《世说新语·任诞》晋人山简"倒著白接䍦"，和

① 善因楼版《批评新大奇书红楼梦》第一回，《红楼梦研究集刊》第五辑，第 378、390 页。

② 《八旗文经》卷三十六亲王允礼《宗学记》：宗室子弟"自王公、庶位以及百属籍者，其子弟愿学则入焉。即《周官》立学于虎门之外以教国弟子之义也。"吴恩裕《曹雪芹考》据此认为"虎门"即右翼宗学。

《晋书·苻坚传》王猛"扪虱而言，旁若无人"之典，记叙曹雪芹在宗学中与友人一起疏狂傲岸、高谈阔论的魏晋气度。

曹雪芹在宗学中结交了一批弟子，与他们为友，"昔年同虎门，联吟共结社"（敦敏《吊宅三卜孝廉》）。从他们的诗中可知，乾隆十五年（1750，曹雪芹36岁）八月十四日夜，敦敏、敦诚到宗学与雪芹、卜宅三（浙江人，在宗学担任助教一类职务）饮酒夜话。

宗学所在地，在西城西单东侧的石虎胡同31号、33号院（20世纪60年代前为7号、8号院，今为民族大世界商场），这座府邸是大型的多重四合院，两院相通，是保存较好的明清大宅。此院在明代为"常州会馆"，是江南举子进京科考居住学习之处。清初，会馆迁移到南城，此宅为吴三桂之子吴应熊的府邸。因清皇太极的小女即十四格格恪纯公主下嫁给吴应熊，故称"驸马府"，又称"恪纯公主府"。清雍正年间，在此建立八旗子弟教育的"右翼宗学"（左翼宗学在东城的灯市口）。

曹雪芹在宗学承担的具体工作缺乏记载，学者有多种猜测：助教、教师、舍夫、瑟夫，职员、夫役、当差等。认为曹雪芹在宗学任教的，又猜测他的学历是孝廉（即举人），但多认为是"贡生"，且是"拔贡"。

右翼宗学于乾隆十九年（1754）迁走。曹雪芹何时离开宗学到的西山，也无记载。今曹雪芹纪念馆即原正白旗村39号老屋，实即曹雪芹故居。在曹雪芹纪念馆的第三展室有标牌说明："约于乾隆十年（1745）左右，他为生活所迫，离开京城，结庐西山，过着'茅椽蓬牖，瓦灶绳床'的生活，用血和泪铸成了他的举世名著的。"这也是一种推断而已。

六、五次增删《红楼梦》和中年逝世

曹雪芹在《红楼梦》第一回自述：后因曹雪芹于悼红轩中，披阅十载，增删五次，纂成目录，分出章回，又题曰《金陵十二钗》，并题一绝。即此便是《石头记》的缘起。

曹雪芹自乾隆十九年（1754）迁居北京西山至1763年2月去世，自40岁到49岁，是西山著书时期，他对《红楼梦》做了五次增删。

曹雪芹在当时的相貌和风度，有其友人的记载：

> （雪芹）其人身胖头广而色黑，善谈吐，风雅游戏，触境生春。闻其奇谈娓娓然，令人终日不倦。是以其书妙绝尽致（裕瑞《枣窗闲笔·后红楼梦书后》）。

关于曹雪芹的西山时期的生活和创作，直接文献的记载，只有其友人敦敏、敦诚、张宜泉和明义等人的诗文。一般认为，还有脂砚斋、畸笏叟等人的批语。但是脂砚斋的评本遭到质疑。欧阳健、曲沐等著名学者认为脂砚斋评批的《石头记》抄本为伪作。前已言及，笔者于此没有研究，但慎重起见，不将脂砚斋批本中所说的曹雪芹生平和写作情况作为信史，不予引证。

此后乾嘉时期，袁枚、西清、裕瑞等人也有一些记述。他们与曹雪芹并不相识，毫无来往，后来梁恭辰、赵烈文的记述，清末张永海、舒成勋等所述故老"口碑"，皆为传闻。

我们从其友人敦敏、敦诚、张宜泉等人的诗歌中可以了解曹雪芹此时生活和创作情况之一斑。

敦诚《赠曹芹圃（即雪芹）》，叙述曹雪芹住在西山时生活

艰难：

　　　　满径蓬蒿老不华，举家食粥酒常赊。

　　　　衡门僻巷愁今雨，废馆颓楼梦旧家。

　　　　司业青钱留客醉，步兵白眼向人斜。

　　　　阿谁买与猪肝食，日望西山餐暮霞。

举家（全家）食粥，连饭也没有吃，日常生活之困顿，一言已尽。

　　敦诚《寄怀曹雪芹（沾）》："劝君莫弹食客铗，劝君莫叩富儿门。残杯冷炙有德色，不如著书黄叶村。"（《四松堂集》卷一稿本卷上）劝说曹雪芹安贫乐道，一心著书，不要为酒食而奔走权贵之门，浪费生命和光阴。

　　另有友人之诗，描绘曹雪芹著书的环境。如张宜泉《和曹雪芹〈西郊信步憩废寺〉原韵》诗：

　　　　君诗曾未等闲吟，破刹今游寄兴深。

　　　　碑暗定知含雨色，墙陨可见补云阴。

　　　　蝉鸣荒径遥相唤，蛩唱空厨近自寻。

　　　　寂寞西郊人到罕，有谁拽杖过烟林。（《春柳堂诗稿》光绪刊本）

　　又《题芹溪居士》（姓曹名沾，字梦阮，号芹溪居士，其人工诗善画）：

　　　　爱将笔墨逞风流，庐结西郊别样幽。

　　　　门外山川供绘画，堂前花鸟入吟讴。

　　　　羹调未美青莲宠，苑召难忘立本羞。

　　　　借问古来谁得似，野心应被白云留。（《春柳堂诗稿》光绪刊本）

两诗都描写曹雪芹"庐结西郊别样幽"、"寂寞西郊人到罕"，在北京西郊即西山居住的景象和周围的山色、风景。

敦敏的两首诗也描绘了曹雪芹西山居处的风景。《访曹雪芹不值》："野浦冻云深，柴扉晚烟薄。山村不见人，夕阳寒欲落。"（《懋斋诗钞》）

《河干集饮题壁兼吊雪芹》：

> 花明两岸柳霏微，到眼风光春欲归。
>
> 逝水不留诗客杳，登楼空忆酒徒非。
>
> 河干万木飘残雪，村落千家带远晖。
>
> 凭吊无端频怅望，寒林萧寺暮鸦飞。（《懋斋诗钞》）

曹雪芹在这十年中，除了修改《红楼梦》，还写诗作画。其诗才和画作颇受朋友好评。例如敦敏《题芹圃画石》："傲骨如君世已奇，嶙峋更见此支离。醉余奋扫如椽笔，写出胸中块垒时。"（《懋斋诗钞》）《红楼梦》一名《石头记》，开首就写补天之石。敦敏记叙他画石的寄托和笔法，颇为传神。敦敏又有《赠芹圃》："碧水青山曲径遐，薜萝门巷足烟霞。寻诗人去留僧舍，卖画钱来付酒家。"记叙曹雪芹用卖画钱来补贴生活。

大约在乾隆二十五年（1760），曹雪芹46岁时回到江南游访江宁旧地，此去大约有一年余，所以敦敏《芹圃曹君沾别来已一载馀矣，偶过明君琳养石轩，隔院闻高谈声，疑是曹君；急就相访，惊喜意外！因呼酒话旧事，感成长句》，此诗这个长题说，"别来已一载馀矣"，诗中说："秦淮旧梦人犹在，燕市悲歌酒易醨。"（《懋斋诗钞》）另有"故交一别经年阔，往事重提如梦惊"之句。曹雪芹此去江宁，阅历山川，凭吊旧迹，听闻往事，丰富了他创作《红楼

梦》的素材。

可能此时曹雪芹前妻已死，他在江南访旧后续娶。49 岁时，他与前妻所生的幼子患病夭亡，曹雪芹的情绪受到毁灭性的打击，他自己也一病而亡，于此年除夕逝世。

古人将 50 岁作为老年的开始。白居易说："人生七十古来稀。"古人活到 70 岁，即是长寿。活到 60 岁以后，即是老年而死，寿数算够了。曹雪芹只活到 49 岁的开头，他是中年夭折，未尽天年。

曹雪芹逝世后，其友人有数首悼亡诗，显示了他的一些情况。

其挚友敦诚连撰两首挽诗。《挽曹雪芹》："四十萧然太瘦生，晓风昨日拂铭旌。肠回故垄孤儿泣（前数月，伊子殇，因感伤成疾），泪迸荒天寡妇声。"记叙曹雪芹死前数月其子夭折，现在留下寡妻，凄惨痛哭。

《挽曹雪芹（甲申）》："四十年华付杳冥，哀旌一片阿谁铭？孤儿渺漠魂应逐（前数月，伊子殇，因感伤成疾），新妇飘零目岂瞑？"（《四松堂集》抄本卷上）介绍曹雪芹因其子夭折，痛苦不堪因而患病去世。

两首诗开首都说曹雪芹死时正值"四十"年华，因此有的学者据此说曹雪芹死于 40 岁。这里说的年龄是约数，曹雪芹亡时年未到五旬，故曰"四十"。

张宜泉《伤芹溪居士》（自注：其人素性放达，好饮，又善诗画，年未五旬而卒）诗云：

谢草池边晓露香，怀人不见泪成行。

北风图冷魂难返，白雪歌残梦正长。

琴裹坏囊声漠漠，剑横破匣影铿铿。

多情再问藏修地，翠叠青山晚照凉。(《春柳堂诗稿》光绪刊本)

从此诗的作者自注可知，曹雪芹性格放达，喜欢饮酒，又善诗画。"年未五旬而卒"，这一句很重要，清晰地说明了他逝世的年代和年龄。

本书引言已经言及，1949年后的大陆学术界一般认定曹雪芹的逝世时间为乾隆二十七年壬午除夕（1763年2月12日）。

七、曹雪芹的秦淮旧梦和江南情结

曹雪芹出生在江南金陵，生长在江南，到13岁时，因家庭变故而被迫北迁，到北京生活，离开了江南。

出生和幼少年时代的生活环境对一个人的成长有决定性的作用，人对自己出生和幼少年时生活的地方最有感情。一个人在幼少年时期生活、成长的地方，是真正的故乡。此时形成的地方口音是乡音，此地形成的生活习惯是终身习惯。乡情难忘。

因此，在曹雪芹眼中，无限江山，最美是江南。《红楼梦》中有很多江南风景的描写，而对自己居住的北京的满目璀璨繁华景象，没有任何描写，只是偶尔因描写贾府家眷外出时而略微着笔一些北京郊区景色而已。

不仅是从小在江南长大的曹雪芹，从历代文人的风景喜好来看，自唐代之后，北方士子也都热爱江南，迷恋江南的青山绿水和南方女子。

南方佳胜，繁华盛景，在中国和中国文化史上有着极高的地

位，自古就有名言说："上有天堂，下有苏杭"[①]，形容苏州、杭州的美丽、繁荣与富庶可谓人间天堂。杭州的湖光山色，苏州的小桥流水，是江南美景两大特色的代表。

自六朝起，江南是北方诗人向往、流连的地方。古人描写江南美景的诗词无数，其中最有名、影响最大的是唐代大诗人白居易和韦庄两家。

白居易（772~846），青年时期漫游江南，于长庆二年（822）起任杭州刺史两年，后又任苏州刺史一年有余。江南在他的心目中留下了不能磨灭的深刻、美好印象。在因病卸任苏州刺史，回到洛阳12年后，时已67岁的他，写下了《忆江南》词，可见江南胜景一直栩栩如生地盘旋在他的心中。他的《忆江南》三首说：

> 江南好，风景旧曾谙。日出江花红胜火，春来江水绿如蓝。
> 能不忆江南？
>
> 江南忆，最忆是杭州。山寺月中寻桂子，郡亭枕上看潮头。
> 何日更重游？
>
> 江南忆，其次忆吴宫。吴酒一杯春竹叶，吴娃双舞醉芙蓉。
> 早晚复相逢？

这三首词精确描绘了江南和杭州、苏州的胜景，思念之情溢于言表。

其后不久另一位大诗人韦庄（836~910）游历江南，抒发了流连忘返的深切感情，写了一组《菩萨蛮》词，多以"人人尽说江南好"为首句，其第一首说：

> 人人尽说江南好，游人只合江南老。

---

① （宋）范成大《吴郡志》："谚曰：'天上天堂，地下苏杭。'"

春水碧于天，画船听雨眠。

垆边人似月，皓腕凝霜雪。

未老莫还乡，还乡须断肠。

首两句说来到江南，就应该终老于此；三四句极写江南风景之优美；五六句形容江南人物之白皙；最后说故乡虽好，"洛阳才子他乡老"，离开江南，伤心至极。

连北方士子也如此热爱、痴迷江南，在江南度过幼少年幸福生活的曹雪芹，身在北京，心在江南。在创作《红楼梦》时，他魂系梦绕的是江南尤其是金陵和苏州的山水、园林和少女。

曹雪芹的祖父曹寅和舅祖李煦先后任苏州织造府（旧址在今苏州第十中学内）织造，舅祖李煦长年担任此职，而曹雪芹的祖母李氏为李煦之女。可见曹雪芹与苏州关系之紧密。苏州出美女，《红楼梦》中金陵十二钗中的黛玉和妙玉两位，皆是姑苏人氏。

邢岫烟是妙玉的早年邻居，她显然也来自苏州。

贾府的庵堂和道观，林之孝向王夫人汇报，是从苏州"采访聘买得十二个小尼姑、小道姑"（第十九回），供养着她们修行。

贾府戏班的十二个小戏子，都从苏州购来。

因此，《红楼梦》描写的场景从苏州开始。第一回在开头交代了一番之后，正式进入具体情节时说：

《石头记》缘起既明，正不知那石头上面记着何人何事？看官请听。

按那石上书云：当日地陷东南，这东南有个姑苏城，城中阊门，最是红尘中一二等富贵风流之地。这阊门外有个十里街，街内有个仁清巷，巷内有个古庙，因地方狭窄，人皆呼作

"葫芦庙"。庙旁住着一家乡宦……

姑苏，是苏州的别名。这个别名来源于苏州西南三十里的"姑苏山"（又名姑胥山）。

唐代张继脍炙人口的名诗《枫桥夜泊》："月落乌啼霜满天，江枫渔火对愁眠。姑苏城外寒山寺，夜半钟声到客船。"也称苏州为姑苏。

阊门，是苏州古城之西门，于金门之北，沿七里山塘，可直达虎丘。阊门始建于春秋时期，是阖闾大城的八门之一。以传说天门中的阊阖得名："吴城西门也，以天门通阊阖，故名之。"（《太平寰宇记》）明清时期，阊门上有城楼，类似盘门城楼，是带有瓮城的水陆城门。陆城门东西两道城门，还有南北两个童梓门。外城门外有吊桥，门内就是阊门大街（今西中市）。瓮城为长方形，瓮城内另有套城，并还有南北两个童梓门。南童梓门通今南新路，北童梓门通北码头。水城门在陆城门以北，跨下塘街河。门外有聚龙桥。在太平天国战争中，阊门瓮城被毁，剩下内城与套城。

阊门是苏州城著名的城门，白居易《登阊门闲望》：

> 阊门四望郁苍苍，始觉州雄土俗强。
>
> 十万人家供课税，五千子弟守封疆。
>
> 阊闾城碧铺青（一作秋）草，乌鹊桥红带夕阳。
>
> 处处楼前飘管吹，家家门外泊舟航。
>
> 云埋虎（一作古）寺山藏色，月耀娃宫水放光。
>
> 曾赏钱塘嫌茂苑，今来未敢苦（一作若）夸张。

明清时期，阊门发展为热闹繁华的市廛，明代唐寅《阊门即

事》诗有云：

> 世间乐土是吴中，中有阊门又擅雄。
>
> 翠袖三千楼上下，黄金百万水西东。
>
> 五更市贾何曾艳，四远方言总不同。

清初刘廷玑《阊门晚泊》：

> 近水重楼几万家，湘帘高卷玉钩斜。
>
> 何须越国求西子，只合吴宫问馆娃。
>
> 两岸花明灯富贵，大街烟锁月繁华。
>
> 居人只作寻常看，四季歌声五夜哗。

虽然经过清兵南下的摧残，江南民众有着惊人的聪慧勤劳，苏州和阊门不久又恢复了旧日的富贵风流。

曹雪芹熟悉的阊门就是这样的景象。

十里街是小说虚拟的街名，可能即指阊门至虎丘的山塘街和上塘街。从前人游虎丘，必从阊门出发，经过山塘、上塘两街。而山塘街素有"七里山塘"之称，与上塘街相接，正有十里之长。在书中，十里又谐音"势利"。仁清巷，也是作者虚拟的地名，谐音"人情"。

《红楼梦》多次描写金陵。其友人敦敏《赠芹圃》："燕市哭歌悲遇合，秦淮风月忆繁华。新仇旧恨知多少，一醉酕醄白眼斜。"（《懋斋诗钞》）秦淮繁华风月和旧恨，事事回绕曹雪芹的心头，写入《红楼梦》的书中。

除了直接写苏州、金陵两地的人事之外，《红楼梦》所描绘的大观园和京城景色，都有江南风景。

和曹雪芹一样，出身江南，在江南苏杭长大的红学家俞平伯

说："书中贾府有竹子、苔藓、芭蕉，纯是南方的景象；可是人又睡在炕上，则又是寒冷的北方。""从书中房屋树木等等看来，也或南或北，可南可北，毫无线索，自相矛盾。"① 林黛玉所居潇湘馆的竹子，也是江南的品物。

另如李纨住处名为稻香村，北方包括北京地区并不种稻，这是江南的粮食。稻香村的景色："一带黄泥筑就矮墙，墙头皆用稻茎掩护。""里面数楹茅屋。外面却是桑、榆、槿、柘，各色树稚新条，随其曲折，编就两溜青篱。篱外山坡之下，有一土井，下面分畦列亩，佳蔬菜花，漫然无际。"以江南的农村景色为底色。

《红楼梦》中对大观园风景和环境的描写，是南北景色交融、美化的、理想化的描写。

即使荣、宁二府，冷子兴和贾雨村两人谈"都中"新闻时，冷子兴说："如今的这荣、宁两府，也都萧索了，不比先时的光景。"贾雨村感到惊奇："当日宁荣两宅人口也极多，如何便萧索了呢？""去岁我去金陵时，因欲游览六朝遗迹，那日进了石头城，从他宅门前经过。街东是宁国府，街西是荣国府，二宅相连，竟将大半条街占了。大门外虽冷落无人，隔着围墙一望，里面厅殿楼阁，也还都峥嵘轩峻，就是后边一带花园里，树木山石，也都还有葱蔚洇润之气，那里像个衰败之家。"

"都中"新闻说及的宁国府和荣国府都在金陵石头城，这是曹寅父子任江南织造之地。而"都中"在金陵，是明初的京城。那

---

① 俞平伯：《红楼梦辨》，见俞平伯：《俞平伯论红楼梦》上册，上海古籍出版社1988年版，第116页。

么，《红楼梦》描写的贾府和大观园究竟在北京还是南京？是在北方还是江南？《红楼梦》描绘了曹雪芹的梦中江南，曹雪芹的江南情结使他有时在《红楼梦》中混淆南北，无意中也会带出梦中江南的意象和景象。

八、曹雪芹的反清思想及其根源

蔡元培等索隐派红学家，认为曹雪芹有反满思想。有的红学家认为他反满为的是复明。我认为复明思想，不一定有，他反满不一定就必要复明，明朝的皇帝也多不是好东西，曹雪芹应该是明白的。而反满，实际上是反清，在《红楼梦》中是有根据的。

《红楼梦》第六十三回描写宝玉让美丽的丫鬟芳官女扮男装，然后开玩笑地给她改名为"雄奴"，又叫"耶律雄奴"，并说："'雄奴'二音，又与匈奴相通，都是犬戎名姓。况且这两种人，自尧舜时便为中华之患，晋唐诸朝，深受其害。幸得咱们有福，生在当今之世。"（按通行的程高本无此段，各种抄本皆有这一段描写。）曹雪芹这里也提到匈奴早在远古就经常入侵并危害中华的史实，其根据应该是《史记·匈奴列传》。而"这两种人"指匈奴和契丹（耶律为契丹人的大姓），曹雪芹言中也有匈奴和契丹相联系的倾向。

宝玉事实上浪费了他的才华：他对匈奴的压迫、辽金的压迫的认识与自己的"无事忙"成为强烈的对比。所以，既有这样的认识，芳官笑言："你该去操习弓马、学些武艺，挺身出去拿几个反叛来，岂不尽忠效力了，何必借我们，你鼓唇摇舌的，自己开心作戏，却说是你称功颂德呢！"（第六十三回）

宝玉的一生是失败的人生，一事无成。刘梦溪认为这段描写，"可以说是表现作者反满思想的特笔"，"索引派是认为《红楼梦》有反满思想的，而且认为不是一般的反满，而是全书的基本出发点和最后的归宿，主旨就在于反满复明。考证派冲击索引派，并没有把《红楼梦》的反满思想一起冲击掉，许多在红学考证方面做出贡献的红学家，都不否认这一点，如前所说，连余英时也认为曹雪芹有向汉族认同的意识"①。

纵观曹雪芹的家世、本人经历和他博古通今的学问，反满反清是很自然的事情，原因应该有很多，我认为主要有以下6条。

首先，曹雪芹的祖先投降满洲，成为包衣，这是非常屈辱的身份。按照满洲的制度，曹氏子孙永远都是奴仆、奴隶。曹雪芹的祖辈的女性，亲曾祖母是沦为女奴的小妾，曾祖母也是包衣和康熙皇帝的保姆。他的祖先看似荣耀，但作为皇家的奴才，实质身份是卑贱的。

第二，曹雪芹本人就是奴才这种身份，他在北京的生活没有自由，作为正白旗包衣汉人、皇室家奴，他不能擅自离开北京，不能自谋生计，必须听候本佐领和内务府派差，否则就要作为"八旗逃人"，受到严惩。他要随时听命于野蛮而凶恶的将官吏和良民贬为奴才的清政府，曹雪芹是愿意做奴才的人吗？曹雪芹心中怎能不反、不恨清朝？

第三，满洲统一东北和统一中国的过程中烧杀掳掠，做尽了伤

---

① 刘梦溪：《公案之三：＜红楼梦＞有没有反满思想》，见刘梦溪：《红楼梦与百年中国》，河北教育出版社1999年版，第400～401页。

天害理、灭绝人性的坏事，是不义的战争。其对汉族的屠杀可谓空前绝后，著名的大的屠杀即有：扬州十日、嘉定三屠、苏州之屠、南昌之屠、赣州之屠、江阴之屠、昆山之屠、嘉兴之屠、海宁之屠、济南之屠、金华之屠、厦门之屠、潮州之屠，沅江之屠、舟山之屠、湘潭之屠、南雄之屠、泾县之屠、大同之屠、汾州之屠、太谷之屠、泌州之屠、泽州之屠等等。

从冷酷的数据看，明末时中国的人口为 1 亿左右，到清顺治时又进行了一次人口统计，全国只剩下 1400 万人了，锐减了 80%，其中大部分是在清兵入关之后遭到屠杀。

有着正义感的曹雪芹对此是痛恨的。此是国恨。即使不是汉族出身，具备真善美的作家，也会痛恨这样的政权的。清初有良知的文学家和众多知识分子，老辈成为遗民，年轻一辈的，无论是仕途通达的王士禛，还是科举蹭蹬的蒲松龄，他们都在自己的作品中，鲜明地表达了这种愤恨和痛心。《聊斋志异》中的女鬼多为清兵屠刀下的冤魂，女鬼出没的空宅都是清兵杀光全家造成的。而曹雪芹的祖先，在满洲罪恶战争的拖累和裹挟下，参与了这场不义战争，即使发迹，也是耻辱和卑贱的。于是，曹雪芹对明清战争有着双重的仇恨：对满洲叛乱战争的愤恨和祖先被俘、背叛并卷入不义战争的愤恨。

第四，康熙多次南巡，花费浩大，给曹家留下巨额亏空。《红楼梦》中无知的人，如赵嬷嬷等，感到无比荣耀，曹雪芹对此心中自有不然：国君要以社稷的前程、民众的生计为重，不能骄奢淫逸、游乐无度。康熙既要荣耀和享受，又将为此而付出的巨额开支，化有形为无形，嫁祸于曹家，曹家为此背上黑锅，犯下了经济罪，曹

寅和其后代受到极大的拖累，不仅心理负担极重，惨淡经营地销账也极费精力，还留人以柄，终于遭到政敌的毁灭性打击。

第五，曹家无辜被宫廷斗争拖累，雍正对曹家不公正的毁灭性打击，此乃家仇。曹雪芹因此而从繁华跌入赤贫，过着饥寒交迫的生活。

第六，曹雪芹精通汉文化，对汉文化无比伟大的魅力极其倾心，并将全部生命浸润其间，写作汉语《红楼梦》。康熙、雍正、乾隆三代"英明之主"，却大干文字狱的坏事，钳制异端思想，肆行民族压迫，与晚明的思想自由形成鲜明的对照。正义感强烈的曹雪芹对此是极为痛恨的。

因此曹雪芹的反清思想，既有国仇家恨，也出自公理和正义。《红楼梦》是一部伟大的宇宙之大著述，与曹雪芹反清的立场，与其胸怀社会公理和历史正义是分不开的。

第二章

天上人间优秀女性的启示

曹雪芹要在《红楼梦》中表现的一个重要主题是描写和歌颂优秀女性，尤其是德才兼备而又美丽出众的智慧女性。因此全书开首即说：

> 此开卷第一回也。作者自云：曾历过一番梦幻之后，故将真事隐去，而借"通灵"之说，撰此《石头记》一书也，故曰"甄士隐"云云。但书中所记何事何人？自己又云："今风尘碌碌，一事无成。忽念及当日所有之女子，一一细考较去，觉其行止见识，皆出于我之上；何我堂堂须眉，诚不若彼裙钗。我实愧则有馀，悔又无益，大无可如何之日也。当此日，欲将已往所赖天恩祖德，锦衣纨袴之时，饫甘餍肥之日，背父兄教育之恩，负师友规训之德，以致今日一技无成、半生潦倒之罪，编述一集，以告天下：知我之负罪固多，然闺阁中历历有人，

万不可因我之不肖，自护己短，一并使其泯灭也。……我虽不学无文（脂评本作'下笔无文'），又何妨用假语村言敷演出来，亦可使闺阁昭传，复可破一时之闷，醒同人之目（脂评本作'悦世人之目，破人愁闷'），不亦宜乎?"故曰"贾雨村"云云。更于篇中间用"梦"、"幻"等字，却是此书本旨，兼寓提醒阅者之意（脂评本作"凡用'梦'用'幻'等字，是提醒阅者眼目，亦是此书立意本旨"）。（第一回开首）

《红楼梦》中的人物，写得最多最好的都是女性，女性在数量上也在书中占着压倒的多数。

《红楼梦》描写的贾府中的女子都是闺阁中的上乘人物，她们即金陵十二钗。还有金陵十二钗又副册中的十二位丫鬟。

《红楼梦》最重要的四位女主角是金陵十二钗中的林黛玉、薛宝钗、王熙凤三位和史太君。

《诗经》首章开首即说：窈窕淑女，君子好逑。这个思想，指导着曹雪芹塑造女性形象的伟大艺术创造。

贾宝玉的梦中情人是秦可卿，另有金陵十二钗中的四大才女兼美女：林黛玉、薛宝钗、史湘云和妙玉。这四人也都是宝玉心仪的女子，她们心中对宝玉也另眼相看，甚或心中或潜意识中对宝玉暗存异样的好感。

尤其是黛玉和宝钗，出众的姿色、精深的文化修养、杰出的才华和高雅的气质的结合，是君子最理想的"好逑"。其中尤以宝钗为女中之凤，心理和生理健康皆达绝顶，与人中之龙的最佳男子，可成绝配。

曹雪芹都兼用客观的和主观的——情人眼中出西施的笔调，予

以描绘和歌颂。

一、女娲和警幻仙子：女皇和女仙的典范

《红楼梦》描写的第一位女性是女娲：

> 看官，你道此书从何而起？说来虽近荒唐，细玩颇有趣味。
>
> 却说那女娲氏炼石补天之时，于大荒山无稽崖，炼成高十二丈、见方二十四丈大的顽石三万六千五百零一块，那娲皇只用了三万六千五百块，单单剩下一块未用，弃在青埂峰下。谁知此石自经锻炼之后，灵性已通，自去自来，可大可小。因见众石俱得补天，独自己无才，不得入选，遂自怨自愧，日夜悲哀。

《红楼梦》一开始，即利用古代关于女娲补天的传说，作为主人公贾宝玉的来历，是很有深意的。

中国远古史以传说中的三皇五帝开始。三皇是伏羲、神农（炎帝）、黄帝。三皇早于五帝，但司马迁《史记》没有《三皇本纪》，以《五帝本纪》作为全书的第一篇，直接从五帝开始记载。《史记》依《世本》、《大戴礼》，以黄帝、颛顼、帝喾、唐尧、虞舜为五帝[①]。《史记》将黄帝列入五帝中，三皇就缺了一位。于是唐人司马贞作《三皇本纪》，补入《史记·五帝本纪》之前，将女娲补入三皇的名单中，即以包牺（伏羲之别名）、女娲、神农为三皇。

《史记》从五帝开始，不记载三皇，因为在司马迁的时代，三皇也只是传说，毫无可靠记载。唐人司马贞补作《三皇本纪》，首

---

① 《史记·五帝本纪》篇首集解。

次将女娲列入三皇的名单中，首次以史书形式撰写女娲的事迹，并将他写的《三皇本纪》补在《史记·五帝本纪》之前，并得到后代史家的认可。

女娲，中国神话传说中人类的始祖，是神话中的创世女神。也即她是中华民族的共同人文始祖，是中华民族伟大的母亲。她是伏羲之妹，与伏羲兄妹相婚，她用黄土造人①，产生人类。

《史记》司马贞补《三皇本纪》，介绍女娲的来历：她与其兄伏羲一样，也姓风，也是蛇身人首，具有神圣之德。她在伏羲去世后，统治部众。她继承伏羲之道没有变革，只是发明了一种叫笙簧的乐器。后来水神共工造反，与火神祝融作战不利，怒而用头冲撞作为天柱的不周山，造成天塌地陷，女娲于是熔炼五色彩石以补天，斩断鳌足支撑四极之天，平治洪水，驱杀猛兽，使得民众得以安居。

《淮南子·览冥训》也记载："往古之时，四极废，九州裂。天不兼覆，地不周载。火爁焱而不灭，水浩洋而不息。猛兽食颛民，鸷鹰（一作鸟）攫老弱。于是，女娲炼五色石，以补苍天；断鳌足以立四极，杀黑龙以济冀州；积芦灰，以止淫水。"

以上传说中，女娲所断杀的巨鳌和黑龙，是兴风作浪、为害人民的水怪。她还收集了大量芦草，把它们烧成灰，埋塞向四处铺开的洪流，平息水灾和治理水患。

《红楼梦》借用女娲补天的传说，单单挑选上古三皇五帝创世神话中唯一的女性，作为全书的开端，作为贾宝玉身世的来历：他

---

① 《太平御览》引《风俗通》："俗说，天地开辟，未有人民，女娲抟黄土作人，剧务，力不暇供，乃引絚于泥中，举以为人。"

是女娲补天用剩的一块石头，即已显示此书的一个重要主题是歌颂优秀女性。

女娲是中华民族的伟大母亲，《红楼梦》歌颂母亲，歌颂女性在民族生成史上的重大贡献——"补天"、杀灭威胁人类生存的危害之物、平息和治理人类最大的自然灾害——水害。

人类早期的社会，男主外，女主内：父亲在外生产、作战，母亲是支撑家庭的柱石。女娲是神话中的保护人类的女神，女娲所做的一切是母亲职责的象征。

女娲炼石

《红楼梦》描写女娲补天时，称女娲为"娲皇"。女娲属于三皇之一，她是远古和上古时期的唯一女皇。可是中国自先秦开始即有女性的王后临朝执政，自西汉起，到清末止，皇后临朝执政的有43人。这个数字在世界上是遥遥领先的。中国的女皇都是丈夫即皇帝死后，因没有太子或太子幼小，她们填补皇家的权力真空，执掌皇帝的权力，治理天下，也都是"补天"的人物。她们中的许多人，例如唐朝武则天、辽朝萧太后等等，对中国历史的发展做出了卓越的贡献。《红楼梦》以女娲补天开首，颇有象征意义。

中国古近代有许多家族，家长去世后，其妻有效执控家族管理甚或发展的大权，在家族中也起了"补天"的作用。

《红楼梦》中的史太君贾母，是贾府年龄最高的长者，掌控着贾府的大权，就是支撑着贾府这个家族生命延续的首要力量，是贾

府的女皇式的人物。她是贾府的补天女娲。

《红楼梦》描写女娲补天的惊世工程中，炼了"顽石三万六千五百零一块。那娲皇只用了三万六千五百块，单单剩下一块未用"，这块未用的顽石，就是贾宝玉的前世。这个描写隐喻了《红楼梦》补天不成的主题，象征着《红楼梦》中的贾宝玉是应该承担补天责任，而未得其用的废弃之石。《红楼梦》描写了贾宝玉补天不成的原因，也即展示了贾宝玉的志向、性格、环境和命运。

《红楼梦》开首的女娲补天描写、顽石来历描写，历史意蕴丰厚，文学意义重大，富于艺术匠心。

《红楼梦》又名《石头记》，这是因为主人公贾宝玉原本是补天不成的一块顽石，石头是他的生命的根本。贾宝玉这块石头"无才可以补苍天，枉入红尘若许年"。他口含宝玉而生，宝玉是玉石，本质也是石头。

中国古代将宇宙中的物质分为金、水、木、火、土五类，石头属于土。《红楼梦》这里的描写探讨了人从哪里来的终极问题。从物质角度讲，人从土中来，最后回到土中去：人死后，埋葬于地下，"入土为安"。

《红楼梦》全书是现实主义和神秘主义结合的产物。其中神秘主义文学分为神秘现实主义和神秘浪漫主义；前者指作者和部分读者皆认为所写的神秘事物是真实的；后者指大家公认所写的神秘事物是虚构的，生活中不可能存在的。此书开首，用了中国古代文学擅长的神秘浪漫主义的手法。《红楼梦》之前，《西游记》描写自封齐天大圣的孙悟空，是从石头缝中蹦出来的，后来成为一个炼成金刚不坏之身的石猴。孙悟空这个石猴，是世界秩序的破坏者，后来

却皈依正道，经历九九八十一难，千辛万苦之后成了结成正果的佛教修行者。曹雪芹显然受到《西游记》的启发，然后追根溯源，将带有一定叛逆性的富贵公子宝玉写成顽石的出身，历经红尘的磨难，也成了皈依佛教的修行者，与孙悟空殊途同归，但在其觉醒和历练过程的描写中，做了新的卓越的艺术创新。

警幻仙姑是《红楼梦》中第二个出现的神话人物，她是太虚幻境即天上仙境中的女仙。

太虚的出处见《庄子·知北游》："是以不过乎昆仑，不游乎太虚。"晋代孙绰《游天台赋》："太虚寥廓而无阂，运自然之妙有。"《文选》李善注："太虚，谓天也。"因此，太虚幻境就是天上幻境、天上仙境；太虚幻境和警幻仙子的描写，来源于道家文化。

宝玉见到这位天仙时，那仙姑自我介绍道："吾居离恨天之上，灌愁海之中，乃放春山遣香洞太虚幻境警幻仙姑是也。司人间之风情月债，掌尘世之女怨男痴。因近来风流冤孽缠绵于此，是以前来访察机会，布散相思。今日与尔相逢，亦非偶然。此离吾境不远，别无他物，仅有自采仙茗一盏，亲酿美酒几瓮，素练魔舞歌姬数

警幻仙子（改琦《红楼梦图咏》）

人，新填《红楼梦》仙曲十二支。可试随我一游否？"

宝玉听了，喜跃非常，便忘了秦氏在何处了，竟随着这仙姑到

了一个所在。忽见前面有一座石碑横建，上书"太虚幻境"四大字。两边一副对联，乃是：

> 假作其时真亦假，
>
> 无为有处有还无。

这副对联，哲理深厚，是佛家哲学的一种精美表达。

贾宝玉接着转过牌坊便是一座宫门，上面横书着四个大字，道是"孽海情天"。也有一副对联，大书云：

> 厚地高天，堪叹古今情不尽；
>
> 痴男怨女，可怜风月债难酬。

宝玉看了，不懂其意，正要领略领略，当下随了仙姑进入二层门内，只见两边配殿皆有匾额、对联，一时看不尽许多，唯见几处写着的是"痴情司"、"结怨司"、"朝啼司"、"暮哭司"、"春感司"、"秋悲司"。都是悲剧场所。宝玉想入内参观，"再四"地恳求，警幻仙子才同意他进"薄命司"，"薄命司"匾额的两边写着对联道：

> 春恨秋悲皆自惹，花容月貌为谁妍？

宝玉看了，很是感慨。进入门中，只见有十数个大橱，皆用封条封着，看那封条上皆有各省字样。宝玉一心只拣自己家乡的封条看，只见那边橱上封条大书"金陵十二钗正册"，警幻解释："一省女子固多，不过择其紧要者录之。两边二橱则又次之。馀者庸常之辈，便无册可录了。"宝玉再看下首一橱，上写着"金陵十二钗副册"，又一橱上写着"金陵十二钗又副册"。

宝玉便伸手先将"又副册"橱门开了，拿出一本册来。揭开看时，只见这首页上画的既非人物亦非山水，不过是水墨染，满纸乌云浊雾而已。后有几行字迹，他看到了晴雯和袭人的命运。但他看

不懂，打开"副册"，只看了香菱一个人的命运，还是不解，就翻看"正册"。宝玉仔细读了金陵十二钗的命运，还欲看时，那仙姑知他天分高明、性情颖慧，恐泄漏天机，便掩了卷册，笑向宝玉道："且随我去游玩奇景，何必在此打这闷葫芦？"将他引到后面，警幻仙子向众位仙子解释：

"你等不知原委。今日原欲往荣府去接绛珠，适从宁府经过，偶遇宁、荣二公之灵，嘱吾云：'吾家自国朝定鼎以来，功名奕世，富贵流传，已历百年。奈运终数尽，不可挽回，我等之子孙虽多，竟无可以继业者。惟嫡孙宝玉一人，禀性乖张，用情怪谲，虽聪明灵慧，略可望成，无奈吾家运数合终，恐无人规引入正。幸仙姑偶来，望先以情欲声色等事警其痴顽，或能使他跳出迷人圈子，入于正路，便是吾兄弟之幸了。'如此嘱吾，故发慈心，引彼至此。先以他家上中下三等女子的终身册籍，令其熟玩，尚未觉悟，故引了再到此处，遍历那饮馔声色之幻，或冀将来一悟，未可知也。"

原来是宝玉的祖父宁、荣二公，敦请警幻仙子开导规劝宝玉。

那么警幻仙子如何开导法？她先招待宝玉饮酒，饮酒间，有十二个舞女上来，警幻命她们将新制《红楼梦》十二支演上来。

这十二支《红楼梦》曲，即开导、教育宝玉的教材。这十二支曲子分别唱出金陵十二钗即林黛玉、薛宝钗、王熙凤等十二女子的结局，最后揭示贾府的结局：

【好事终】画梁春尽落香生。擅风情，秉月貌，便是败家的根本。箕裘颓堕皆从敬，家事消亡首罪宁。宿孽总因情。

【飞鸟各投林】为官的，家业凋零；富贵的，金银散尽。有恩的，死里逃生；无情的，分明报应。欠命的，命已还；欠

泪的，泪已尽。冤冤相报自非轻，分离聚合皆前定。欲知命短问前生，老来富贵也真侥幸。看破的，遁入空门；痴迷的，枉送了性命。好一似食尽鸟投林，落了片白茫茫大地真干净！

歌毕，还又歌副歌。警幻见宝玉甚无趣味，因叹："痴儿竟尚未悟！"那宝玉忙止歌姬不必再唱，自觉朦胧恍惚，告醉求卧。

警幻仙子见宝玉始终不能觉悟，就带他到一个香闺之中，他见到一个兼具宝钗和黛玉之美的绝色仙姬。

宝玉见到此女，正不知是何意，忽见警幻说道——她给宝玉以"意淫"的教导："尘世中多少富贵之家，那些绿窗风月，绣阁烟霞，皆被那些淫污纨袴与流荡女子玷辱了。更可恨者，自古来多少轻薄浪子，皆以'好色不淫'为解，又以'情而不淫'作案，此皆饰非掩丑之语耳。好色即淫，知情更淫。是以巫山之会，云雨之欢，皆由既悦其色，复恋其情所致。吾所爱汝者，乃天下古今第一淫人也。"

仙姑全盘否定世俗的滥淫，却又赞誉宝玉"乃天下古今第一淫人"。

宝玉听到这个称号吓坏了，唬得慌忙答道："仙姑差了。我因懒于读书，家父母尚每垂训饬，岂敢再冒'淫'字？况且年纪尚幼，不知'淫'为何事。"

警幻道："非也。淫虽一理，意则有别。如世之好淫者，不过悦容貌，喜歌舞，调笑无厌，云雨无时，恨不能天下之美女，供我片时之趣兴，此皆皮肤滥淫之蠢物耳。如尔，则天分中生成一段痴情，吾辈推之为'意淫'。惟'意淫'二字，可心会而不可口传，可神通而不能语达。汝今独得此二字，在闺阁中虽可为良友，却于世道中未免迂阔怪诡，百一嘲谤，万目睚眦。"她解释宝玉是"意

淫"；"意淫"只是宝玉"天分中生成的一段痴情"，而非世俗中的调笑、云雨之淫。这与柏拉图的"精神恋爱"有相通之处。"意淫"是《红楼梦》独创的一种摆脱和超越肉体，在精神层面上心心相印、互为人生知音的爱情。

"今既遇尔祖宁、荣二公剖腹深嘱，吾不忍子独为我闺阁增光而见弃于世道，故引子前来，醉以美酒，沁以仙茗，警以妙曲；再将吾妹一人，乳名兼美，表字可卿者，许配与汝，今夕良时，即可成姻。不过令汝领略此仙闺幻境之风光尚然如此，何况尘世之情景呢。从今后，万万解释，改悟前情，留意于孔孟之间，委身于经济之道。"说毕，便秘授以云雨之事，推宝玉入房中，将门掩上自去。

警幻仙子解释这是宝玉祖先嘱托她规劝宝玉的，但她又不忍让宝玉仅仅"为我闺阁增光"，而不能享受世人之性爱，所以让他与可卿做爱；但今后要克制自己，刻苦学习孔孟之道，致力于仕途经济。

于是那宝玉恍恍惚惚，依着警幻所嘱，未免作起儿女的事来，也难以尽述。至次日，便柔情缠绵，软语温存，与可卿难解难分。

宝玉终于不能克制自己，一心沉溺于情爱之中。只是世之常情，几乎很少有人能够放弃世俗情爱，能够不沉溺于其中。警幻仙子又用一个方法，试图帮助宝玉解脱：

于是在宝玉与可卿二人携手出去游玩之时，忽然至一个所在，但见荆榛遍地，狼虎同行，迎面一道黑溪阻路，并无桥梁可通。正在犹豫之间，忽见警幻从后追来，说道："快休前进，作速回头要紧！"宝玉忙止步问道："此系何处？"警幻道："此乃迷津，深有万丈，遥亘千里。中无舟楫可通，只有一个木筏，乃本居士掌柁，灰侍者撑篙，不受金银之谢，但遇有缘者渡之。尔今偶游至此，设如

坠落其中，便深负我从前谆谆警戒之语了。”

警幻仙子在宝玉即将跌入迷津之时，及时喝令他悬崖勒马，迷途知返。宝玉的美梦因此而被惊醒。

可是宝玉此后还是沉溺于轻松快活的世俗生活，懒于读书，浪费青春。

曹雪芹将女娲和警幻仙子作为他描写的优秀女子的首两位，非常有深意。她们有能力，有担当，且责任心强。

女性长寿，人类靠她们延续生存和事业。由于性格、气质和古代社会分工的不同，男的创业、进取，女的弥补、守成。古代社会，许多男的在外当官、经商、游学，做各种营生，都是女性长辈在家管理，教育子女，使家庭能够正常运作、绵延，起着“补天”的作用。

警幻仙子引导、规劝宝玉走正路，这也是家庭中母亲的职责。慈母多败子，严母出孝子。

二、秦可卿和花袭人：宝玉身边的警幻女仙

女娲补天，古人认为天是最崇高、最伟大、永垂不朽的。古人又认为天是高悬于人间世界之上的宇宙空间景象。太虚幻境，古人认为是人间之外、世外、方外或天上的宇宙空间、仙境。梦境，古人认为是人之灵魂飞至身躯之外所见所处的虚拟人间、另一个空间的宇宙景象。因此，王国维说《红楼梦》是宇宙之大著述。

贾宝玉来自宇宙，进入太虚幻境，回归人间世界，与四位女性有关。其中女娲和警幻仙子两位女性是神话人物，秦可卿和花袭人两位女性是《红楼梦》中的重要现实人物。虚虚实实，真真假假，

令书内之人和书外读者，皆恍恍惚惚，迷迷茫茫，作者下笔非凡，技巧高超。

仙境中的女神，《红楼梦》是简略描写，带过而已。人间实景中的女性人物，《红楼梦》发挥浑身解数、通身本领，予以精妙绝伦的描绘。

1. 秦可卿：惊醒世人的清醒人

《红楼梦》中第一位出场的闺阁精英、优秀女子是秦可卿。曹雪芹非常钟爱秦可卿这位美女，将她描写成"兼美"式的绝世美女。

《红楼梦》第五回，贾宝玉在绝世美女"兼美"秦可卿的引领下，进入太虚幻境，得到仙女警幻仙姑的指导。又是三位女性，对贾宝玉起了最大的教育作用：警幻仙子教育他"意淫"，秦可卿与他在梦中实践"意淫"；梦醒后，他最贴身、最亲热、最忠诚、最智慧的侍女袭人，让他实践第一次性爱。这三位优秀女性人物的描写，再次显示《红楼梦》歌颂优秀女性的这个重要主题。

警幻仙子称秦可卿为"兼美"，即完美，第一层意思是可卿外貌和身材兼美，她是《红楼梦》中的第一美女。第二层意思是她的外表和内心皆美：她死时，"那长一辈的想他素日孝顺，平辈的想他素日和睦亲密，下一辈的想他素日慈爱，以及家中仆从老小想他素日怜贫惜贱、爱老慈幼之恩，莫不悲号痛哭"。

秦可卿，惊醒世人的清醒人。

秦可卿两次惊醒世人，她引导的是《红楼梦》的两个最重要的主人公，贾府中最重要的两位人物：贾宝玉和王熙凤。

《红楼梦》第五回贾宝玉梦游太虚幻境，是全书的一个纲领：贾宝玉在太虚幻境中见到的景象，是《红楼梦》中诸多女性命运归

宿的景象，意义重大；贾宝玉在太虚幻境受到警幻仙子富于深长意义的教育。贾宝玉进入太虚幻境的引领人是秦可卿。

贾宝玉在太虚幻境受到警幻仙姑的教诲。其中最重要的教诲是"意淫"。刘梦溪先生精辟指出："特别是警幻仙姑赐给宝玉的'意淫'一词，可以看作是《红楼梦》作者关于爱情真谛的创发胜解。"

小说将这段情节的由头从远处写来，先描写东边宁国府的会芳园梅花盛开，贾珍之妻尤氏突发雅兴，备齐了茶点、酒席，亲自带着贾蓉、秦可卿夫妇来面请贾母、王夫人等赏花。贾母带着众女眷早饭后即来，大家边赏花，边先茶后酒。宝玉跟着前来，但对此兴趣索然，酒后倦怠，欲睡中觉。贾母命人好生哄着，歇息一会再来。贾蓉媳妇秦氏便忙笑道："我们这里有给宝二叔收拾下的屋子，老祖宗放心，只管交给我就是了。"因向宝玉的奶娘丫鬟等道："嬷嬷、姐姐们，请宝二叔跟我这里来。"贾母素知秦氏是极妥当的人，因她生得袅娜纤巧，行事又温柔和平，乃重孙媳中第一个得意之人。见她去安置宝玉，自然是放心的了。

当下秦氏引一簇人来至上房内间，宝玉看到房内挂的一幅画是《燃藜图》，还有"世事洞明皆学问，人情练达即文章"的对联，都有引导人入世上进的寓意，贾宝玉极度反感，连忙说："快出去，快出去！"秦氏听了笑道："这里还不好，往那里去呢？要不就往我屋里去罢。"宝玉点头微笑。一个嬷嬷说道："那里有个叔叔往侄儿媳妇房里睡觉的礼呢？"秦氏笑道："不怕他恼，他能多大了，就忌讳这些个？上月你没有看见我那个兄弟来了，虽然和宝二叔同年，两个人要站在一处，只怕那一个还高些呢。"说着大家来至秦氏卧房。刚至房中，便有一股细细的甜香。宝玉此时便觉眼饧骨软，连

说："好香！"入房向壁上看时，有唐伯虎画的《海棠春睡图》，两边有宋学士秦太虚写的一副对联云："嫩寒锁梦因春冷，芳气袭人是酒香。"这些软玉温香的词句和房内豪华的摆设，洋溢着祥和的情爱气氛，喜得宝玉含笑道："这里好，这里好！"秦氏笑道："我这屋子，大约神仙也可以往得了。"说着，亲自展开了西施浣过的纱衾，移了红娘抱过的鸳枕。于是众奶妈服侍宝玉卧好了，款款散去，只留下袭人、晴雯、麝月、秋纹四个丫鬟为伴。秦氏便叫小丫鬟们好生在檐下看着猫儿打架。

秦可卿让宝玉在自己最为私密的卧室内、自己的床上睡觉，这份情谊达到了亲密无间的程度。她布置丫鬟们守护，宝玉极感温馨而舒服，可卿不及离去，他就已进入梦乡。

那宝玉才合上眼，便恍恍惚惚地睡去，犹似秦氏在前，悠悠荡荡，跟着秦氏到了一处。但见朱栏玉砌，绿树清溪，真是人迹不逢，飞尘罕到。宝玉在梦中欢喜，想道："这个地方儿有趣，我若能在这里过一生，强如天天被父母、师傅管束呢！"

宝玉梦中感到秦可卿在前，带领他进入了仙境，渴望与可卿成为神仙眷侣，一起在此度过逍遥甜美的一生。秦可卿无疑是宝玉的第一个梦中情人，她带着宝玉进入了太虚幻境。

宝玉正在胡思乱想，听见山后有人作歌，乃是天上仙曲，歌声未歇，即见那边走出一个美人来，蹁跹袅娜，与凡人大不相同。这位神仙姐姐就是警幻仙姑，她带领宝玉游历太虚幻境，这时宝玉，"喜跃非常"，便忘了秦氏在何处了。

贾宝玉在秦可卿的香闺中，由秦可卿带领梦游太虚幻境，警幻仙姑出场，秦可卿隐去。贾宝玉看了金陵十二钗判词，听了《红楼

梦十二支曲》之后，在幻境中"那宝玉忙止歌姬不必再唱，自觉朦胧恍惚，告醉求卧"。他不觉又回到了秦可卿的充满爱欲象征的香闺绣阁中。贾宝玉发现，早有一位仙姬在内，其鲜艳妩媚大似宝钗，袅娜风流又如黛玉。这位仙女兼具宝钗和黛玉之美，是一位完美的仙女。

她就是秦可卿。前已言及，警幻仙子对贾宝玉做了一番"意淫"的教诲，然后将宝玉推入可卿房中，他们按照仙子的指点，享受了成仙般的性爱。正逍遥间，警幻仙子喝破迷境，警告他们一番。仙子的话犹未了，只听迷津内响如雷声，有许多夜叉海鬼将宝玉拖将下去。吓得宝玉汗下如雨，一面失声喊叫："可卿救我！"吓得袭人辈众丫鬟忙上来搂住，叫："宝玉不怕，我们在这里呢！"

却说秦氏正在房外嘱咐小丫头们好生看着猫儿狗儿打架，忽闻宝玉在梦中唤她的小名儿，因纳闷道："我的小名儿这里从无人知道，他如何得知，在梦中叫出来？"原来秦可卿，人皆称"秦氏"，其小名可卿则无人知晓。而宝玉竟然叫出她的小名，要她相救。此情此景，如梦如幻，似真实假，似假又真，真假难辨，令人迷惘，又让人清醒。

宝玉的梦中情人是秦可卿，她的容貌和香躯兼具宝钗、黛玉之美，警幻仙子称她为"兼美"，宝玉的潜意识中对可卿之美，必有心仪。在现实中，他不可能得到可卿，宝玉与可卿，只能"意淫"，与袭人才有实情。他一度得到了袭人。袭人的容貌远不及可卿，但她的脾气、性格和智慧，则也达到可卿"兼美"的高度。可惜宝玉得而复失，诚如宝玉在太虚幻境《金陵十二钗又附册》中看到的结局：这袭人"枉自温柔和顺，空云似桂如兰。堪羡优伶有福，谁知

公子无缘"。宝玉最终还是无福消受。

宝玉与可卿的相处中，可卿散发出警世的智慧。在梦中，宝玉在秦可卿的带领下进入太虚幻境，接受警幻仙子的教诲。又在秦可卿香闺的墙上，看到挂着"世事洞明皆学问，人情练达即文章"这副发人警醒的对联。宝玉对此反感，是宝玉没有悟性，但对世人颇有指导意义。它指出，有的人虽然没有机会读书做学问，文化程度不高，但在世事和人情中接受历练，并有出色的悟性，照样识见高超，行事高明。这种人高出死读史诗的书呆子很多。而宝玉缺的就是这两句话。

由于秦可卿，宝玉结识了秦可卿的弟弟秦钟。秦钟与宝玉臭味相投，两人都不喜读书，耽于闲游。秦钟临终时，"人之将死其言也善"，给贾宝玉以教育。小说第十六回最后描写：

> （秦钟即将断气，他听到宝玉来看望，就）哼了一声，微开双目，见宝玉在侧，乃勉强叹道："怎么不肯早来？再迟一步也不能见了。"宝玉忙携手垂泪道："有什么话留下两句。"秦钟道："并无别话。以前你我见识自为高过世人，我今日才知自误了。以后还该立志功名，以荣耀显达为是。"说毕，便长叹一声，萧然长逝了。（据脂评本，程甲本和程乙本皆无此段。）

再说秦可卿死后梦托凤姐。

秦可卿芳龄才虚龄二十上下，就染重病，久治无效，一病而亡。

秦可卿死亡的时刻，正是凤姐自贾琏送黛玉往扬州去后，心中实在无趣，每到晚间不过同平儿说笑一会，就胡乱睡了。此夜已交三鼓，凤姐方觉睡眼微蒙，恍惚只见秦氏从外走进来，含笑说道：

"婶娘好睡！我今日回去，你也不送我一程？因娘儿们素日相好，我舍不得婶娘，故来别你一别。还有一件心愿未了，非告诉婶娘，别人未必中用。"凤姐听了，恍惚问道："有何心愿？只管托我就是了。"

秦氏道："婶娘，你是个脂粉队里的英雄，连那些束带顶冠的男子也不能过你。你如何连两句俗语也不晓得？常言：'月满则亏，水满则溢。'又道是：'登高必跌重。'如今我们家赫赫扬扬，已将百载，一日倘或乐极生悲，若应了那句'树倒猢狲散'的俗语，岂不虚称了一世诗书旧族了？"凤姐听了此话，心胸不快，十分敬畏，忙问道："这话虑的极是，但有何法可以永保无虞？"

秦氏冷笑道："婶娘好痴也！否极泰来，荣辱自古周而复始，岂人力所能常保的？但如今能于荣时筹画下将来衰时的世业，亦可以常远保全了。即如今日诸事俱妥，只有两件未妥，若把此事如此一行，则后日可保无患了。"凤姐便问道："什么事？"

秦氏道："目今祖茔虽四时祭祀，只是无一定的钱粮；第二，家塾虽立，无一定的供给。依我想来，如今盛时固不缺祭祀、供给，但将来败落之时，此二项有何出处？莫若依我定见，趁今日富贵，将祖茔附近多置田庄、房舍、地亩，以备祭祖、供给之费，皆出自此处，将家塾亦设于此。合同族中长幼，大家定了则例，日后按房掌管这一年的地亩钱粮、祭祀、供给之事。如此周流，又无争竞，也没有典卖诸弊。便是有罪，已物可以入官，这祭祀产业，连官也不入的。便败落下来，子孙回家读书务农，也有个退步，祭祀又可永继。若目今以为荣华不绝，不思后日，终非长策。眼见不日又有一件非常的喜事，真是烈火烹油、鲜花着锦之盛。要知道也不过是

瞬息的繁华，一时的欢乐，万不可忘了那'盛筵必散'的俗语。若不早为后虑，只恐后悔无益了！"凤姐忙问："有何喜事？"

秦氏道："天机不可泄漏。只是我与婶娘好了一场，临别赠你两句话，须要记着。"因念道："三春去后诸芳尽，各自须寻各自门。"

凤姐还欲问时，只听二门上传出云板，连叩四下，正是丧音，将凤姐惊醒。人回："东府蓉大奶奶没了。"凤姐吓了一身冷汗，出了一会神，只得忙穿衣服，往王夫人处来。彼时合家皆知，无不纳闷，都有些伤心。那长一辈的想她素日孝顺，平辈的想她素日和睦亲密，下一辈的想她素日慈爱，以及家中仆从老小想她素日怜贫惜贱、爱老慈幼之恩，莫不悲号痛哭。

古时大家族重视孝道，坚持祭祀祖茔，保护祖坟，是孝道的重要表现，又是子孙兴旺的关键。古人认为祖坟的风水决定了后裔的兴旺与否，掘人祖坟，即彻底破坏其后人的前程。

古人认为，家族的兴旺又寄托在代代子孙坚持苦读，家塾的兴建和完备又是关键。秦可卿抓住这两大关键，提醒凤姐。她又预见贾府即将败落，于是指出读书务农的退步，富豪之门转为耕读之家也是一条明路。

秦可卿的警世作用，都是在对方的梦中进行的。宝玉梦中，她带他进入太虚幻境，将他交给警幻仙子接受教诲。凤姐梦中，她亲自出场，语重心长地给以教诲。她已预见到贾府必将没落，要执掌贾府人事和经济大权的凤姐预留退步。

可惜宝玉和凤姐都不接受教诲，依然故我，跟着贾府走向败落。

2. 花袭人：贾宝玉的事实之妾

古代知识分子的人生理想是英雄配美女。秦可卿是《红楼梦》中最美的，应该是最出色的英雄的佳偶。可惜她红颜薄命。她嫁的是外貌俊美、性格温和，但不读书、没有文化、缺乏历练的纨绔子弟贾蓉。

袭人（改琦《红楼梦图咏》）

宝玉与可卿只能在梦中才得鱼水之谐，可卿惊人之美日常在宝玉心中必然泛起过羡慕的涟漪，故而才成为他的梦中情人。

宝玉于是梦遗，他醒后，袭人过来给他系裤带时，刚伸手至大腿处，只觉冰冷黏湿一片，宝玉要袭人掩饰。晚饭后，宝玉与袭人单独相处时，才把梦中之事细说与袭人听。说到云雨私情，羞得袭人掩面伏身而笑。宝玉亦素喜袭人柔媚娇俏，遂强拉袭人同领警幻所训之事。袭人自知贾母曾将她给了宝玉，也无可推托的，扭捏了半日，无奈何，只得和宝玉温存了一番。自此宝玉视袭人更自不同，袭人待宝玉也越发尽职了。

袭人是警幻仙子教诲宝玉意淫后，真正实践真诚相爱、享受性爱的现实中的情人。

袭人成为宝玉的秘密小妾。这个身份和两人之间的秘事，书中都不写而写。

袭人本是个忠厚、善良、对宝玉无限忠诚的丫头，兼以小妾的

夫"妻"关系，对宝玉不仅"越发尽职"，而且还高瞻远瞩地看护和规劝宝玉读书上进。

袭人平时也难以找到机会规劝宝玉，有一次因袭人家里想将她赎回，宝玉不舍得她离开，急得泪痕满面，她即乘机提出："我另说出三件事来，你果然依了，那就是真心留我了。刀搁在脖子上，我也不出去了。"宝玉笑道："我都依你。好姐姐，好亲姐姐，别说两三件，就是两三百件，我也依的。只求你们看守着我，等我有一日化了飞灰……一股轻烟……凭你们爱那里去，那里去就完了。"袭人说第一件就是再不许他说这类不知轻重、颓废消极的话，必须改掉。"第二件，你真爱念书也罢，假爱也罢，只在老爷跟前，或在别人跟前……作出个爱念书的样儿来"，也不能批评爱读书上进的人是"禄蠹"，引导他用心于读书。第三，"再不许谤僧毁道的了。还有更要紧的一件事，再不许弄花儿，弄粉儿，偷着吃人嘴上擦的胭脂和那个爱红的毛病儿了"。

袭人头脑清醒，智慧出众，且能一贯克己让人。宝玉与黛玉憋气争吵，贾母调解不成，急哭了，袭人在背后暗地劝宝玉要"体贴女孩儿们的心肠"，主动去向黛玉赔个不是。宝玉生气时踢人，错踢到袭人身上，袭人又是羞，又是气，又是疼，但料到宝玉不是存心踢她，便忍着说道："没有踢着，还不换衣裳去呢！"到晚间脱了衣服，只见肋上青了碗大的一块，自己倒吓了一跳，又不好声张，不意口吐鲜血，还是克制自己，不让人知，反倒不断安慰宝玉。晴雯在众人面前错怪和责骂袭人，袭人也一再忍让，宝玉气得要当场将晴雯撵出去，袭人带领众丫头跪在地上，恳求宝玉宽恕晴雯。香菱弄脏衣裙，宝玉怕薛姨妈责怪她，

袭人立即将自己的裙子慷慨相送。凡此种种，皆非一般丫头能做得到的。

袭人平时在侍候宝玉、为宝玉调节各种人际关系时，做了许多不引人注意的小事。袭人善于在细节中体贴别人，她看到宝钗被宝玉恶声抢白，自感"我倒过不去"；湘云也同样遭遇，袭人就用宝钗的例子来安慰她，帮她解除尴尬；袭人更能体会别人的好处，在开导湘云时顺便而又及时地赞扬宝钗性格大度豁达。

在宝玉遭到父亲毒打之后，众人皆不明所以，只有全心全意爱护宝玉同时细心而灵慧的袭人，才及时查清这件事情的来龙去脉和真相。事后，又及时提醒和委婉规劝王夫人：一味着急、发怒，于事无补，保护宝玉必须采取及时细致的措施。王夫人感激、感动万分，决心全力拜托袭人，宝玉闻讯喜出望外。（第三十六回）

王夫人全力拜托袭人："我的儿，你竟有这个心胸，想得这样周全。……难为你这样细心，真真好孩子。……我索性就把他交给你了，好歹留点心儿，别叫他糟踏了身子才好。自然不辜负你。"她不知宝玉和袭人早就有了夫妻关系，却主动提出，要袭人满足宝玉的性爱，以确保宝玉不受别的女子的诱惑；但要适当控制宝玉，不要太过分而糟踏身子。

袭人对宝玉的爱情无限忠诚，因此她珍惜自己给宝玉的品物。宝玉在酒席上与蒋玉菡交上了朋友，将袭人给他的汗巾作为信物送了对方。宝玉回至园中，晚上睡觉时袭人只见他腰里一条血点似的大红汗巾子，便猜了八九分，因说道："你有了好的系裤子了，把我的那条还我罢。"宝玉听说，方想起那条汗巾子原是袭人的，只得笑道："我赔你一条罢。"袭人听了，点头叹道："我就知道你又

干这些事了。也不该拿我的东西给那些混帐人哪！也难为你心里没个算计儿。"她心痛此物，再要说几句，又恐宝玉难受。至半夜，宝玉偷偷地将昨日系的那条汗巾子系在袭人的腰里，袭人天亮后发现了，忙一顿就解下来，说道："我不希罕这行（háng）子（贬称自己所不喜爱的东西或人），趁早儿拿了去！"宝玉委婉解劝了一回，过后宝玉出去，袭人终究解下来掷在个空箱子里，自己又换了一条系着。（第二十八回）

像袭人这样的贤惠丫头，极为罕见，她大得宝玉喜欢，如果正常发展，从贤内侍升做贤内助也原是自然和必然的。

袭人的劝导，是宝玉祖先拜托警幻仙子教诲宝玉之后，在人世间对宝玉进行的最直接、最有力的劝导。她与秦可卿，可以说是宝玉身边的两个警幻仙子。

可是，正像警幻仙子给宝玉看到的结果那样：袭人这样十全十美的美丽丫头，"枉自温柔和顺，空云似桂如兰；堪羡优伶有福，谁知公子无缘"。宝玉不能领受袭人对他的教诲与体贴，无福享受到袭人忠贞持久的爱情；蒋玉菡虽只是被人轻贱的戏子，竟然艳福不浅，享受到了性格温柔和顺、气质似桂似兰的袭人这样完美的妻子陪伴终生，作者和读者都应该"堪羡优伶有福"了。

曹雪芹以描写绝世美人秦可卿的罕有人及的智慧和清醒为开首，在《红楼梦》中贯彻了智慧美人的写作原则（女娲和警幻仙子是神仙中人），反映了红颜薄命、美人短命的历史真相，取得了一系列的成就。

曹雪芹以袭人为典型，塑造了外貌平常，心地善良、高尚，智慧横溢，勤劳贤惠的底层优秀女子的动人形象，描写了袭人和贵族

少男建立的真心爱情，却因命运捉弄而失之交臂、终成遗憾的结局；并为袭人的后期生涯留下袅袅余音，取得言有尽而意无穷的艺术效果。

三、刘姥姥和史太君：贾府内外的识途老马

不少读者和学者都误认为《红楼梦》只青睐年轻美女，贬视已婚和老年妇女。这是误将宝玉的想法理解为曹雪芹创作《红楼梦》的理念。曹雪芹精心塑造和描绘全书主角之一的史太君和贾府故事引头人物刘姥姥，展示了他全面、完整、正确和精粹的女性观。

刘姥姥和史太君是《红楼梦》中辈分最高、年龄最大、见识超人的两位女性人物。这两位人物，一位贯穿《红楼梦》的始终，即史太君；一位则开《红楼梦》之始，结《红楼梦》之终，即刘姥姥。

1. 村妇刘姥姥

刘姥姥是《红楼梦》中知名度极高的人物，她紧跟着袭人出场——袭人刚扭扭捏捏地接受了宝玉的性爱，《红楼梦》的好戏就正式开始了。可是曹雪芹写道：

> 且说荣府中合算起来，从上至下，也有三百馀口人，一天也有一二十件事，竟如乱麻一般，没个头绪可作纲领。正思从那一件事、那一个人写起方妙，却好忽从千里之外，芥豆之微，小小一个人家，因与荣府略有些瓜葛，这日正往荣府中来，因此便就这一家说起，倒还是个头绪。（第六回）

这便从刘姥姥一进荣国府写起。刘姥姥的重要性由此可见。

《红楼梦》的好戏落幕时，刘姥姥又起了不可替代的重要作用。那是她的故友凤姐去世后，凤姐的宝贝独女巧儿，也是刘姥姥的干女儿陷入绝境——几个纨绔子弟正成功地要将巧儿卖给年迈的外藩做小妾，平儿等

刘姥姥一进荣国府（《评注金玉缘》）

人正一筹莫展、愁苦万分之时，正巧刘姥姥又进府来探望：

> 刘老老也唬怔了，等了半天，忽然笑道："你这样一个伶俐姑娘，没听见过鼓儿词么？这上头的法儿多着呢，这有什么难的？"平儿赶忙问道："老老，你有什么法儿快说罢。"刘老老道："这有什么难的呢，一个人也不叫他们知道，扔崩一走，就完了事了。"平儿道："这可是混说了，我们这样人家的人，走到那里去？"刘老老道："只怕你们不走，你们要走，就到我屯里去。我就把姑娘藏起来……"

刘姥姥就这样举重若轻地将巧儿接走、雪藏，巧儿渡过难关，刘姥姥实践了她对凤姐承诺的，"或一时有不遂心的事，必然遇难成祥，逢凶化吉"之预言。

刘姥姥三进大观园，展现了满腹智慧，应验了第五回秦可卿房中的对联："世事洞明皆学问，人情练达即文章。"

刘姥姥世事洞明，故而言行之间皆学问，能说会道显示了智慧的力量。

刘姥姥人情练达，因此出口成章——她会讲故事，故事中间富蕴智慧。会讲故事的人有气场，有凝聚力，有散发力。

刘姥姥的学问、文章，从哪里来？刘姥姥毫不保守，她坦率地介绍：从鼓儿词中来，"这上头的方法多着呢？这有什么难的？"什么事都难不倒她。

古近代的底层百姓没有什么可以娱乐的，有时可以看戏和听曲艺，只有此类享受。戏曲和曲艺中的故事、人物，使中国民众受到了审美教育，其中包含着道德、历史、文化、知识、智慧的教育。所以中国古近代的底层民众的道德、历史、文化、知识、智慧水平在世界上是最高的。刘姥姥就是其中的一个典型。

刘姥姥所处的北方农村，比江南穷得多，因此看戏的机会几乎没有，只能听曲艺。刘姥姥喜欢听曲艺，她天性聪明，本来因没有机会读书而只能荒废了，却因曲艺作为文化教材和人生课本而得到很大的开发。

于是刘姥姥能够精明处理日常碰到的难题，例如女婿无钱过年、心里烦恼，与她的女儿淘气时，她能及时、恰当地纾解矛盾，开导女婿。于是——

刘姥姥能够成功出入荣国府，用恰当的言说，取得王熙凤、王夫人和贾母的同情和理解，得到帮助，拿了二十两银子和一吊钱欢喜而回。

刘姥姥懂得感恩，她知恩图报，再次携板儿，二进荣国府，带着瓜蔬野意还礼（第三十九回）。贾母给史湘云还席，刘姥姥凑趣大说笑话（第四十回）。贾母亲自做导游，陪着刘姥姥参观大观园众小姐的香闺，结果误入怡红院，在袭人的引领下全身而退（第四

十一回)。最后满载而归，临行时凤姐诚恳地请她给女儿取名巧姐（第四十二回）。

她三进荣国府探望，此时凤姐病重，自知不起，要巧姐认她做干娘，托她照应巧姐（第一百十三回）。

刘姥姥在凤姐亡故后，毅然出手，救走身陷绝境的巧姐，藏在自己的乡里，还做媒将她许配给乡里周姓财主的儿子，为这个干女儿物色了一个合适的女婿，这才将巧姐送回荣国府（第一百十九回）。

刘姥姥的以上行事和言辞，都富有才能和智慧，她的才能、智慧来自大鼓书。她是用曲艺艺术武装头脑的一匹识途老马。

刘姥姥虽然已经年老昏花，可是她心明眼亮，做事爽利而有担当。

她善于鼓励和开导，对女儿、女婿的弱点心知肚明，是因为善于观察和判断。

她行事敢于担当：

第一次，看到女儿、女婿拙于生计，还要连累外孙的衣食，就利用女婿的上代与贾府的渊源，毅然作为家族代表进贾府告困求助。

第二次，看到凤姐充满诚意地请她为女儿取名，面对病入膏肓的凤姐请求自己帮助的可怜境况，就毫不犹豫地应允。

第三次，看到凤姐的遗孤巧儿陷入绝境，毅然出手，将她带回家乡隐藏起来，并当机立断地为她配亲，解决她的终身大事和衣食前景。

刘姥姥一进大观园时，她贫穷求告，基础相当差。张积家曾梳理刘姥姥的一系列游说步骤：

一、利用人们怜老恤幼的心理，自带板儿前去荣府。

二、利用周瑞媳妇虚荣和报恩的心理，实行侧面迂回。

三、利用凤姐好大喜功的心理，使之居高难下。

四、利用贾府上下求新奇的心理，引起他们的兴趣。

五、利用贾母、凤姐等人求神拜佛图吉利的心理，进一步赢得信任。

六、利用人们喜欢幽默滑稽的心理，逗众人开心。

纵观刘姥姥三进荣国府，从进不去大门到成为贾府的座上宾，最后成为王熙凤的知己和王夫人等信赖的人，成为大家喜欢的人，刘姥姥是着实有一番机智的。[①]

这个分析颇为细腻。但需要补充：刘姥姥的到来，打破了小姐、夫人们单调平静的生活，刘姥姥给她们增添了生活的调料，更带来一股清新的田野气息，一股纯正而富有色彩的野味。

而且更重要的是，刘姥姥实行以上步骤并取得成功，是因为刘姥姥看出贾府众人的善良，所以大胆说笑行事。

反过来，贾府众人，尤其是贾母、凤姐皆是毒眼看人的高手，她们看出和觉察刘姥姥此人的善良和真诚，所以也愿意以诚相待；而且她们都感到刘姥姥富于与她们不同的另类的智慧，体会到她的能耐，因此在取笑、调笑的同时，也给以相当的尊重和礼遇。正因如此，凤姐就非常诚心地请刘姥姥为女儿取名，在穷途末路时，极其信任地请刘姥姥关心、帮助自己的女儿，并郑重地叫来女儿，做

---

① 张积家：《谈刘姥姥在大观园》，载《公共关系》1992 年第 1 期，第 28 ～ 29 页。

当面的交代和嘱咐。

因此贾母听说刘姥姥其人，亲自接见。两人见面时的场面和对话是世界小说史上的经典篇章，是《红楼梦》领先于世界艺术的众多伟大成果之一。这段对话的内容和分析，我在下面评论史太君的部分展示。

贾母在隆重宴请刘姥姥后，还亲自做导游，郑重地陪伴刘姥姥参观大观园，还一家一家地带她进入小姐们的内室仔细游览，并做介绍。贾母自豪地向刘姥姥这个没有地位、身份的老农妇介绍外孙女黛玉和多位可爱的小姐，甚至还没有忘记陪刘姥姥到栊翠庵，拜访妙尼妙玉；平时孤傲的妙玉，也因贾母对刘姥姥的高级礼遇，只好亲自用高级茶杯敬茶。

当刘姥姥坐在贾母榻前，不断搜寻些话出来说时，彼时宝玉姐妹们也都在这里坐着，他们何曾听见过这些话，自觉比那些瞽目先生说的书还好听。那刘姥姥虽是个村野人，却生来有些见识，况且年纪老了，世情上经历过的，见头一件贾母高兴，第二件这些哥儿姐儿都爱听，便没话也编出些话来讲。因说道："我们村庄上种地种菜，每年每日，春夏秋冬，风里雨里，那里有个坐着的空儿？天天都是在那地头上做歇马凉亭，什么奇奇怪怪的事不见呢。就像旧年冬天，接连下了几天雪，地下压了三四尺深。我那日起的早，还没出屋门，只听外头柴草响，我想着必定有人偷柴草来了。我扒着窗户眼儿一瞧，不是我们村庄上的人……"贾母道："必定是过路的客人们冷了，见现成的柴火，抽些烤火，也是有的。"刘姥姥笑道："也并不是客人，所以说来奇怪。老寿星打量是什么人？原来是一个十七八岁极标致的个小姑娘儿，梳着溜油儿光的头，穿着大

红袄儿，白绫子裙儿……"刚说到这里，忽听外面人吵嚷起来，原来南院子马棚里着火，幸亏已经及时救下去了。贾母足足地看着火光熄了，方领众人进来。这就打断了刘姥姥的故事了。

宝玉且忙问刘姥姥，要将这个故事继续下去。贾母打断宝玉，刘姥姥就另外讲了一个投贾母、王夫人所好的故事。

一时散了，背地里宝玉到底拉了刘姥姥，细问那女孩儿是谁。刘姥姥只得编了告诉他："那原是我们庄子北沿儿地埂子上，有个小祠堂儿供的，不是神佛，当先有个什么老爷……"说着，又想名姓。宝玉道："不拘什么名姓，也不必想了，只说原故就是了。"刘姥姥道："这老爷没有儿子，只有一位小姐，名字叫什么若玉，知书儿识字的，老爷、太太爱的像珍珠儿。可惜了儿的，这小姐儿长到十七岁了，一病就病死了。"宝玉听了，跌足叹惜。又问："后来怎么样？"刘姥姥道："因为老爷、太太疼的心肝儿似的，盖了那祠堂，塑了个像儿，派了人烧香儿拨火的。如今年深日久了，人也没了，庙也烂了，那泥胎儿可就成了精咧。"宝玉忙道："不是成精，规矩这样人是不死的。"刘姥姥道："阿弥陀佛！是这么着吗？不是哥儿说，我们还当他成了精了呢。他时常变了人出来闲逛，我才说抽柴火的就是他了。我们村庄上的人商量着还要拿榔头砸他呢。"宝玉忙道："快别如此。要平了庙，罪过不小！"……宝玉又问刘姥姥地名庄名，来往远近，坐落何方，刘姥姥便顺口诌了出来。（第三十九回）宝玉后来果然郑重其事地去祭奠了一番。

有些学者错认为刘姥姥在贾府做小丑，逗贵妇，被小姐耍弄。这是皮相之见。我们细观刘姥姥在贾府中的经历，可以说贾府给了刘姥姥以贵宾待遇。刘姥姥的说笑还是有分寸的。

更且刘姥姥在贾府中保持尊严，她以自豪的口气介绍乡下的知识。看到对方可笑之处，也毫不留情地给以批评。例如刘姥姥看着李纨、凤姐和鸳鸯一起吃饭，笑道："我看你们这些人都只吃这一点儿就完了，亏你们也不饿。怪道风儿都吹的倒。"（第四十回）

刘姥姥也善意地欺骗并无伤大雅地耍弄了宝玉，犹如周瑜打黄盖，一个愿打，一个愿挨。

因此梅苑说："刘佬佬不是丑角，相反，她是作者笔下一位'大智若愚'的典型人物。"这话很对。又说："作者所以创造她，是另具一番深意的，因为刘佬佬正可以作为贾母的反映，也可以借她来点出贾府的豪贵、奢侈，让我们对于贾府日后的衰败，毫不惊奇。并由于她的出现，使我们能具体地领略到，人间原有着如此悬殊的生活境界。"① 这个看法非常准确。

此外，刘姥姥给凤姐承诺以后能够践守承诺，责任感、舒展智慧与能力的自豪，也是重要的因素。这个非同小可的救人举动，是由多种心理力量支撑起来的。在方法上，则借鉴了她听过的鼓书。

纵观《红楼梦》全书，贾府只资助过一个人，就是刘姥姥。贾府在危难时只得到过一个人的帮助，也是刘姥姥。与甄士隐资助贾雨村对照，史太君、王夫人和王熙凤慧眼识人，做好事得好报，刘姥姥营救了王熙凤的女儿；而甄士隐忠厚无能，资助贾雨村，贾雨村不救甄士隐的女儿，将英莲推入火坑。史太君领导贾府的成功，和甄士隐人生的失败，识不识人是一个关键。

需要强调指出的是，刘姥姥的智慧都从曲艺作品中来，而且贾

---

① 梅苑：《红楼梦的重要女性》，香港商务印书馆1976年版，第17～18页。

府的公子、小姐们认为刘姥姥的词令之巧妙、故事之精彩，还超过了说书先生："他们何曾听见过这些话，自觉比那些瞽目先生说的书还好听。""那刘老老虽是个村野人，却生来有些见识，况且年纪老了，世情上经历过的"，都能现编现讲，曲艺艺术激发了刘姥姥天性中的聪明，刘姥姥又能将自己的经历、见识与曲艺作品中的智慧交融，故而能在实际生活中做出自己创造性的实验。

2. 史太君贾母

第三回　接外孙贾母怜孤女
（《增评补像全图金玉缘》）

史太君是《红楼梦》"护官符"四大家族中史家的后裔，是官居尚书令的保龄侯史公（名不可考）的女儿。史公有三子一女，两子为侯（世袭保龄侯史鼐，忠靖侯史鼎）；一子非侯（不知其名），为史湘云之父；女即为贾母，也称史太君。

"护官符"中说史家："阿房宫，三百里，住不下金陵一个史。"史湘云谈论过史家有"枕霞阁"，后来湘云在诗社自取的雅号即"枕霞旧友"。

史太君，名字不详，嫁与荣国公贾公（贾源）的儿子贾代善，《红楼梦》中成为贾母。

史太君生长于富贵人家，嫁入豪门贾府，终身在豪门中生活。可是她绝不嫌贫爱富。前已言及，她平等对待刘姥姥。她隆重接待

刘姥姥，亲自陪同刘姥姥参观大观园。尤其是她与刘姥姥首次正式会见时的对话，显示了大家风范：

刘姥姥二进荣国府后，正要离去，周瑞家的汇报时——

"偏老太太又听见了，问：'刘老老是谁？'二奶奶就回明白了。老太太又说：'我正想个积古的老人家说话儿，请了来我见见。'这可不是想不到的投上缘了？"说着，同周瑞家的带了刘姥姥往贾母这边来。

只见一张榻上独歪着一位老婆婆，身后坐着一个纱罗裹的美人一般的个丫鬟在那里捶腿，凤姐儿站着正说笑。刘老老便知是贾母，忙上来，陪着笑，拜了几拜，口里说："请老寿星安！"贾母也忙欠身问好，又命周瑞家的端过椅子来坐着。那板儿仍是怯人，不知问候。

贾母道："老亲家，你今年多大年纪了？"

贾母称呼刘姥姥为"老亲家"，尊重、礼貌、亲热兼而有之，非常得体。从贾母的立场来说，她感到刘姥姥是远房亲戚，尽管远的要"一表三千里"；对方虽然穷得一无所有，但总关是亲戚，不能势利，还是要以礼相待。而从读者的眼光看，一个如此尊严的贵妇人如此礼遇比贾府仆人还要地位低的贫穷农妇，从历史著作的记载和文艺作品的描写来说，大约只有此一例。

刘老老忙起身答道："我今年七十五了。"贾母向众人道："这么大年纪了，还这么硬朗。比我大好几岁呢。我要到这个年纪，还不知怎么动不得呢。"刘老老笑道："我们生来是受苦的人，老太太生来是享福的。我们要也这么着，那些庄家活也没人做了。"

　　贾母放低身段，夸奖对方年纪比自己大好几岁，身体比自己硬朗。刘姥姥恭维对方生来是享福的，自己生来是受苦的人。两人都看清对方的优势，恰当地恭维对方的优势，这样应酬的语言，具有高超的水平。

　　贾母道："眼睛、牙齿还好？"刘老老道："还都好，就是今年左边的槽牙活动了。"贾母道："我老了，都不中用了。眼也花，耳也聋，记性也没了。你们这些老亲戚，我都不记得了。亲戚们来了，我怕人笑话，我都不会。不过嚼的动的吃两口，睡一觉，闷了时和这些孙子孙女儿玩笑会子就完了。"刘老老笑道："这正是老太太的福了。我们想这么着也不能。"贾母道："什么福，不过是老废物罢咧。"说的大家都笑了。

　　贾母作为主人，又是尊者，所以每次都主动发问，她问的都是健康。因为刘姥姥只有健康这个本钱，其他都问不得，都是弱项。贾母自贬老而无用，是老废物，以此抬高刘姥姥的身份，如此敬老爱贫，显示了极高的人生修养、胸怀和智慧，十分令人钦敬。

　　贾母又笑道："我才听见凤哥儿说，你带了好些瓜菜来，我叫他快收拾去了，我正想个地里现结的瓜儿菜儿吃。外头买的，不像你们地里的好吃。"

　　刘姥姥懂得感恩，故而送来谢礼。贾母也懂得感恩，故而感谢刘姥姥的赠送。更为可贵的是，不是从"千里送鹅毛，礼轻情意重"角度出发的感谢，而是真心实意地感谢对方礼物的珍贵。

　　刘姥姥笑道："这是野意儿，不过吃个新鲜。依我们倒想鱼肉吃，只是吃不起。"

　　贾母又道："今日既认着了亲，别空空的就去，不嫌我这

里，就住一两天再去。我们也有个园子，园子里头也有果子。你明日也尝尝，带些家去，也算是看亲戚一趟。"

贾母还礼尚往来，热诚邀请刘姥姥留下多做几天客。"不嫌我这里"一语，情深意重；"我们也有个园子"，何其谦虚低调；"也算看亲戚一趟"，何其亲切、热诚和平等。贾母的慷慨，贾母的真诚，跃然纸上。

凤姐儿见贾母喜欢，也忙留道："我们这里虽不比你们的场院大，空屋子还有两间。你住两天，把你们那里的新闻故事儿，说些给我们老太太听听。"贾母笑道："凤丫头别拿他取笑儿，他是屯里人，老实，那里搁的住你打趣?"

凤姐机灵，马上学到贾母的谦逊和低调，讲话也客气谦虚起来。她进而希望刘姥姥讲新闻故事，贾母这时认为乡下老妇胆小气怯，言辞笨拙，不善讲话，哪能讲新闻故事? 所以就劝阻凤姐不要过分。贾母的慈爱、善良也跃然纸上。

说着，又命人去先抓果子给板儿吃。板儿见人多了，又不敢吃。贾母又命拿些钱给他，叫小么儿们带他外头玩去。刘老老吃了茶，便把些乡村中所见所闻的事情说给贾母听，贾母越发得了趣味。正说着，凤姐儿便命人请刘老老吃晚饭。贾母又将自己的菜拣了几样，命人送过去给刘老老吃。(第三十九回)

史太君和刘姥姥两人初次会面时的场面和对话是世界小说史上的经典篇章，是《红楼梦》领先于世界艺术的众多伟大成果之一。

史太君有远房穷本家的女孩四姐儿、喜鸾这两个穷亲戚。史太君八十大寿时，这两个女孩来拜寿，贾母将她俩和家里的姑娘一视同仁，给以同等的喜爱。为防止家人歧视她们，她预作警告："我

知道，咱们家的男男女女都是'一个富贵心，两只体面眼'，未必把她俩放在眼里。有人小看了她们，我听见了可不依!"旧时代，本是"只重衣衫不重人"的社会，人们"笑贫不笑娼"，习惯以富贵取人，而贾母却能教育后辈摈弃这个恶习，不但反复叮嘱，而且层层落实，一丝不苟。

贾母对儿女婚配的原则是重人不重财。贾母的老友张道士与她谈论宝玉的婚事，贾母坦率地说："不管他家根基、富贵"，"就是那家子穷，也不过帮他几两银子就完了。"她的唯一标准是女方的模样和性格。贾母宁愿帮穷亲家银子，是她平时一贯慷慨待人的原则的重要体现。

贾母并不否定封建婚姻最重要的标准"门当户对"。正确的门当户对，不是指官阶、财产的相当，而是指结婚当事人双方有大致共同的语言、认识水平和生活习惯，否则难以沟通、互相看不惯，就难以共同生活了。鲁迅说焦大是不会爱林妹妹的，鲁迅本人在中年时，也只喜欢许广平这样的知识分子，决不会看上女小贩、打工妹。贾母也绝不会做出"焦大（如果焦大是年轻人的话）与林妹妹"相配这样的蠢事。

有时尽管门当户对，尽管对方有财有势，如孙绍祖，只因人品有问题，贾母仍反对迎春嫁给孙家。另如有人给宝玉说媒，说张老爷家"富贵双全"，但张家小姐性格不好，贾母当即断然否决了。（八十四回）

贾母曾不止一次地称赞薛宝钗，夸她"受得富贵耐得贫穷"。起先，她看到薛宝钗性喜素净不事雕饰，闺房一片惨淡景象，产生反感，认为这是福薄之兆。后来她对湘云说："你宝姐姐生来是个

大方的人，头里他家这样好，他也一点儿不骄傲，后来他家坏了事，他也是舒舒坦坦的。……不见他有什么烦恼。我看这孩子倒是个有福气的。"

贾母和宝钗都遵循顺天知命和安分随时的人生原则，所以贾母能够充分了解宝钗的大器和见识，她认可家财破尽的宝钗才是宝玉最理想的配偶。

贾母不以贫富的观念看人，她识人以品德和才能为重。贾母看中袭人、晴雯，先后将她们指配给宝玉，她们果然是宝玉最忠诚、最聪明、最合适的侍女。

贾母自己身边则重用丫头鸳鸯。她在丫鬟如云的贾府，挑中鸳鸯照顾自己的日常生活和总管自己的钱财。鸳鸯不负所望，她果然是贾母最称心和合适的贴身贴心丫鬟。

不仅如此，鸳鸯成为贾母身边的总管和代理。在整个贾府，名义上是王夫人管家，凤姐做帮衬，实际上是凤姐在总负责，但凤姐如有不周到或力所不逮之处，要靠鸳鸯出面出力帮助。这时，鸳鸯代表贾母行使权力，而鸳鸯每次总是完美地完成疑难任务。鸳鸯每次出面出力解决难题时，既维护和伸张了贾母的威信，更维护和发展了贾府的和谐。贾母在贾府能够保持威信、权力，鸳鸯起了很大的作用。鸳鸯能起作用，是贾母极端信任和放手的结果。

贾母本人在贾府被抄家没落后，也表示耐得穷。

在男尊女卑的时代，歧视女孩是普遍的现象，贾母对贾府中众多女孩出自内心地喜爱，给以真诚和周到的关爱，和她们共享人生欢乐。

贾母平时善待身边的侍女，她在抄家后将自己积蓄多年的银两

分给急需的后辈，剩下的，她说："我所剩的东西也有限，等我死了做结果我的使用。余的都给我服侍的丫头。"

《红楼梦》中贾母的形象具有重大的文化意义：

首先，王昆仑《红楼梦人物论》说："读了《红楼梦》关于贾母的描写，才使人忽然发现，原来中国历代那么多的史传和小说，竟找不出几篇完整美好的老太太传记。所有的多半是千篇一律的贤母传，或片断不全的言行钞，再不然就是寿序讣文一类的死文学。"有学者认为："戏曲中虽有杨家将故事里的佘太君和《西厢记》里的老夫人，应该说也是各有特色的影响很大的典型人物。但就艺术形象的丰满完整程度而言，比之史太君，仍不免相映逊色。"

《红楼梦》中的贾母是富贵老母亲形象的唯一成功塑造。贾母是贾府逾半个世纪从荣耀到衰败的见证人："我进了这门子作重孙子媳妇起，到如今我也有了重孙子媳妇了，连头带尾五十四年，凭着大惊大险千奇百怪的事也经了些，从没经过这些事。"她年轻时成功治家，晚年在享清福的同时，继续关心家庭的运转和发展。她尊重媳妇、女儿、孙女和外孙女，为她们创造和维护了优越的生存和发展的环境。贾府抄家后，由于她的中流砥柱而依旧能够生存："你们别打谅我是享得富贵受不得贫穷的人哪！""大凡一个人，有也罢没也罢，总要受得富贵耐得贫贱才好。"她鼓励后辈面对现实，鼓起重新生活的勇气。

其次，贾母在贾府中的地位，反映了中国古代女性的地位。

贾母在贾府中处于最高的家长的地位。中国儒家文化推崇孝道，对母亲的孝是人生的最高原则之一。贾府中的后辈男性，都遵守这个原则。可见女性在中国古代的地位之高低，因人而异。贾母

的品性端庄，言行得体，智慧卓特，治家严谨而又宽松，得到全体后辈由衷的敬爱。

再次，贾母晚年，在合理的物质享受的同时非常讲究精神享受。

贾母的合理的物质享受体现为饮食讲究美味，但适度，重视养生。她自己充分享受美味，也兼顾后辈，尤其是喜欢拢集媳妇、孙女和外孙女，一起享受。她珍惜食品，绝不浪费，绝不暴殄天物。

她讲究精神享受，喜欢观赏戏剧（昆剧）、曲艺（大鼓书），并带领身边的后辈一起观赏。饮酒时用诗歌做酒令，调解气氛；节庆时用谜语，测验青年人的才华。贾府中的文化气息浓厚，欣赏品味纯正。

大观园中众姐妹的诗社在这样的良好氛围中才能产生和发展。

最后，贾母对子女后辈宽松的治家原则，保护了他们的天性，不仅成批培养出可爱伶俐的才女，还为宝玉叛逆性格的形成和发展留下了空间。

《红楼梦》的贾母形象告诉我们，祖母、母亲对后代培育和成长的决定性关系。孩子的父亲忙于生计、忙于官职，无暇顾及家务和孩子的读书，是母亲在家起了重要的作用。

刘姥姥的形象告诉我们，聪慧能干的岳母，能够及时有效化解女儿和女婿的矛盾，帮助女儿和女婿渡过生活难关。

曹雪芹既能描绘闺阁精英（包括贾母），又能精心写好老年村妇，即使宝玉远处一瞥从而引起心头涟漪的农村少女，也寥寥数笔，即成风采，功力深厚，令人难以忘怀。

四、贾元春和贾探春：智慧出众的姐妹花

曹雪芹描写美女，是全方位的，即使为她们取名也极具匠心。

贾府四姐妹，元春、迎春、探春和惜春，皆以"春"排名。古人最喜欢春天，春天是漫长的冬日过后大地复苏、万物生长的季节，是朝气蓬勃、欣欣向荣的季节。

贾府将四姐妹皆以"春"为名，春是生长的季节，一年之计在于春，可见贾府对她们寄托着很大的希望。可惜她们都名列金陵十二钗，都是苦命的姐妹，因此她们四人的名字的谐音为"原应叹息"，暗寓了她们悲苦的命运。

元春和探春是贾政的女儿。元春是贾政和王夫人所生。三姑娘探春是贾政和赵姨娘所生，是庶出。探春因是小妾所生，自感屈辱，但一则贾府中以品性和才貌取人，二则探春才貌双全，品性优雅清高，因此很受大家的尊重和喜欢。

二姑娘迎春是贾赦之女，也是庶出。她的性格懦弱无用，又不善言辞，人称"二木头"。

惜春最小，她尚年幼，当贾府破败，面临覆亡时，她才刚成人。

四姐妹中，元春和探春都富于智慧，她们的言行，给读者以启发。

1. 贾元春：富于远见、正视现实的贵妃

元春是贾政的嫡长女，但排行老二，她的上面还有早故的兄长贾珠。因生于正月初一，即元旦，又是长女，故名为元春。

她刚长成青春少女，就因"贤孝才德"而入选宫中。起初掌管王后的礼职，充任女史。不久封为凤藻宫尚书，加封贤德妃。后来，

蒙天子降谕特准銮舆入其私第。

元春虽然出场次数极少，却是《红楼梦》中的重要人物。

第一，元春是贾府的政治靠山，贾府因她而得到皇帝的眷顾。她死后，贾府失去靠山，即被抄家查办。

第二，她有效实施了宝玉幼年的文化教育，给他打下了颇为坚实的文化、文学根基。那宝玉未入学堂之先，三四岁时，已得贾妃手引口传，教授了几本书，数千字在腹内了。其名分虽系姊弟，其情状有如母子。宝玉后来不用功读书，在女人堆里混日子，全靠小时元春给他打下的文化根基，尚可与黛玉、宝钗、妙玉、湘云这些知识广博、文笔敏捷的才女勉强周旋。

第三，贾府因迎接她的省亲而大动土木，建造大观园，给众姐妹和贾宝玉设立了一个共同的富有诗意的美好家园。

第四，她回府省亲时，接见众家眷，赏赐礼物时，故意独使宝玉与宝钗的相同。这就暗示了她主张宝玉与宝钗婚配的倾向。

第五，贾府中的众多纨绔子弟依赖元春这位贵妃娘娘的靠山，不思上进，有恃无恐过着懒散无聊而又骄奢淫逸的生活，开支日繁。他们不是靠自己努力来维护家族的发展，而是热衷于打点进贡，想用贿赂换取好处，结果太监不断放肆地勒索，这便加速了这个封建家族的衰落灭亡。贾元春用自己最美好的青春，换来了衰败中的贾府的转机，给贾家带来了"烈火烹油，鲜花著锦之盛"，但是毫无志气、不思上进、蹉跎岁月的贾府的男人们，例如正当盛年、应为贾府中流砥柱的贾赦、贾珍、贾琏等人，不仅不懂得把握这个千载难逢、稍纵即逝的珍贵机会，反而将这个机会转化为贾家更快衰亡的根由。

对于贾府子弟，尤其是宝玉，元春最怕的是他们不长进。她自入宫后，时时带信出来对父兄说："千万好生扶养。不严不能成器，过严恐生不虞，且致祖母之忧。"时刻不忘幼弟的学业，而且提醒父母要宽严结合，千万不可放纵。前日贾政在花园落成之时，令其题撰，使贾妃见之，知系其爱弟所为，亦或不负其素日切望之意。

元春省亲回家，作为长姊，她最挂念的是幼弟宝玉。在接见亲人时，她问："宝玉为何不进见?"贾母乃启："无谕，外男不敢擅入。"元妃命快引进来。小太监出去引宝玉进来，先行国礼毕，元妃命他进前，携手揽于怀内，又抚其头颈，笑道："比先长了好些……"一语未终，泪如雨下。显示她的亲情和期望之深厚。而宝玉不喜读书，不争气，辜负了乃姊的一片心意。

元妃好不容易回家省亲，书中用了几回篇幅写"元妃省亲"贾府流金淌银之盛。可是元春对此却心怀忧虑：一路上，她在轿内看此园内外如此豪华，已经默默叹息奢华过费。见面后，又劝贾政等："以后不可太奢，此皆过分之极。"临走时再次说："倘明岁天恩仍许归省，不可如此奢华靡费了。"她的头脑清醒，居安思危，一再叮嘱贾政与全家人员节俭，不要奢华靡费。

小说真实描写贵妃省亲时的真情实感：贾妃满眼垂泪，方彼此上前厮见，一手揽贾母，一手揽王夫人，三个人满心里皆有许多话，只是俱说不出，只管呜咽对泣。邢夫人、李纨、王熙凤，迎、探、惜三姊妹等，俱在旁围绕，垂泪无言。半日，贾妃方忍悲强笑，安慰贾母、王夫人道："当日既送我到那不得见人的去处，好容易今日回家，娘儿们这时不说不笑，反倒哭个不了。一会子我去了，又不知多早晚才一见呢!"说到这句，不禁又哽咽起来。她又隔帘

含泪谓其父曰："田舍之家，齑盐布帛，得遂天伦之乐。今虽富贵，骨肉分离，终无意趣。"分明是说自己入宫侍奉皇帝是错嫁。但她的错嫁，给家里带来了巨大的利益，在封建时代属于无限荣光的大事。

元春毫不感激家长将她献入皇宫的"富贵"，毫不掩饰在宫中的苦楚，将皇宫称为"终无意趣"的"不得见人的去处"，用语准确、蕴藉而含蓄，充分显示了元春怨而不怒的语言才华和思辨能力。短短一语，即能对皇宫生活正确定位，生动描绘嫔妃身处水深火热、无限心酸的深宫劣境，同时也反映了元春摒弃不少女子向往豪华、虚荣的观念，在宫中不参与恶性竞争，冷静、客观、自然处事的生活原则。因此，贾妃与亲人见面，并不虚夸自己的地位尊贵，而是反复强调进宫的痛苦。

元春不仅对亲人充满了真心实意，对在场的地位低劣的优伶都诚恳相待，和善相处。演戏时，《牡丹亭》中的《游园》、《惊梦》是观众最喜欢听赏的杰作。龄官因为这二出原非本角之戏，执意不作，定要作《相约》、《相骂》二出。贾蔷扭她不过，只得依她作了。贾妃闻讯甚喜，特命"莫难为了这女孩子，好生教习"，额外赏了两匹宫缎，两个荷包并金银锞子、食物之类。对这个毫无地位的戏子、倔强的女孩的性格，元妃深表赞赏，特地关照不要难为她，还给她以额外赏赐。如此处事，可见如果元春在宫中掌权，必能善待下人，贤能而识人。

元妃本人才情颇佳，所以应邀题词。她亲搦湘管，择其几处最喜者赐名，还题写景名：有凤来仪、红香绿玉、蘅芷清芬、杏帘在望等；还有蓼风轩、藕香榭、紫菱洲、荇叶渚等名，和四字的匾额

十数个，诸如"梨花春雨"、"桐剪秋风"、"荻芦夜雪"等名。又赐名和书写"大观园"。千古闻名的《红楼梦》中的"大观园"的园名，就是这位贾妃命名和题写的。还题诗一绝，说："衔山抱水建来精，多少工夫筑始成。天上人间诸景备，芳园应锡大观名。"

谦虚有礼的元春写毕，还向诸姊妹笑道："我素乏捷才，且不长于吟咏，姐妹辈素所深知，今夜聊以塞责，不负斯景而已。"（第十八回）

元春省亲时所表现的敏捷才情、节俭品格、真诚待人和敏慧识人，充分显现了她足具母仪天下的器度，如果她能当上皇后，必能利国利民，有助于君。可惜皇帝并不识人，她又天不假年，未能舒展才华而中年即终。据第九十五回所写，贾元春因病于卯年寅月（十二月）十九日去世。享年四十三岁，正应了"金陵十二钗"册中"虎兔相逢大梦归"的谶言。

从此，贾府就失去了宫中的保护，处于被打击的地位，直至抄家、没落。

2. 贾探春：才华卓越、光彩照人的玫瑰花

贾探春，贾政与妾赵姨娘所生，排行为贾府三小姐。她与元春、宝玉同父异母。

探春别号蕉下客，擅长书法和围棋。居于大观园中的秋爽斋，元妃省亲期间，题有"桐剪秋风"匾额。"探春素喜阔朗，这三间屋子并不曾隔断。当地放着一张花梨大理石大案，案上堆着各种名人法帖，并数十方宝砚、各色笔筒，笔海内插的笔如树林一般。那一边设着斗大的一个汝窑花囊，插着满满的一囊水晶球的白菊。西墙上，当中挂着一大幅米襄阳《烟雨图》；左右挂着一副对联，乃

是颜鲁公墨迹，其词云：烟霞闲骨格，泉石野生涯。案上设着大鼎，左边紫檀架上放着一个大官窑的大盘，盘内盛着数十个娇黄玲珑大佛手；右边洋漆架上悬着一个白玉比目磬，旁边挂着小槌。一派潇洒清远景象。"（第四十回）

探春（改琦《红楼梦图咏》）

探春精明能干，性格刚烈，更且有心机，能决断，连王夫人与凤姐都让她几分，有"玫瑰花"之名。她被称为玫瑰花，还因为她的外貌和文才、气质："削肩细腰，长挑身材，鸭蛋脸面，俊眼修眉，顾盼神飞，文采精华，见之忘俗。"

可是这朵玫瑰花，因有一个恶浊、卑下、愚蠢的母亲赵姨娘和一个下劣、猥琐的兄弟贾环，而大受连累："探春因家务冗杂，且不时有赵姨娘与贾环嘈聒，甚不方便。"（第五十八回）贾琏偷娶尤二姐后，其心腹小厮兴儿给新奶奶尤二姐兴冲冲地介绍贾府人物时，说到探春，在极度赞誉之后深表遗憾："三姑娘的混名儿叫'玫瑰花儿'，又红又香，无人不爱，只是有刺扎手。可惜不是太太养的，'老鸹窝里出凤凰'。"（第六十五回）

太虚幻境中的"金陵十二钗"的判词说探春"才自精明志自高"，人们又评论探春"精细处不让凤姐"（第五十五回）。这是指探春治家的才华。

《红楼梦》描写探春经历了三件大事。最大的一件事是探春

治家。

探春清醒地看到贾府面临的大厦将倾的危局，她利用凤姐患病，请她代理治家的难得机遇，用"兴利除弊"的改革来挽救。她在宝钗、李纨的帮助下，治家的成果卓著，但终因凤姐病愈后重新执政，凤姐的贪婪枉法，引起抄家，贾府的败落已无可挽回，她自己则"生于（贾府的）末世运偏消（远嫁他乡）"，无缘再治贾府。

但是曹雪芹对探春治家给予高度评价，其五十六回回目"敏探春兴利除宿弊"，用一个"敏"字赞誉探春。这个"敏"字，正如有的评论者所赞誉的："与凤姐相比，两人皆有才干，都可谓理家能手，但两个人的'境界'却不同：探春关注的是整个家族的命运；而凤姐主要是为了一己之私利。探春理家有理念，有危机感，有忧患意识；而凤姐全靠随机应变，唯以讨好贾母为主，充满市俗气。探春身为女子，但其爽朗气概不让须眉。""她和薛宝钗、李纨的铁三角组合被下人喻为三个'镇山太岁'，也是在贾府中具备慧眼及勇气的女性"。

第二件事是她在大抄检时给予恶劣的发动者以极为有力的反击。

傻大姐拾到绣春囊后，王善保家的挑唆王夫人发动抄检大观园，将所有的小姐和丫头都打成了搞淫乱活动的嫌疑犯。抄家队不敢抄小姐，就专抄各位小姐属下的丫头们。她们一一被翻箱倒柜，彻底搜查，大家深感脸面丢尽，但都敢怒而不敢言，只有晴雯和探春敢于公开抵制、反抗和反击。晴雯是丫头，还只能消极反抗：接受抄检，只能将箱底翻起，"嘁啷"一声，将所有之物尽倒出来。弄得王善保家的顿觉没趣儿，便紫涨了脸搭讪，晴雯抢白她一通。而探春则给予迎头痛击，更令人解恨。

抄检队来到探春院内，探春已命众丫鬟秉烛开门，严阵而待。

众人来了。探春故问何事。接着冷笑道："我们的丫头自然都是些贼，我就是头一个窝主。既如此，先来搜我的箱柜，她们所偷了来的，都交给我藏着呢。"说着便命丫头们把箱柜一齐打开，将镜奁、妆盒、衾袱、衣包若大若小之物一齐打开，请凤姐去抄阅。凤姐不敢抄，还陪笑道歉。探春道："我的东西，倒许你们搜阅；要想搜我的丫头，这可不能。我原比众人歹毒，凡丫头所有的东西，我都知道，都在我这里间收着；一针一线，他们也没得收藏。要搜，所以只来搜我。你们不依，只管去回太太，只说我违背了太太，该怎么处治，我去自领。"

探春大义凛然地出面保护自己的丫头，以守为攻，假贬自己，庇护丫鬟；更妙在她拒绝的语言尖利有力，辛辣而又幽默。

见对方不敢轻举妄动，探春又间不容发地教训说："你们别忙，自然你们抄的日子有呢！你们今日早起不是议论甄家自己盼着好好的抄家，果然今日真抄了？咱们也渐渐的来了！可知这样大族人家，若从外头杀来，一时是杀不死的。这可是古人说的'百足之虫，死而不僵'，必须先从家里自杀自灭起来，才能一败涂地呢！"说着，不觉流下泪来。

探春博览群书，博古通今，所以通晓历史的教训，大至国家，小至家庭，"外贼易挡，家贼难防"。也即现代格言所说："堡垒最易从内部攻破。"内讧或内部出现的反叛，破坏力最强，是倒台的主要原因。

凤姐和周瑞家的给足探春面子，为自己找到退路，准备及时撤离。可是积极挑动大抄检的那个王善保家的素日虽闻探春的名，不

知其厉害，竟然临走前越众向前拉起探春的衣襟，故意一掀，嘻嘻笑道："连姑娘身上我都翻了，果然没有什么。"凤姐刚要劝阻，王家的脸上早着了探春一掌。探春登时大怒，指着王家的问道："你是什么东西，敢来拉扯我的衣裳！我不过看着太太的面上，你又有几岁年纪，叫你一声妈妈，你就狗仗人势，天天作耗，在我们跟前逞脸！如今越发了不得了。"

王善保家的狼狈离开，嘴里咕咕囔囔，探春立即喝命丫鬟道："你们听着他说话，还等我和他拌嘴去不成。"她的丫头侍书等听说，便出去说道："你果然回老娘家去，倒是我们的造化了，只怕你舍不得去。你去了，叫谁讨主子的好儿，调唆着察考姑娘，折磨我们呢？"（脂评本只有前三句，后面四句为程高本所加）凤姐笑道："好丫头，真是有其主，必有其仆。"探春马上冷笑道："我们做贼的人，嘴里都有三言两语的，就只不会背地里调唆主子。"抄家队在探春这里遭到了毁灭性的打击，只能狼狈逃离。（第七十四回）

根据以上两事的表现，探春这样的才女如果生在当代，她的才华足以成为大企业的总裁或大国的政治家。

探春做的第三件大事，是发起海棠诗社。

元妃省亲时，让诸姐妹发挥才华，题咏诗歌，大发雅兴。后来林黛玉写葬花诗，宝琴展示咏史诗，史湘云与妙玉联句作诗，都显示了众女子的诗才和雅兴。探春在这样的情势下，因势利导，第一个提出了建立诗社的创意（第三十七回），她先给宝玉发来帖子：

　　妹探谨启二兄文几：前夕新霁，月色如洗，因惜清景难逢，未忍就卧，漏已三转，犹徘徊桐槛之下，竟为风露所欺，致获

采薪之患。昨亲劳抚嘱，已复遣侍儿问切，兼以鲜荔并真卿墨迹见赐，抑何惠爱之深耶！今因伏几处默，忽因历来古人处名攻利夺之场，犹置些山滴水之区，远招近揖，投辖攀辕，务结二三同志，盘桓其中，或竖词坛，或开吟社。虽因一时之偶兴，每成千古之佳谈。妹虽不才，幸叨陪泉石之间，兼慕薛、林雅调。风庭月榭，惜未宴集诗人；帘杏溪桃，或可醉飞吟盏。孰谓雄才莲社，独许须眉，不教雅会东山，让余脂粉耶？若蒙造雪而来，敢请扫花以俟。谨启。

文采斐然，风雅满纸。还特别举出了东晋高僧慧远在庐山之莲社及谢安邀友集于东山的典故，作为前辈榜样，但又强调："孰谓莲社之雄才，独许须眉；直以东山之雅会，让余脂粉。"

她向众姐妹送上了邀约的帖子，邀集大家共议，立即得到热烈响应，在秋爽斋聚会。探春提出诗社活动，"一月之中，只可两三次。"又自告奋勇："我须得先作个东道"，并决定当日就开一社。大观园中以女诗人为主体的海棠诗社当即诞生了。大家当场以约定之韵，动笔作诗。

探春作为大观园诗社的首创者和重要诗人之一，她的诗作颇为精彩，受到众姐妹的赞誉。譬如有一次赛诗时以"菊"为题，她作的是《簪菊》。

"簪菊"是古时风俗，将菊花插于头上，看作是雅事。史正志《菊谱》叙曰："唐辈下岁时记：九月宫掖间，争插菊花，民俗尤甚。杜牧诗曰：'黄花插满头。'"《乾淳岁时记》记载："都人九月九日，饮新酒，泛萸簪菊。"《水浒传》描写李逵高兴时也将菊花插满头，做一番美丽的装扮。

探春的《簪菊》诗曰：

瓶供篱栽日日忙（菊花种在篱笆旁，也插在瓶中，放在桌上供清玩欣赏），

折来休认镜中妆（镜中妆指簪、钗之类女子的首饰，对镜梳妆时插于发间。但以菊插头，并非是女子打扮专用的珠花，因男子也簪菊）。

长安公子因花癖（唐代诗人杜牧《九日齐山登高》诗："尘世难逢开口笑，菊花须插满头归。但将酩酊酬佳节，不用登临叹落晖。"按：杜牧为京兆即长安人），

彭泽先生是酒狂（南朝萧统《陶渊明传》：陶渊明任彭泽令时"公田悉令吏种秫（高粱），曰：

'吾尝得醉于酒足矣！'"江州刺史王弘曾"留二万钱于渊明，渊明悉遣送酒家，稍就取酒。尝九月九日出宅边菊丛中坐，久之，满手把菊，忽值弘送酒至，即便就酌，醉而归"）。

短鬓冷沾三径露（三径露指代菊，鬓角上沾上了菊花上的露水），

葛巾香染九秋霜（用葛布做的头巾。暗用陶潜"葛巾漉酒"典故。九秋霜，指代白菊。九秋，秋季共三个月九十日，称三秋，亦称九秋）。

高情不入时人眼（俗人不能理解爱菊诗人的清高情怀），

拍手凭他笑路旁（他们看到诗人插菊满头、醉酒狂歌，在路旁拍手取笑）。

后轮到探春作十二首菊花诗的最后一首，她取题《残菊》：

露凝霜重渐倾欹，宴赏才过小雪时。

蒂有余香金淡泊，枝无全叶翠离披。

半床落月蛩声病，万里寒云雁阵迟。

明岁秋风知再会，暂时分手莫相思。

探春这位富于活力的青春少女，面对秋去冬来的寒冷季节，不以菊花凋残的凄凉惨淡为悲。寒蛩（冬月的蟋蟀）即将冻死，叫声凄惨，但高空飞翔的大雁，虽已错过季节，依旧不远万里，飞向南方。大雁在明年秋风过时还会再次飞过而与我们相见，菊花也会重开，我们与雁、菊只是暂时分手，不必恋恋不舍、思念不已。探春写悲秋花残，却豪情满怀，生气盎然。

探春作词《南柯子》，上半阕说：

空挂纤纤缕，徒垂络络丝，

也难绾系也难羁，一任东西南北各分离。

她因香尽而不及完成下半阕。这半首词，预示着她将远嫁他乡。

探春所做的谜语，也有这个意味：

阶下儿童仰面时，

清明妆点最堪宜。

游丝一断浑无力，

莫向东风怨别离。（第七十回）

其父贾政猜到了谜底，是"风筝"。"金陵十二钗"正册的判词前面画着两人放风筝，探春的软翅凤凰风筝被风刮走，探春的命运早有预示。这里再次用风筝暗喻探春的命运犹如断线风筝，将要远嫁他乡。可是最后一句"莫向东风怨别离"，反映了性格豪放、胸怀宽广的探春并不介意远离家乡，她着眼的是是否嫁对了人。

《红楼梦》中的人物认为探春的苦命是远嫁，我认为远嫁胜过

错嫁，以现在开放的眼光看，远嫁并不苦。

在"寿怡红群芳开夜宴"时，探春掣花签时所得为杏花："众人看时，上面是一枝杏花，那红字写着'瑶池仙品'四字。诗云：日边红杏倚云栽。注云：'得此签者，必得贵婿，大家恭贺一杯，共同饮一杯。'"（第六十三回）探春虽然远嫁，但嫁的是贵婿，她的前景是幸福的。

在"金陵十二钗"的闺阁小姐中，探春是唯一有好下场的女子。

人说一母生九子，连母十个样。贾府同祖四姐妹，曹雪芹用精细的笔触写出她们各自的性格、品德、气质、外貌和言语、行动。由于同祖，身处一个大家庭，她们的命运同样坎坷。但同中有异，探春虽然远嫁，却能联姻如意郎君，表现了生活的复杂。

五、薛宝钗和薛宝琴：聪慧少女的出色典型

薛宝钗和薛宝琴堂姐妹俩是大观园中才貌双全的完美女性，受到大家一致的喜欢。贾母非常想将薛宝琴娶来做宝玉的媳妇，惜因她已有婆家，而作罢。贾母最后强使宝玉娶薛宝钗为妻，宝玉起先很不情愿，后来却全靠她支撑家庭、养大儿子。

曹雪芹塑造的薛宝钗，多年来受到不少学者的误解，过去只有脂砚斋等少数人高度评价她，理解曹雪芹如此下笔的深意。

1. 完美女性薛宝钗

薛宝钗是男主人公贾宝玉的姨表姐，后成为他的夫人。因此她是《红楼梦》中与贾宝玉、林黛玉并列的三大主角之一。

她是金陵四大家族之一的薛家的独女，父亲早亡，母亲薛姨妈

依靠她相伴生活。有兄薛蟠，诨名呆霸王。宝钗进京参选"才人、赞善之职"，幸而落选，未进入水深火热的皇宫埋葬青春。她与母亲、兄长寄住于贾府，居大观园蘅芜苑。后因抗议抄检大观园，而搬出与母亲同住。

薛宝钗体态丰满，脸如银盆，目似双杏，"皓腕凝霜雪"（韦庄《菩萨蛮》赞美江南美女的名句，形容手臂白嫩、柔软光滑），"艳

宝钗（改琦《红楼梦图咏》）

冠群芳"，是和林黛玉并列的大美人。宝钗之丰腴与黛玉之苗条，历来被人们总结为"环肥燕瘦"（丰满的杨贵妃和苗条的西汉成帝的著名美人赵飞燕）这两种类型美女的典范。

宝钗颈上所挂金锁，"是个癞头和尚给的"，背后刻着"不离不弃，芳龄永继"八字，与贾宝玉身戴之玉上所刻之"莫失莫忘，仙寿恒昌"恰好成对，因此有"金玉良缘"之说。可是宝玉不认可这种说法，他深爱的是黛玉。宝钗本对宝玉有好感，宝玉被贾政毒打后，宝钗前去看望，言谈之间也曾流露过对宝玉的关切。后来她知道宝玉爱着黛玉，再则宝玉不喜读书，痛恨仕途经济，宝钗不喜欢这样的男子，故而对宝玉并无发展爱情的想法。宝钗后来嫁给宝玉是非常被动的，是她遵循父母之命的婚姻观，接受家长安排的结果。宝钗嫁给宝玉又是承担着重大的自我牺牲的，此时的宝玉呆傻有病，贾府经过抄家，在经济上已经彻底落败。善良的宝钗不嫌不

弃，接受宝玉，婚后温柔地忍受宝玉因黛玉去世、调包计受骗的刺激之后对自己的冷淡，坚持善待宝玉。宝玉受到感动，一度与她有了夫妻的真情，宝钗怀上了孩子。可是宝玉在中举后，马上离家、失踪，出家当了和尚。宝钗只能守活寡，还有养育、教诲儿子的重任。因家道中落，她孤独带子的生活，比李纨更艰难。因此宝钗是贾府的恩人，是宝玉的恩人。

宝钗德才兼备，品行高洁，言行端庄，性格大度，智慧超群，是个完美的女性。

1949 年以后的红学家，曾经将薛宝钗看作冷酷虚伪、善于阴谋的女子，予以否定。近年已有一些有识见的学者，正确认识和评价这位杰出的女子，其基本观点为：

宝钗能够铁肩担道义，这体现为她出于对宝玉的爱护，坚持规劝他用功读书，鼓励他关心仕途经济，做利国利民的有用人才。她曾作《螃蟹咏》诗，鞭挞贪官污吏。她支持探春治家，积极献策建言。

宝钗的生活简朴，她的蘅芜院居室如"雪洞一般，一色的玩器全无。案上止有一个土定瓶，瓶中供着数枝菊，并两部书、茶奁、茶杯而已。床上只吊着青纱帐幔，衾褥也十分朴素。"她脂粉、簪环一样不爱，完全摆脱了豪门富户女子的审美观，这是儒、道、佛三家思想的出色体现。

她待人温和圆润，面面俱倒，不厚此薄彼，任谁有难处她都肯全力帮助，不是拉拢人心，而是尊重每一个生命，更是佛家"普度众生"的一种日常体现。

宝钗虽然谦称"女子无才便是德"，但这只是她的谦虚。实际

上她博览群书，学问深广，知识渊博，儒、道、佛三家贯通，经、史、子、集融会，文学、艺术、历史、医学样样精通，甚至连《西厢记》、《琵琶记》和元杂剧、昆剧都熟悉，实为大观园内第一才女。

宝钗诗词方面的文学造诣，与黛玉并列第一。元春评论："终是薛、林二妹之作与众不同，非愚姊妹所及。"（第十八回）因胸襟和眼光的超越，宝钗有些作品超过黛玉。如"讽和螃蟹咏"，愤世嫉俗，被众诗人赞为"食蟹的绝唱。这些小题目，原要寓大意思，才算是大才。只是讽刺世人太毒了些。"（第三十八回）对当时的社会表现了一种强烈的批判精神，对当时横行霸道的官场人物如贾雨村之流，尖锐讽刺。她的代表作《临江仙·柳絮》（第七十回），更展示出她超群的才情和襟怀，被"众人拍案叫绝，都说：'果然翻的好。自然是这首为尊。'"

　　白玉堂前春解舞，东风卷得均匀。蜂团蝶阵乱纷纷。几曾随逝水？岂必委芳尘？

　　万缕千丝终不改，任他随聚随分。韶华休笑本无根。好风凭借力，送我上青云！

宝钗又提出了诗歌创作的原则："各抒己见"、"不与人同"、"要命意新奇，别开生面"，她的才情和认识都达到了独创性的高度。

宝钗的诗歌在雍容浑厚的基础上颇具豪放、昂扬的品格，比起黛玉诗词的风流别致，实际是高出一头的。

她欣赏和创作的艺术趣味都注重兼收并蓄，还特别喜欢豪放苍凉的风格，如以鲁智深为主角的昆剧《山门》。

　　贾母给宝钗过生日，叫大家点戏，宝钗点了一出《鲁智深醉闹五台山》，宝玉不以为然，宝钗立即教训他："你白听了这几年戏，那里知道这出戏的好处，排场又好，辞藻更妙。"宝玉道："我从来怕这些热闹。"宝钗笑道："要说这一出热闹，你还算不知戏呢。你过来，我告诉你，这一出戏热闹不热闹。——是一套北《点绛唇》，铿锵顿挫，韵律不用说是好的了，只那词藻中有一支《寄生草》，填的极妙，你何曾知道？"宝玉见说得这般好，便凑近来央告："好姐姐，念与我听听。"宝钗随口背出《山门·寄生草》曲辞：

　　　　漫揾英雄泪，相离处士家。谢慈悲剃度在莲台下。

　　　　没缘法转眼分离乍。赤条条来去无牵挂。

　　　　那里讨烟蓑雨笠卷单行？一任俺芒鞋破钵随缘化！（第二十二回）

　　近有识见高超的研究家赞颂：

　　宝钗在自己生日这天，用陷入绝境的鲁智深唱的富于孤愤、反叛色彩，豪放而悲凉的曲子来庆祝生日，展示了宝钗本人注重人生"随缘"、"缘法"和"赤条条来去无牵挂"的无私无畏无求的高尚境界。

　　宝钗广施仁义，表现为她时刻留意着身边的一草一木、一事一物，关心和爱护老幼贫弱，主动给予帮助。湘云、黛玉（第四十五回）、岫烟（第五十七回），都受过宝钗的照顾和资助。连王夫人也感谢她及时的开导和帮助。

　　在大观园中，除去守寡的李纨，宝钗是最年长的，她处处爱护弟妹，处事老练、观察入微。而且总是暗中帮助人，免得损伤受助者的尊严。接受她帮助的人，大多不善表达自己的感激之情。甚至长

期误解她的林黛玉也深感宝钗的高尚和仁慈，向宝钗检讨说："你素日待人，固然是极好的；然我最是个多心的人，只当你藏奸。从前日你说看杂书不好，又劝我那些好话，竟大感激你。往日竟是我错了，实在误到如今……"（第四十五回）宝钗警言黛玉尽量少阅《西厢记》等杂书，实是借此保护黛玉，并自此开始送燕窝给黛玉。

贾母陪刘姥姥游览大观园，激发了雅兴，即命惜春画大观园"行乐图"。惜春很犯难，不知如何着手，众姐妹全都帮不上忙，只有博学、内行的宝姐姐告诉她怎样准备，由此还引出了作画的一番精彩议论。她从布局构思，到画具、色料、用纸的准备，全是内行的真才实学，更妙的是，用的是谁都能听得懂的语言，融合在生活的体验里，显得贴切自然，令人信服。

还有史湘云。一次，袭人想央求湘云替她做点针线活，宝钗知道后，马上对她讲明史湘云"在家里一点做不得主"，"做活做到三更天"，"一来了就说累得慌"的苦衷，责怪她"怎么一时半刻不会体贴人"，并主动接去了要湘云做的活计。还有一次，湘云要开社做东，宝钗因怕她花费引起她婶娘抱怨，便资助她办了螃蟹宴。因此，这位心直口快、性情豪爽的小姐，曾经真心地称赞宝钗："这些姐妹们，再没有一个比宝姐姐好的，可惜我们不是一个娘养的——我但凡有这样一个亲姐姐，就是没了父母，也是没妨碍的。"史湘云的感激极其全面而恰切地说出了宝钗助人的力量和能量。

因此，宝钗看似藏愚守拙，不露锋芒，王熙凤还说她"不关己事不开口，一问摇头三不知"，实际上她铁肩担道义，广施仁德；该出头时，"夫人不言，言必有中"，给人以启发和切实帮助。

宝钗是外圆内方的人物。在日常生活的小处，她的举止行为都

能随和地迎合他人；但在原则问题上，内心则有坚定的主张，绝不附和别人，其意志不受任何人、不受任何思维惯性的影响。凤姐送来的东西她也退了回去，这说明她在自己的私人领地坚持自己的个性和主张，即便这让贾母大感丢面子。

宝钗绝不阿附、讨好任何人。诚如有的学者所指出的，宝钗博得贾母开心，是敬老爱老传统美德的表现。贾母携刘姥姥参观大观园时，发现宝钗蘅芜苑那"雪洞"一般朴素的室内布置，过于寒酸，大为不满，立即给以严厉批评：一则曰"使不得"，二则曰"不像"，三则曰"忌讳"，四则曰"不要很离了格儿"，五则曰"我们这老婆子，越发该住马圈去了"，认为是在亲戚面前扫了她的面子。贾母不喜欢宝钗，更表现在"荣国府元宵开夜宴"时，贾母命宝琴、湘云、黛玉、宝玉四人，与自己同坐主桌，却唯独将宝钗排挤到了主桌之外，同李纹、李绮辈坐在一起，都是宝钗在贾母面前由"受宠"转为"失宠"的重要标志。宝钗并不因此而"改正"，做迎合贾母的事情，可见，说她"城府颇深，能笼络人心"，是对她很大的误解。

宝钗仗义帮助探春治家，提出具体而切实可行的措施，是个高级管理策划人才。她又能将经济管理提升至理论层面认识，是利义全一的高级管理人才。

由于贾探春的思维是直线式的，因而她的改革思路只是停留在物质层面上。薛宝钗则不同，她在完成物质层面的思考之后，更进一步展开了精神层面的思考。为了给改革营造一个良好的环境，薛宝钗提出了配套的改革措施，强化治安管理。她对老妈妈们说："你们只要日夜辛苦些，别偷懒总放人吃酒赌钱就是了。"事实上，

薛宝钗上任后做的第一件事情就是加强治安管理，每天晚上带人各处巡查。这也从一个侧面反映出她对改革环境的重视。

薛宝钗和王熙凤一样，深知管人是要讨人嫌的。但她的处事风格却和王熙凤完全不同，她在就职演说中说道："我本也不该管这事。就你们也知道，我姨娘亲口嘱托我三五回，说大奶奶如今又不得闲，别的姑娘又小，托我照看照看。我若不依，分明是叫姨娘操心。我们太太又多病，家务也忙。我原是个闲人，就是街坊邻居，也要帮个忙儿，何况是姨娘托我？讲不起众人嫌我。倘或我只顾沽名钓誉的，那时酒醉赌输，再生出事来，我怎么见姨娘？"

由于有了薛宝钗的新设计，贾探春的这次承包改革获得了很大的成功。正如李纨所说："使之以权，动之以利，再无不尽职的了。"生产者的积极性被充分地调动起来了。"因今日将园中分与众婆子料理，各司各业，皆在忙时，也有修竹的，也有护树的，也有栽花的，也有种豆的，池中间又有姑娘们行着船夹泥的、种藕的。"同时，生产者的责任性也大大加强了。春燕道："这一带地方上的东西，都是我姑妈管着。她一得了这地，每日起早睡晚。自己辛苦了还不算，每日逼着我们来照看，生怕有人糟蹋。老姑嫂两个照看得谨谨慎慎，一根草也不许人乱动。"

还应该强调的是，与王熙凤相比，甚至与贾探春相比，薛宝钗实际上并没有什么管理实权。但是我们完全可以说，《红楼梦》中真正的管理权威就是薛宝钗。杜拉克就说过："不论一个人的职位有多高，如果只是一味地看重权力，那么，他就只能列入从属的地位；反之，不论一个人职位多么低下，如果他能从整体思考并负起成果的责任，他就可以列入高级管理层。"按照杜拉克的这一标准，

薛宝钗显然是可以进入"高级管理层"的。

贾母说"所有姐妹，都比不上宝丫头"，就连对谁都恨到骨里的赵姨娘都说她"大度得体"。史湘云曾说："要是宝姐姐是我的亲姐姐该多好"，甚至说薛宝钗完美无瑕。就是这样一个博得所有人欢心的人，内心其实相当冰冷，难怪曹公评她"任是无情也动人"。

正因宝钗精通儒、道、佛三家文化，因此她对金钏的死、柳湘莲的失踪，有一种深切的理解，而非盲目悲痛或遗憾。

以上评论宝钗的观点已经比较全面、深刻和精辟，其中也揉入了我的一些观点。

2. 才貌双全的豪放女子薛宝琴

宝琴（改琦《红楼梦图咏》）

薛宝琴，是专门在海内外四处搜购珍货、奇货、异货的皇商之女。她是薛姨妈的侄女，薛蟠的胞妹，薛蟠、薛宝钗的堂妹。其父已死，其母有痰症也时日不多，她随哥哥薛蝌进京发嫁。薛宝琴与李纹、李绮、邢岫烟迟至第四十九回才同时出场，皆是清丽雅洁的美女，"倒像一把子四根水葱儿"，而不是贾府中悲剧的主角人物。宝钗还曾感慨宝琴的亲兄薛蝌"如今不先定了他妹妹的事，也断不先娶亲的。"（第五十七回）薛蝌要安顿好妹妹的婚事自己才完婚，可见宝琴得到其兄的精心保护。小说写放风筝时宝琴的风筝是"大红蝙蝠"（第七十回），"蝙蝠"是吉祥

的象征，乃"偏偏有福"之意，喻宝琴嫁梅翰林之子，"白雪红梅"，命运独好。所以《红楼梦》中安排薛宝琴、邢岫烟、李纹、李绮为"金陵十二钗"的"虚陪"人物，都不入薄命司。

她具有惊人的美貌，"芦雪庭争联即景诗"一回，"忽见宝琴披着凫靥裘，站在山坡背后遥等，身后一个丫环抱着一瓶红梅"，众人说"就像老太太屋里挂的仇十洲画的《艳雪图》"，贾母摇头笑道："那画的那里有这件衣裳？人也不能这样好。"贾母喜爱之极，夸她比画上的美女还好看，不让她入大观园居住，留在自己身边，还立时逼着王夫人认她为干女儿，欲把她说给贾宝玉为妻，惜因她早已许配给梅翰林之子，只能作罢。后来荣国府元宵开夜宴，贾母让最钟爱的四个孙辈宝琴、湘云、黛玉、宝玉，与自己同席。

她"年轻心热，且本性聪敏，自幼读书识字"。小时跟父亲跑过不少地方，见多识广，有着古代小姐稀缺的"行万里路"的经历和眼界。薛姨妈说她："他从小儿见的世面倒多，跟他父亲四山五岳都走遍了。他父亲好乐的，各处因有买卖，带了家眷，这一省逛一年，明年又到那一省逛半年，所以天下十停走了有五六停了。"（第五十回）她八岁时随父到西海沿子上买洋货，接触过真真国披着黄头发、打着联垂的洋女子，藏有那女子的墨宝；她向宝玉及黛、钗、湘背了一首真真国美人所写的五律诗。

《红楼梦》关于宝琴的描写，自第四十九回起，至第五十二回即止；此后，在第六十二回里参与宝玉生日庆祝，第七十回与众姐妹创作《西江月》，其后，在第七十五回之后消失、不知结局。她出场几回，都与诗词创作有关。

宝琴颇有器量，贾府大总管赖大家的专门送了两盆上好的蜡梅

和水仙给薛宝琴，宝琴把一盆蜡梅转送给了探春，一盆水仙转送给了黛玉。但她因年小天真，有时不识时务。迎春丢失攒珠累金凤，心中烦恼，宝钗、黛玉、宝琴、探春等，因恐迎春不自在，都约着去迎春房中探望、慰问。探春一面审问仆妇，一面早使了眼色与侍书（要她去报告凤姐），侍书出去了。这里正说话，平儿进来，她是凤姐派来破案的，宝琴便拍手笑道："三姐姐敢是有驱神召将的符术？"黛玉笑道："这倒不是道家法术，倒是用兵最精的所谓'守如处女，出如脱兔'、'出其不备'的妙策。"二人取笑，宝钗便使眼色与二人，令其不可（程乙本无此句），遂以别话岔开。（第七十三回）宝琴大大咧咧的，有诗人的浪漫气质而无实际的审时度势的能力。当时气氛相当严肃紧张，她却与遇世俗之事也毫无心机的黛玉，来了个不合时宜的"取笑"，幸有宝钗及时提醒、阻止。

薛宝琴作诗词才华横溢。芦雪庵争联即景诗时，她与宝钗、黛玉共战湘云，从容应对，佳句间出。尤其是群芳争填《西江月》柳絮词（第七十回），唯有她那首境界独具，词彩壮美：

> 汉苑零星有限，隋堤点缀无穷。三春事业付东风，明月梨花一梦。　几处落红庭院，谁家香雪帘栊？江南江北一般同，偏是离人恨重。

她一人独作怀古诗十首（第五十一回），以随父经历各省内的古迹为题，且每首还各隐一谜。这十首怀古灯谜诗为：

第一首是《赤壁怀古》：

> 赤壁沉埋水不流，徒留名姓载空舟。
>
> 喧阗一炬悲风冷，无限英魂在内游。

此诗是翻新之作。"徒留名姓载空舟"一语，颠覆了前人对魏

吴蜀三国英雄的歌颂。但也应受到苏轼《念奴娇》开首"大江东去，浪淘尽，千古风流人物"三句的启发。苏轼说包括三国英雄在内的"千古风流人物"被大"浪淘尽"，是指生命短暂，他们都已逝世，但他们的英名则千古流芳，所以苏轼此词怀念"周郎"，即英明智慧的东吴统帅。宝琴此句则否定苏轼此词，反其意而用之。曹操率领的二十万大军，不少死在长江中，此词怀念的是那些牺牲的无名士卒。首句夸张地形容死人之多，竟然将长江在赤壁的一段水都堵住了。此句与"血流漂杵"相反。《尚书·武成》中记载周武王讨伐商纣王，在朝歌附近的牧野双方恶战，杀得天地昏暗，血流漂杵。牧野没有水，但死去的士卒太多，他们血流如涌，汇成河流，将大批沉重的长杆武器都漂浮起来。而此词说长江水浪汹涌澎湃，"惊涛拍岸"，现在被大量尸体像大坝般堵住，水为之不流。都是形容战况之惨烈。末句则说今日长江依旧波涛汹涌，而在三国赤壁之战中死去的大量官兵的英魂还在江水中漂荡。

此词中有倒装句，时序是交叉的。其逻辑顺序是：曹军屯驻与作战之时发出喧闹嘈杂之声（喧阗［tián］，声音大而嘈杂）的大量水兵，被周瑜策划的火攻消灭了，只剩下冷峭的江风在水面吹拂，气氛悲凉凄惨。官兵死得太多，尸体堵住了江流。兵败后，空无一人的战舰上的将帅的旗号还在无奈飘扬。只剩下大量牺牲的官兵的灵魂不肯散去，还在江上来回漂荡，哀鸣不息。

这个谜语的谜底，有的说是祭祀用的纸船（贺新辉主编《红楼梦诗词鉴赏辞典》），大多认为是贾府死亡多人的象征。

第四首为《淮阴怀古》：

壮士须防恶犬欺，三齐位定盖棺时。

寄言世俗休轻鄙，一饭之恩死也知。

淮阴今属江苏，韩信是淮阴人，后封淮阴侯。首句说他年轻时受淮阴恶少欺凌，有胯下之辱。下半首说他年轻时贫穷到没饭吃，他钓鱼时一位漂洗衣物的妇人同情他，给他饭吃。韩信封楚王，消灭项羽后衣锦还乡，特地邀召此妇，赠以千金，作为报答。第二句说韩信一生的事业在平定三齐、封为齐王时已经定局。

秦亡后，项羽将齐地分为胶东、齐、济北三个诸侯国，故称三齐。楚汉战争时，汉王刘邦已经派郦食其与齐约定联盟，韩信却率军突袭齐国，齐王以为郦食其欺骗自己，将他烹了。韩信消灭齐国后，要求汉王立他为假（代理）齐王。刘邦大怒，张良及时提醒刘邦，刘邦封韩信为齐王。韩信此事属于背信弃义，还害死了郦食其，在汉营中造成了极坏的影响。韩信当了齐王后，却按兵不动——刘邦战胜项羽，打到项羽的老窝彭城，刘邦命令韩信和彭越带兵来此，联合作战，一举消灭项羽。韩信和彭越不理，刘邦与项羽僵持一年后，在张良的建议下，表示给韩信、彭越增加封地，他们才出兵，与刘邦一起合围和消灭项羽。韩信的这种令而不行的做法，再次令汉营众将恼恨。而造成他最后覆灭的根由，则是在封齐王时埋下的。

从曹雪芹后半首对韩信的歌颂来看，他是同情韩信的。他可能认为韩信在齐国不接受齐人蒯通鼓动，反汉自立，与刘邦和项羽"三分天下，鼎足而居"，否则"勇略震主者身危"。韩信不听，终于被吕后所杀。这种看法是错误的。当时韩信自己并无力量，不仅兵士是刘邦给的，刘邦派了三位勇将中的头两位——曹参、灌婴（第三位是樊哙）帮韩信打仗。韩信想拥齐自立，并无实力，他身边曹参和灌婴监视着他，他根本不可能成功。

第八首为《马嵬怀古》描写杨贵妃：

> 寂寞脂痕渍汗光，温柔一旦付东洋。
>
> 只因遗得风流迹，此日衣衾尚有香。

马嵬，指马嵬驿，又称马嵬坡，在今陕西兴平市西，离开唐朝京城两百余里，是杨贵妃丧命之处。此诗大意是杨妃缢死时毫无生气的脸上的脂粉被发亮光的汗水所化开（渍，液体粘在上面），她对君王的情义付之东流。只因为她的风流事迹长久流传，因此她的遗物至今留有余香。《新唐书·后妃传》记载唐明皇乱后从西川归来，途经马嵬坡，派人备棺改葬，发土，得贵妃之香囊。又传说她的袜子流传民间，专门去看袜的民众众多。刘禹锡《马嵬行》："不见岩畔人，空见凌波袜。……传看千万眼，缕绝香不歇。"

《蒲东寺怀古》叙述《西厢记》的情节：

> 小红骨贱最身轻，私掖偷携强撮成。
>
> 虽被夫人时吊起，已经勾引彼同行。

首句即责备红娘骨头轻贱，主动积极地私自促成张生和莺莺的未婚同居。她虽然被崔夫人吊打，事情已经败坏，张生、莺莺已经被她勾引而同居。

这是站在封建家长的立场上立言，这不仅是薛宝琴的观点，显然也是曹雪芹的想法。从一般的情况看，这种观点也没有错，未婚同居大多没有好的结果，会

解围　明万历《绘图新校注古本西厢记》

造成社会问题。但张崔之恋,是特殊情况,《红楼梦》第二十三回"西厢记妙词通戏语"分明极赞《西厢记》语言的极度精美。可是黛玉极度反感宝玉用《西厢记》中的言辞来戏弄自己。这也可见曹雪芹的基本态度。

《梅花观怀古》叙述《牡丹亭》中的:

> 不在梅边在柳边,个中谁拾画婵娟?

> 团圆莫忆春香到,一别西风又一年。

汤显祖《牡丹亭》描写杜丽娘抑郁而死,葬于后花园梅花观后面的梅树下。杜丽娘临终前作自画像,并在画上题诗:"近睹分明似俨然,远观自在若飞仙。他年得傍蟾宫客,不在梅边在柳边。"宝琴此诗首句即是杜丽娘诗的末句,内中隐含柳梦梅的名字。后书生柳梦梅因病借居梅花观,拾到杜丽娘的自画像,叫唤画中美人,杜丽娘的鬼魂与他相聚。此诗第二句即指柳梦梅拾画叫画。个中,即此中。婵娟,美女,此指杜丽娘自画像中的女子,即杜丽娘。后柳梦梅受杜丽娘之托,掘坟并救活杜丽娘。剧中柳梦梅在外想念杜丽娘时,感慨"砧声又报一年秋"。所以后半首说,不要去回想春香到来团圆的情景,别离至今,西风又来,一年的光阴又过去了。春香是杜丽娘的婢女。

最后两首是戏曲经典《西厢记》和《牡丹亭》虚构的故事,薛宝琴也煞有介事地作怀古诗,可见曹雪芹创作时不遵陈规,思路开阔。另外,这十首怀古诗,不以时代先后排列,亦可知薛宝琴是业余少女诗人,而不是成熟的正经作者。

六、王熙凤和金鸳鸯:家庭总管的两种类型

天下事不能一概而论,往往有特殊情况。王熙凤是出身豪门的

千金小姐，竟然不识字，胸无点墨，她的精于辞令，都是天性聪明而能卖弄于人的精彩口语。金鸳鸯是世代为奴的低贱丫头，竟然识字有文化，她的智慧深藏不露，在责骂嫂子和行酒令时则偶现峥嵘，颇有文化色彩。鸳鸯是奴隶，在贾府中却是"挟天子而令诸侯"的最高总管，王熙凤这个被评为"治世之能臣，乱世之奸雄"的"女曹操"式的强横总管"胭脂虎"，也要接受温柔敦厚的鸳鸯的指令，见面时要起立恭迎，并尊称她为"鸳鸯姐姐"。贾府的这种民主气氛，令人惊诧，却很少有人注意到。

读完《红楼梦》全书，我们体会到了曹雪芹的以上艺术处理，出于意料之外，入乎情理之中。

1. 可爱而又可恶的王熙凤

荣国府总管王熙凤是宁国府的长媳，是贯穿《红楼梦》全书的引线人物。荣、宁两府上下数百人，主人、奴仆的众多营生和矛盾，贾府内外的众多人物和事件，以她为枢纽而疏密有致地纵横串联起来。

王熙凤是一个凶狠的人物，兴儿形容她是："心里歹毒，口里尖快"，"嘴甜心苦，两面三刀，上头一脸笑，脚下使绊子，明是一盆火，暗是一把刀"（第六十五回），为了攫取权力与窃积财富的目的，

第十三回　王熙凤协理宁国府
（《增评补像全图金玉缘》）

犯下血案多件，因此而引来抄家，贾府彻底败落，她自己也"机关算尽太聪明，反算了卿卿性命"，在忧患中重病身亡。她又因面容娇媚、身量苗条、体格风骚，"恍若神妃仙子"，又兼机智聪慧、口齿伶俐、性格活跃，是作者和众多读者非常喜爱的人物。

在佛教盛行的时代，她为钱财而害人，不怕天理报应，还宣称："我从来不信什么阴司地狱报应的，凭什么事，我说行就行！"公然挑战天理，到病重时则求刘姥姥到乡下庙中求神拜佛，真正是"平时不烧香，急来抱佛脚"的做派，终致青年早逝，享寿不永。

贾瑞垂涎她的美色，公然勾引她，她不是好意规劝，而是巧设引饵和圈套，肆意报复，结果以贾瑞横死告终。铁槛寺老尼净虚要帮长安府太爷的小舅子夺人所爱，许她三千两银子，凤姐通过关节，使长安节度云光逼婚，迫使有情人双双自尽。此后"凤姐胆识愈壮，以后有了这样的事，便恣意作为起来"。

第十二回　王熙凤毒设相思局

王熙凤平时妒忌和管控平儿，不让贾琏"碰"她，还常常迁怒、欺凌平儿。她更其恼恨贾琏偷娶尤二姐，不敢报复贾琏，就设计系列性的巧计，迫害柔弱老实的尤二姐；在虎狼医生胡君荣拙劣医术的配合下，终于整死尤二姐。

她生性贪婪，利用职权索取贿赂。还利用公费和迟发众多丫鬟

的月例放债，抄家时，从她屋子里就抄出"五七万金"和一箱借券。

她惩治丫头心狠手辣，不择手段："垫着磁瓦子跪在太阳底下，茶饭不给"，"便是铁打的，一日也管招了"。她捉奸时，喝令将为贾琏望风的小丫头，"拿绳子鞭子，把那眼睛没有主子的小蹄子打烂了"，当即就拔下簪子来戳小丫头的嘴，威吓要用烧红的烙铁烙嘴，要用刀子来割肉。清虚观打醮那天，小道士慌乱中误撞到她身上，她扬手一巴掌打得小道士滚了出去。

王熙凤的性格，主子们只看到她的泼辣，称她为"凤辣子"、"胭脂虎"，密友秦可卿誉她为"脂粉队中的英雄"。有些恨她的奴仆则领受了她的凶狠，在背后咒骂她"阎王婆"、"夜叉星"。

王熙凤的优点也非常突出。

她言辞尖利，说话得体，富于幽默感。在许多场合，因为王熙凤的插科打诨、说笑打趣而富于生气，场面欢快，气氛热烈。冷子兴向贾雨村介绍她："模样又极标致，言谈又爽利，心机又极细，竟是个男人不及万一的。""年纪虽小，行事却比世人都大。如今出挑的美人一样的模样儿。少说些有一万个心眼子。再要赌口齿，十个会说话的男子也说她不过。就只一件，待下人未免太严些个。"（第六回）

她才情卓越，善于察言观色，揣摩心理；精于随机应变，性格机警。常常是对方的心思还没有说出口，她已经猜算到了；对方刚说出要求，她已经办了。如林黛玉刚进贾府，王夫人说是不是拿料子做衣裳呀？王熙凤说："我早都预备下了。"大观园兴办诗社时，探春刚说请你做个"监社御史"，凤姐立即点穿：你们是缺个"进钱的铜商"，"我明儿立刻上任，放下五十两银子给你们慢慢作会社

东道"。大家佩服得禁不住都笑起来，李纨不禁赞美说："你真真是水晶心肝玻璃人。"

更精彩的是凤姐在邢夫人与她商议帮助贾赦强娶鸳鸯做妾时的言论，正讲反讲都能成理。她先是不假思索就立即反对邢夫人支持贾赦的痴心妄想："别去碰这个钉子"，"老太太离了鸳鸯，饭也吃不成了，何况说老爷放着身子不保养，官儿也不好生做"，并诚恳劝导邢夫人："明放着不中用，反招出没意思来，太太别恼，我是不敢去的。"愚笨而刚愎的邢夫人冷笑反驳，反而埋怨王熙凤。王熙凤见邢夫人此人不可理喻，还气性大发，就立即调转话锋，连忙赔笑："太太这话说得极是，我能活了多大，知道什么轻重，想来父母跟前，别说一个丫头，就是那么大的活宝贝，不给老爷给谁。"还举例奉承邢夫人，说得邢夫人又喜欢起来。研究家赞誉对于强娶鸳鸯这件事，一正一反的两番说辞，同出于王熙凤之口，居然都通情达理、动听入耳。像这样能够顺应对方心理，急转直下又不落痕迹，这种本领在《红楼梦》里，只有在王熙凤身上可以看得到。这个评论非常精辟，我认为《红楼梦》此类对话所取得的极高成就，是领先于中外创作界的罕与伦比的佳例。

王熙凤具有超凡出众的管理才能和领导风范。秦可卿去世时，她受邀代理宁国府，踌躇满志地走马上任。她平时就细心观察宁府的状况，此时迅即总结其管理上的五大弊端：一是人口混杂，遗失东西；二是事无专责，临期推诿；三是需用过费，滥支冒领；四是任无大小，苦乐不均；五是家人豪纵，有脸者不服钤束，无脸者不能上进。这些弊端有着普遍性，可供古今管理者参考。

王熙凤经过短暂的精心思考和筹划，立即拿出一系列恰当、有

效的措施，雷厉风行地予以实施，震慑了全体下人，取得了立竿见影的出色效果。她的措施和行事原则是：订立规则，令出必行；职责分明，要求具体；赏罚透明，办事公正。这些措施和原则，具有普遍性的意义，更值得古今管理者参考、学习。

王熙凤待人接物也有一种很大的优点：她不以衣衫取人，尊重心地宽广、胸怀磊落的人，喜欢聪慧精明、语言伶俐的人。她由衷喜欢和赞赏小红这样伶牙俐齿的小丫头；更尊重刘姥姥和邢岫烟，真诚地同情她们的贫困拮据，并给以切实的帮助。

凤姐敬重性格刚毅、气质高雅、心胸开阔的人，岫烟正是这样的优秀女子。凤姐初见岫烟，就有了敬重的意思，后来她见岫烟在受到下人的欺凌、丢失衣服时依旧通达自谦，还为下人说情，更同情这位清贫女子的自尊和甘居贫困。当岫烟正在吞声饮泣之时，凤姐已派丰儿送衣服过来，岫烟一看，决不肯受。丰儿道："奶奶吩咐我说，姑娘要嫌是旧衣裳，将来送新的来。"岫烟笑谢道："承奶奶的好意，只是因我丢了衣服，她就拿来，我断不敢受。你拿回去千万谢你们奶奶，承你奶奶的情，我算领了。"倒拿个荷包给了丰儿，那丰儿只得拿了去了。不多时，又见平儿同着丰儿过来，岫烟忙迎着问了好，让了座。平儿笑说道："我们奶奶说，姑娘特外道的了不得。"岫烟道："不是外道，实在不过意。"平儿道："奶奶说，姑娘要不收这衣裳，不是嫌太旧，就是瞧不起我们奶奶。刚才说了，我要拿回去，奶奶不依我呢。"岫烟红着脸笑谢道："这样说了，叫我不敢不收。"又让了一回茶。（第九十回）岫烟遇事处处让人而又克己，但自尊心很强，所以不肯收受凤姐的馈赠。平儿与丰儿第二次来送衣服，谦敬诚恳，更且言辞得体，无懈可击，岫烟只

得收下。平儿的善良和好心，岫烟久已闻名，她不能拂了凤姐和平儿双重的好意。

王熙凤的这种善举，既是作为贾府总管应负的职责，也是她本人优秀品质的一种体现，凤姐在这方面是风度优雅而又豪放、慷慨的。

2. 十全十美的巧丫鬟金鸳鸯

鸳鸯（改琦《红楼梦图咏》）

金鸳鸯是贾母的大丫头。父亲姓金，是家生奴，世代在贾家为奴。父母甚受贾府信任，在南京为贾家看房子。哥哥是贾母房里的买办，嫂子是贾母房里管浆洗的头儿。

鸳鸯凭着非凡的才华，由丫头演变成为贾母的心腹、荣国府的总管。她知书识字——她给惜春送行时，惜春笑问道："你写不写？"鸳鸯道："姑娘又说笑话了。那几年还好，这三四年来姑娘见我还拿了拿笔儿么。"……惜春道："这样说来，老太太做了观音，你就是龙女了。"鸳鸯道："那里跟得上这个分儿。却是除了老太太，别的也服侍不来，不晓得前世什么缘分儿。"（第八十八回）

她谦称"除了老太太，别的也服侍不来"，她离不开老太太，是因为"不晓得前世什么缘分儿"。实际上是贾母离不开她，除了她，无人可使贾母满意。贾母对鸳鸯的总体评价是："虽年长，幸

心细；能知意，且稳重；既守份，又擅言。给个真珠人也不能换。"具体来说，贾母认为："鸳鸯那孩子还心细些，我的事情……该要的，他就要了来；该添什么，他就趁空儿告诉他们添了。……我凡做事的脾气性格儿，他还知道些儿。他二则也投主子的缘法。"

李纨说："大小都有个天理：比如老太太屋里，要没鸳鸯姑娘，如何使得？从太太起，哪一个敢驳老太太的回？她现敢驳回——偏老太太只听她一个人的话。老太太的那些穿戴的，别人不记得，她都记得。要不是她经营着，不知叫人诓骗了多少去呢！况且她心也公道，虽然这样，倒常替人上好话儿，还倒不倚势欺人的。"惜春道："老太太昨日还说呢，她比我们还强呢！"老太太竟然公开表示鸳鸯比小姐们"还强"，小姐们也竟然心服口服。贾母曾对邢夫人强调："这几年，一应事情，他说什么，从你小婶和你媳妇起至家下大大小小，没有信的。所以不单我得靠你小婶，媳妇也得省心。"

这是指鸳鸯代表贾母发号施令或处置事情，皆能得心应手。

在公开场合，例如贾母打牌，她坐在旁边出主意，又暗示陪玩者如何出牌，控制牌局；尤其是在生日节庆时，贾母召集大家一起欢饮。为了提高情趣、活跃气氛，酒席上要吟诗作对，行酒令，她作为贾母的首席助手，代表贾母的权力，做行令官。她充分展示贾母的威信和品格，下令："酒令大如军令，不论尊卑，唯我是主，违了我的话是要受罚的。"气势雄浑，威风凛凛，令出必行，无论王夫人、王熙凤、薛姨妈还是众小姐，都服服帖帖。妙在她本人的应答，精彩漂亮，使人钦敬；而暗中又对贾母特作关照，在每一次行令中都能投老太太之好，让贾母开心而轻松，舒服畅快地与后辈一起玩乐，在场者也因贾母快乐而快乐，人人开怀，个个欢笑。雅

令既要引经据典，更要分韵联吟；通令既要杯温思成，又要即席应对。行令者还要能听懂各人或俗或雅的俗语或诗句，而行令者自己，全靠文采斐然和言辞敏捷，才能活跃场面，令人欢快。

鸳鸯（王墀《增刻红楼梦图咏》）

她在训斥嫂子劝她嫁给贾赦做小妾时，开口即说："什么'好话'！宋徽宗的鹰，赵子昂的马，都是好画儿。什么'喜事'！状元痘儿灌的浆儿又满是喜事。"（第四十六回）咬文嚼字，满口典故。

在暗中，她协助贾母处置难事。例如贾母担心特来给她拜寿的远房亲戚喜鸾和四姐两个寒素小姐遭到府内势利眼的轻视，本要打发婆子去传话，鸳鸯心知婆子传话没有效果，必须自己出马才行。她扔下一句："我说去罢，他们那里听他的话？"未等贾母点头，便一径往园子里来（第七十一回）。

另如在凤姐等人安排下，刘姥姥作酒席上装疯卖傻，逗笑众人，让贾母取乐。事后，鸳鸯对刘姥姥笑赔不是，既为主人补台，也显示了她本人心底的善良和真诚，她不想让贫苦老妇受到心灵的伤害。

本书在评论贾母时业已言及，鸳鸯是贾母身边的总管和代理。不仅贾母个人所有的财产都由鸳鸯保管，在整个贾府，名义上是王夫人管家，凤姐做帮衬，实际上是凤姐在总负责，但凤姐如有不周到或力所不逮之处，要靠鸳鸯出面出力帮助。这时，鸳鸯代表贾母

行使权力，而鸳鸯每次总是完美地完成疑难任务。鸳鸯每次出面出力解决难题时，既维护和伸张了贾母的威信，更维护和发展了贾府的和谐。贾母在贾府能够保持威信、权力，鸳鸯起了很大的作用。鸳鸯能起作用，是贾母极端信任和放手的结果。

身处贾府高层，她的慧眼和慧思，使她对贾府的一切心知肚明，了若指掌。

例如她对王熙凤的观察和评价，精确而深入。王熙凤看待鸳鸯其人，评价是"鸳鸯素习是个可恶的"。但她自觉过分，补了一句："鸳鸯是个正经女儿。"前句说明鸳鸯行事公正，平时不怕得罪王熙凤；后句还是说明鸳鸯行事公正，王熙凤抓不到鸳鸯任何把柄，只得承认她的"正经"。鸳鸯评论王熙凤说：

"罢哟，还提'凤丫头''虎丫头'呢。他的为人，也可怜见儿的！虽然这几年没有在老太太、太太跟前有个错缝儿，暗里也不知得罪了多少人。总而言之，为人是难做的：若太老实了，没有个机变，公婆又嫌太老实了，家里人也不怕；若有些机变，未免又'治一经损一经'。如今咱们家更好，新出来的这些底下字号的奶奶们，一个个心满意足，都不知道要怎么样才好，少不得意，不是背地里嚼舌根，就是调三窝四的。我怕老太太生气，一点儿也不肯说；不然，我告诉出来，大家别过太平日子。"（第七十一回）

这番评论将人口众多、财产丰裕的大家族中"清官难断家务事"的错综复杂，揭示得入木三分，将王熙凤的功绩和难处看得公正而透彻。这番评论以善良作底，言语中间充溢着悲天悯人的感怀，精辟而深沉。由此可见，鸳鸯的精神境界远高于凤姐。

作为美丽的丫头，她长得蜂腰削肩，鸭蛋脸，乌油头发，高高

的鼻子，更兼肤白体香。觊觎她美色的人很多，甚至引得贾赦硬要娶她作妾。鸳鸯宣布绝不做小老婆，她对前来劝说的嫂子说：

> 怪道成日间羡慕人家的丫头做小老婆，一家子都仗着他横行霸道的，一家子都成了小老婆了！看的眼热了，也把我送在火坑里去。我若得脸呢，你们外头横行霸道，自己封就了自己是舅爷；我要是不得脸，败了时，你们王八脖子一缩，生死由我去！

鸳鸯对于小老婆家属的心思和损人利己的态度了若指掌。她看透年老花心的贾赦的种种卑劣、样样无能，宣布："别说大老爷要我做小老婆，就是太太这会子死了，他三媒六征的娶我去做大老婆，我也不能去。"公开鄙视其人，以死抗争。

鸳鸯才华突出，威高势重，她到王熙凤屋里去，凤姐和贾琏都赶紧站起来让座，凤姐敬称她"鸳鸯姐姐"。可是鸳鸯待人则谦逊、温和，行事低调而隐蔽。对待同类——身为奴婢的丫头，惺惺相惜，心心相印，乐于助人。

例如心高气傲的司棋，正与表弟潘又安幽会，她无意中撞见，鸳鸯申明为她保密。事后司棋怀疑事发，因惊恐而病重，鸳鸯立即推断出司棋小命危险的根由，自己反过意不去，立即去看望司棋，向司棋赌咒发誓说："我若告诉一个人，立刻现世现报！你只管放心养病，别白糟蹋了小命儿！"鸳鸯还陪她伤心、酸心、流泪痛哭。她的真诚担当和热忱劝慰，救了苦难中的姐妹的性命。要知道这时她已为拒绝贾赦的逼婚而陷入绝境，只能以死抗争，而她还为别人的"死罪"担当，如此出手救人，真如龚自珍的名诗名句所说的："亦剑亦侠亦温柔"。

王熙凤和金鸳鸯，两人一是主人，一是丫鬟，但她们都是总管，鸳鸯是贾母的财政总管，并代表贾母与凤姐联系，传达贾母的旨意，是贾府最高领导贾母的代表。曹雪芹将两人作比较性的叙述，醒目且有深意。

七、妙玉和李纨：绝境中的不同智慧

妙玉和李纨，是陷于绝境中的两位美好的女子。妙玉是尼姑，李纨是寡妇，两人的生活前景一片黯淡，毫无生趣，真正是绝境中的苦命人物。但两人都富有勇气和智慧，令人钦敬。

1. 才貌双全的俏尼姑

妙玉是《红楼梦》中的主要人物，她是金陵十二钗中唯一一个与四大家族没有亲戚和姻缘关系的女子，在十二金钗正册中她排名第六，在王熙凤之前。可见妙玉是曹雪芹珍爱的人物之一，故而也是贾宝玉敬重和珍爱的人物之一。虽然在前八十回正面出场仅两次，但曹雪芹都将她写得气势不凡。

妙玉是一个带发修行的出家人。林之孝家的向王夫人介绍妙玉的来历说：她"本是苏州人氏，祖上也是读书仕宦之家，因自幼多病，买了许多替身，皆不中用，到底这姑娘入了空门，方才好了，所以带发修行。今年十八岁，取名妙玉。如今父母俱已亡故，身边只有两个老嬷嬷、一个小丫头服侍，文墨也极通，经典也极熟，模样又极好。因听说长安都中有观音遗迹并贝叶遗文，去年随了师父上来，现在西门外牟尼院住着。他师父精演先天神数，于去冬圆寂了。遗言说他：'不宜回乡，在此静候，自有结果。'所以未曾扶灵回去。"（第十九回）王夫人让她居于大观园中栊翠庵。妙玉日常除

妙玉（改琦《红楼梦图咏》）

了念经拜佛外，就是吟诗、品茶、听琴、下棋、观花。

妙玉美丽娴雅、聪颖博学、卓有才华，但也极端孤傲、清高，自称是"槛外人"。她爱读庄子的文章，自认为是畸零之人，邢岫烟说她"为人孤癖，不合时宜"。不合时宜，是看破红尘，享受孤独。但她的家财丰厚，过着悠闲豪华的日子；又因为她的心灵能与天、宇宙、自然自由交流，所以自感很有尊严，很有价值，不可轻亵，凛然莫犯。

妙玉因年幼多病，家长恐怕她养不大，才让她出家入了空门；可是舍不得她吃苦，所以让她带发修行。

在古代，如果家长怕自己的孩子养不大，或自幼有病必将养不大，就采取多种方法来避灾。

一种是给孩子取名和尚，或取贱名，如动物名等。

宋代笔记《道山清话》（佚名著）记载："一长老在欧阳公（指欧阳修）座上，见公家小儿有名僧哥者，戏谓公曰：'公不重佛，安得此名？'公笑曰：'人家小儿要易长育，往往以贱名为小名，如狗、羊、犬、马之类是也。'闻者莫不服公之捷对。"宋代王辟之著《渑水燕谈录》："公（指欧阳修）幼子小名和尚。"

鲁迅说："名孩子为'和尚'，其中是含有迷信的。"这是因为：

其实，这位道学先生是诡辩。中国有许多妖魔鬼怪，专喜

欢杀害有出息的人，尤其是孩子；要下贱，他们才放手、安心。和尚这一种人，从和尚的立场看来，会成佛——但也不一定——固然高超得很，而从读书人的立场一看，他们无家无室，不会做官，却是下贱之流。读书人意中的鬼怪，那意见当然和读书人相同，所以也就不来搅扰了。这和名孩子为阿猫阿狗，完全是一样的意思：容易养大。①

第二种是让孩子离家，住在别处。

一个母亲连生几个孩子，都死了，再生孩子，怕也养不大，就将他寄养在别处。

例如《旧唐书·后妃传上》：玄宗宠爱的"（武）惠妃开元初产夏悼王及怀哀王、上仙公主，并襁褓不育，上特垂伤悼。及生寿王瑁，不敢养于宫中，命宁王宪于外养之"。

《新唐书·后妃传上》也说："妃生子必秀嶷，凡二王、一主，皆不育。及生寿王，帝命宁王养外邸。"

唐玄宗宠爱的武惠妃连生二子、一女，皆婴幼时即死。她生第四个孩子李瑁（封寿王，初娶杨玉环，杨玉环被父皇夺走为妃后，另娶），玄宗就让宁王抚养此儿于宫外的王邸。

让孩子离开父母，住在别处，还有一个原因是父母克子女或子女克父母。

例如现代著名诗人艾青，1910 年出生于浙江金华的一个地主家庭。他是家中长子，但一出生便被判定为是"克父母的命"，被寄

---

① 艾青：《在汽笛的长鸣声中》，载《读书》1979 年第 1 期。

养在当地一个贫困的农妇家中。① 命相学认为，将克的双方用空间距离隔开，是避免相克的有效方法。

第三种是拜和尚为师。鲁迅《我的第一个师父》回忆自己拜和尚为师的经历说：

> 还有一个避鬼的法子，是拜和尚为师，也就是舍给寺院了的意思，然而并不放在寺院里。我生在周氏是长男，"物以稀为贵"，父亲怕我有出息，因此养不大，不到一岁，便领到长庆寺里去，拜了一个和尚为师了。拜师是否要赞见礼，或者布施什么的呢，我完全不知道。只知道我却由此得到一个法名叫作"长庚"……还有一件百家衣，就是"衲衣"，论理，是应该用各种破布拼成的，但我的却是橄榄形的各色小绸片所缝就，非喜庆大事不给穿；还有一条称为"牛绳"的东西，上挂零星小件，如历本、镜子、银筛之类，据说是可以避邪的。

> 这种布置，好像也真有些力量：我至今没有死。②

第四种方法是认出家人或菩萨为继父。

自20世纪80年代至现在，在不少报刊上，颇有此类的纪实文学和报道。例如原上海中国画院副院长、中国艺术研究院篆刻创作院院长、西泠印社副社长韩天衡，他从娘胎出生多日后一直睁不开眼睛，父母在邻居的建议下，请一位上了年纪的瞎子算命先生根据他的生辰八字算命，测测凶吉。算命先生说："贵子慧根深厚，今后一定会聪明超群，很有出息。""要使孩子眼睛早些睁开，要做两

---

① 鲁迅：《且介亭杂文附集·我的第一个师父》，见《鲁迅全集》第六卷，人民文学出版社2005年版，第596页。

② 同上，第596~597页。

件事，一是要破相，二是要到城隍庙去拜将军剑菩萨做干爹。"第二天，韩母抱着小振权（韩天衡）到城隍庙大殿向将军剑菩萨烧香叩头，拜其为干爹。第三天早上，当韩母为小振权喂奶时，一双明亮乌黑的小眼睛在她眼前闪烁："嗨，眼睛睁开了，睁开了。"……从此，振权每年都到城隍庙向将军剑菩萨烧香还愿，一直到20世纪50年代末。50多岁后，他还在上海青浦找到了又一尊将军剑菩萨，并请程十发先生专门为他画了一个干爹——将军剑菩萨，以继佛缘。①

第五种，将孩子舍入寺庙为僧尼。这是最彻底的方法。

如20世纪的名僧圆瑛大师的弟子、上海龙华寺方丈明旸法师（1916～1992），其父陈金南是律师兼农场经理，母亲蒋树英任福州刺绣学校校长兼刺绣工厂厂长。其父母都是社会地位和经济地位很高的现代知识分子、成功人士，可是他才十岁，父母就让他披剃出家，依随圆瑛大和尚为僧。其原因显是预测他会夭折，寿数不永，父母才会忍痛割爱：与其早死，孩子终保不住，还不如令其出家，得享永年。

妙玉就是这样。

《红楼梦》中对妙玉的描写有以下7次：

第一次：第十七至十八回通过林之孝家的介绍，叙述妙玉身世来历。

第二次：第四十一回上半回，贾母带领刘姥姥一行人到栊翠庵品茶，妙玉给贾母泡茶的水只是"旧年蠲的雨水"，暗中单请钗、黛饮"体己茶"，给她们和跟来的宝玉则用的是"收的梅花上的雪"

---

① 王琪森：《金石书画铸春秋》（2），载《新民晚报》2009年11月30日。

水。这是妙玉第一次出场。

第三次：第五十回上半回，宝玉因芦雪庵联诗"落第"，被罚去栊翠庵求取红梅，并作《访妙玉乞红梅诗》。

第四次：六十三回上半回，宝玉生日时收到署名槛外人的妙玉"遥叩芳辰"的笺帖。

第五次：第七十六回下半回，中秋夜湘、黛联诗，妙玉续完。

第六次：第八十七回，妙玉与惜春下棋时，宝玉来访，并送她回庵。妙玉半夜打坐时走火入魔。

第七次：第一百十七回，贾府子弟议论妙玉结局的传闻。

林之孝家的首次向王夫人介绍妙玉的来历和她到贾府的过程时，还自然地带出妙玉孤高傲人的性格介绍：

> 王夫人便道："这样我们何不接了他来？"林之孝家的回道："若请他，他说：'侯门公府，必以贵势压人，我再不去的。'"王夫人道："他既是宦家小姐，自然要性傲些。就下个请帖请他何妨。"林之孝家的答应着出去，叫书启相公写个请帖去请妙玉，次日遣人备车轿去接。

贾府非常尊敬出家人，王夫人对妙玉的高傲一点也不反感，而且还十分理解和尊重。妙玉在这样的情势下安居于贾府的家庵，如鱼得水，生活得很安定和舒畅。

妙玉在贾府中只与大观园中的黛玉、宝钗、宝玉、惜春建立了友谊，另有半师半友之谊的邢岫烟，还与史湘云联句写诗。其中惜春与妙玉有共同的佛教信仰，与妙玉有谈经论佛的共同语言。宝玉对高雅美丽、清高脱俗的妙玉极有好感，极为敬重。宝玉因妙玉对自己的特殊亲切看待，深为感动，视妙玉为知己。

　　她与家境困顿、生活拮据的邢岫烟"关系极好"，可见妙玉虽然孤高，却绝不嫌贫爱富。

　　妙玉更不趋炎附势。贾母是贾府的最高长辈，且治家有方，善待府内外的青年女子。贾母带了刘姥姥至栊翠庵来随喜。妙玉给贾母成窑小盖钟喝茶，给予贾府长者应有的敬重和礼遇。给贾母泡茶的水不用最好的水，在接待贾母和刘姥姥之后，妙玉就把宝钗、黛玉的袖子一拉，去喝"体己茶"了，给宝钗、黛玉和宝玉用最好的茶器泡最好的水。贾母他们吃完茶走出栊翠庵的时候，妙玉"并不甚留，回身便将门闭了"。而后来七十六回，同样的场景，联完诗后妙玉把黛玉、湘云送至门外，一直目送她们走远，看不见她们的背影后才将院门关闭了。这个鲜明的对比就很好地说明了妙玉绝不是嫌贫爱富的人。

　　她与黛玉一样，有洁癖，厌恶粗野之人，且因孤高而不掩饰。妙玉讨厌刘姥姥，更清楚刘姥姥是一个低贱的农妇，她也用名贵的茶杯奉茶。她固然因嫌脏，将此杯奉送给刘姥姥，但她也可在人后丢弃此杯，她赠送刘姥姥卖钱度日，心地淳厚。

　　邢岫烟向宝玉介绍她与妙玉的半师半友关系：

　　　　他常说，古人中自汉、晋、五代、唐、宋以来，皆无好诗，只有两句好，说道：'纵有千年铁门槛，终须一个土馒头。'所以他自称'槛外之人'。又常赞：'文是庄子的好。'故又或称为'畸人'。他若帖子上是自称'畸人'的，你就还他个'世人'。'畸人'者，他自称是畸零之人，你谦自己乃世人扰扰之人，他便喜了。如今他自称'槛外之人'，是自谓蹈于铁槛之外了，故你如今只下'槛内人'，便合了他的心了。"

宝玉听了，如醍醐灌顶，"嗳哟"了一声，方笑道："怪道我们家庙说是铁槛寺呢，原来有这一说。姐姐就请，让我去写回帖。"岫烟听了，便自往栊翠庵来。

宝玉回房，写了帖子，上面只写"槛内人宝玉熏沐谨拜"几字。亲自拿了到栊翠庵，只隔门缝儿投进去，便回来了。

（第六十三回）

妙玉是一个很重感情的人，当相别十年后再次见到故交岫烟，与她的感情"更甚当日"，是他乡遇故知的情谊。中秋夜和黛玉、湘云联诗"十三元"，她们的感情富于诗意，洋溢着对高雅艺术、对审美追求的热情，黛玉赞妙玉为"诗仙"。

程伟元和高鹗整理的《红楼梦》第八十七回描写妙玉走火入魔。

这日，宝玉忽然想起惜春有好几天没见，便信步走到蓼风轩来。惜春正与妙玉下棋，妙玉用"倒脱靴势"吃了惜春的棋。

宝玉与妙玉施礼，笑问："妙公轻易不出禅关，今日何缘下凡一走？"妙玉听了，忽然把脸一红，也不答言，低了头自看那棋。宝玉自觉造次，连忙赔笑道："倒是出家人比不得我们在家的俗人。头一件，心是静的。静则灵，灵则慧。"宝玉尚未说完，只见妙玉微微地把眼一抬，看了宝玉一眼，复又低下头去，那脸上的颜色渐渐地红晕起来。宝玉见她不理，只得讪讪地在旁边坐了。

她们不再下棋，妙玉痴痴地问宝玉："你从何处来？"宝玉转红了脸，答应不出来。妙玉微微一笑，自和惜春说话。惜春也笑道："二哥哥，这什么难答的？你没有听见人家常说的'从来处来'么？这也值得把脸红了，见了生人的似的。"妙玉听了这话，想起自家，

心上一动，脸上一热，必然也是红的，倒觉不好意思起来。因站起来说道："我来得久了，要回庵里去了。"并笑道："久已不来，这里弯弯曲曲的，回去的路头都要迷住了。"宝玉道："这倒要我来指引指引，何如？"妙玉道："不敢。二爷前请。"于是二人别了惜春，离了蓼风轩，弯弯曲曲，走近潇湘馆，忽听得叮咚之声。妙玉道："那里的琴声？"宝玉道："想必是林妹妹那里抚琴呢。"说着，二人走至潇湘馆外，在山子石上坐着静听，甚觉音调清切。听到后来，妙玉哑然失色道："如何忽作变徵之声？音韵可裂金石矣！只是太过。"宝玉道："太过便怎么？"妙玉道："恐不能持久。"正议论时，听得君弦"蹦"的一声断了。妙玉站起来，连忙就走。宝玉道："怎么样？"妙玉道："日后自知，你也不必多说。"竟自走了。弄得宝玉满肚疑团，没精打采地回到怡红院中。

妙玉精通古琴艺术，听懂黛玉琴曲的美妙和深意，更能听出黛玉抒情之"太过"和断弦的象征、预兆。

她与宝玉在惜春处邂逅，不防宝玉开口即言"下凡"。此语本是恭维妙玉是仙界妙人，可望而不可即，今偶露真身，是否仙女"下凡"？可是"下凡"的另一义是还俗婚配，是"思凡"即向往爱情婚姻的结果，因此害得妙玉脸红。又因宝玉此语恭维妙玉是从仙界来，所以她问宝玉："你从何处来？"与之问答，本蕴禅意，宝玉的迟钝和惜春的解释，将妙玉和宝玉拉成熟人，妙玉再次脸红。宝玉是人喜人爱的翩翩佳公子，妙玉周围也只接触到这么一个"白马王子"，在潜意识中对他有好感。而她是年幼无知时由家长送入空门的，道心不如自觉出家修行者坚定；且带发修行者，随时可以还俗婚配，所以潜意识中柔情荡漾，这股情意不易割断。于是——

　　妙玉归去，早有道婆接着，掩了庵门，坐了一回，把《禅门日诵》念了一遍。吃了晚饭，点上香，拜了菩萨，命道婆子自去歇着。自己的禅床靠背俱已整齐，屏息垂帘，跏趺坐下，断除妄想，趋向真如。

　　坐到三更以后，听得房上一片响声，妙玉恐有贼来，下了禅床，出到前轩，但见云影横空，月华如水。那时天气尚不很凉，独自一个凭栏站了一会，忽听房上两个猫儿一递一声厮叫。那妙玉忽想起日间宝玉之言，不觉一阵心跳耳热，自己连忙收摄心神，走进禅房，仍到禅床上坐了。怎奈神不守舍，一时如万马奔驰，觉得禅床便晃荡起来，身子已不在庵中。便有许多王孙公子要来娶他，又有些媒婆扯扯拽拽扶他上车，自己不肯去。一会儿，又有盗贼劫他，持刀执棍的逼勒，只得哭喊求救。

夜半打坐，房上的响声干扰了妙玉打坐，妙玉恐有贼来，从打坐中突然惊醒，最为犯忌，是走火入魔的第一因素。夜色中听到两个猫儿正在交配的欢愉声，这才使妙玉想起日间宝玉的"下凡"之言，挑起妙玉抑制不住的对爱情的向往，所以心跳耳热，继续打坐时，未能克制，就走火入魔了。她感到许多王孙公子要来娶她，又有盗贼劫她，持刀执棍地逼勒。前者是她日常遇见的常事，后者是她身处毫不安全的庵堂的警惕性，但也恰恰预示了她的人生结局。

　　妙玉最后的结局，是贾府中人听说有惯盗"在城里犯了事，抢了一个女人下海去了，那女人不依，被这贼寇杀了。那贼寇正要逃出关去，被官兵拿住了，就在拿获的地方正了法了。"（第一百十七回）

　　这种结局，是一种高级智慧的体现：首先，长痛不如短痛，以死抗争，宁为玉碎不为瓦全，非常符合妙玉的性格。第二，正因为她的死，为官府捉拿贼寇提供了线索，贼寇终于被抓获正法，妙玉也就报了仇了。

　　妙玉作为尼姑没有权利追求恋爱婚姻，这对全心修行的人来说毫无问题。但作为年幼不懂事时，因为父母的安排而出家的青年僧尼来说，他们的出家修行不是自己的志愿，是被迫的，等到长成青年时，有的僧尼就渴望正常的爱情和婚姻。于是就产生了以下几种情况：

　　有的大胆的，就自找机会还俗。例如明代戏曲《僧尼共犯》描写小和尚和小尼姑"思凡"。

　　有的因有人帮助，而与合适者婚配。例如明代高濂的著名传奇《玉簪记》中的陈妙常。其中最精彩的是《琴挑》和《追别》（又名《秋江》）两出。《琴挑》描写书生潘必正用琴声挑逗陈妙常的爱情，陈妙常坚守佛门清规，坚拒潘必正求爱的美意，但心中不免青春荡漾。《秋江》叙述潘必正上京赶考，乘舟而去，陈妙常不舍，雇舟急追，与她依依惜别。

　　有的则大胆与可意的男子私合，例如长篇弹词《玉蜻蜓》以及越剧、锡剧等的同名改编本中的智贞。《玉蜻蜓》描写苏州书生沈桂申逃出家庭，背着妻子与妙龄美女尼姑智贞发生了生死之恋，智贞刚有身孕（他们自己都还不知），他就死于尼庵。智贞为掩盖私情和私生子，将新生婴儿送人，16 年后，其子庵堂认母，智贞坚拒不认，因为明朝的法律规定出家人的私生子不准当官，而她的儿子徐元宰已高中状元。执着的徐元宰情愿不要锦绣前程，也要认亲生母亲，负养育责任，享天伦之乐。他用动人的种种言辞和精彩的比

喻，百折不挠地打动智贞，终于赢得了迟来的母爱，场面极为真挚而动人。这还是悲剧中有喜剧。不少僧尼的私情被发觉，受到严厉制裁，甚至被死刑处死，私生子也被夺走或戕害。

而有的不能与人相爱，只能将自己的愿望深深埋在心底，终老而死。妙玉对宝玉的爱意，就只能埋在心底，但她掩盖不住对宝玉的好感，时有暴露。

2. 才智双全的未亡人李纨

李纨是《红楼梦》的主要人物之一，位于十二金钗排名第十一位。是荣国府长孙贾珠之妻。

贾珠，贾政的头胎嫡长子，与元春、宝玉均为王夫人所生，娶妻李纨，有子贾兰。冷子兴演说荣国府时向贾雨村介绍贾珠："十四岁进学，不到二十岁就娶了妻生了子，一病死了。"（第二回）贾珠不到二十岁（而且是虚年龄）就有妻李纨，还有两个姬妾。如此好色，平时掏空了身体，当然一有病就会早夭。

嫡长子是贾府的继承人。他死了，就将他的幼弟宝玉推到这个位置上。

《红楼梦》早死的人，似乎都比活着的人好。男如贾珠，女如秦可卿、尤二姐和三姐姊妹等。这应了中国的老话："不应该死的死了，应该死的活着。""好人命不长，祸害遗千年。"宝玉不是应该死的祸害，但他的确不是合格的豪门大宅的继承人。

李纨亦系金陵名宦之女，父名李守中，曾为国子监（国家最高学府）祭酒（最高学官）。族中男女无有不诵诗读书者。至李守中继承以来，便说"女子无才便有德"，故生了李氏时，便不十分令其读书，只不过将些《女四书》、《列女传》、《贤媛集》等三四种

书，使她认得几个字，记得前朝这几个贤女便罢了，却只以纺绩井
臼为要，因取名为李纨，字宫裁。因此这李纨虽青春丧偶，居家处
膏粱锦绣之中，竟如槁木死灰一般，一概无见无闻，唯知侍亲养子，
外则陪侍小姑等针黹诵读而已。

李纨作为未亡人，尚有一子名
贾兰，今方五岁。她"唯知侍养
亲子"，是青年妇女的优秀榜样，
所以安排她入住大观园。李纨住处
名为稻香村，"一带黄泥筑就矮
墙，墙头皆用稻茎掩护"，"里面
数楹茅屋。外面却是桑、榆、槿、
柘，各色树稚新条，随其曲折，编
就两溜青篱。篱外山坡之下，有一
土井，旁有桔槔辘轳之属；下面分
畦列亩，佳蔬菜花，漫然无际"。

李纨和贾兰（改琦《红楼梦图咏》）

完全是清心寡欲、自甘寂寞的隐士的住处。在后来探春结社的时
候，李纨就自定"稻香老农"雅号，以隐士自居。李纨在宝玉生日
之夜的酒席上，抽出的签上画着一枝老梅，写着"霜晓寒姿"和
"竹篱茅舍自甘心"，这正是她贞静淡泊、清雅端庄的心灵和处事明
达却又超然物外的生活智慧的真实写照。

《红楼梦》描写李纨参与和发起了两件大事。

第一件大事是凤姐生病，她代理治家之责。

李纨作为长媳，照理应该治理全家，而不是借调王熙凤来担此
责。可是李纨除了养育贾兰这个重任，还要教育儿子读书，这又是

一个重责。这两个任务相加，李纨就没有空闲和心思做其他事情了。而贾府的治理，事多人繁，任务极重，也许一个强者出全力，才能担任。于是王熙凤这个管家就应运而生。

在凤姐不能理事的时候，王夫人将治家之责委托李纨，探春做助手。但实际运作时李纨有意避让，由探春主持，李纨反而成为探春的助手。此因李纨抚育、教育儿子任务重，不能接受这个治家要务；二则她是个"温良恭俭让"的谦谦君子，有好事总是谦让别人，有意让探春舒展才华，用探春的刚烈作风严治下人，取得实效。而探春没有她无私的全力支持，作为一个资历尚浅的庶出少女发号施令，也难有作为。

第二件大事是第一个倡导大观园里举办诗社。二月二十二日，众姑娘搬进园内。仅过一个月左右，李纨就提出要办诗社。可是直到将近半年以后的八月，贾探春才想起此事，重捡李纨的构想，发出帖子，邀集众人创办诗社。李纨并不争功，立刻到探春那儿报到，称赞贾探春"雅的很"。又出大力支持探春和诗社：她发动姐妹们当天即办第一期诗歌创作活动，自荐为掌坛人，献出自己的居处稻香村作为社址；肯定林黛玉的建议"极是"，不用姐妹叔嫂俗称，"大家起个别号"，她带头起了别号"稻香老农"；出了个人人叫好的主意，邀王熙凤做监社御史，要她出资做诗社经费；提出了诗社第一社的诗题——咏白海棠。

凤姐起先不想出钱，她每年每月的收入丰厚，却不肯自己拔毛。李纨寡母孤儿的，当然要积谷防饥，养儿防老，不能为这种闲事承担经济全责。她以攻为守，对王熙凤发动围魏救赵之计，揭发和批判凤姐欺负平儿：

"昨儿还打平儿呢，亏你伸的出手来！那黄汤难道灌丧了狗肚子里去了？气的我只要给平儿打报不平儿。忖夺了半日，好容易'狗长尾巴尖儿'的好日子，又怕老太太心里不受用，因此没来，究竟气还未平。你今儿又招我来了。给平儿拾鞋也不要，你们两个只该换一个过儿（脂本作"过子"）才是。"说的众人都笑了。凤姐儿忙笑道："竟不是为诗为画来找我，这脸子竟是为平儿来报仇的。竟不承望平儿有你这一位仗腰子的人。早知道，便有鬼拉着我的手打他，我也不打了。平姑娘，过来！我当着大奶奶姑娘们替你赔个不是，担待我酒后无德罢。"说着，众人又都笑起来了。李纨笑问平儿道："如何？我说必定要给你争争气才罢。"平儿笑道："虽如此，奶奶们取笑，我禁不起。"李纨道："什么禁不起，有我呢。"

最后王熙凤不得不甘拜下风，说如果不答应李纨，"岂不成了大观园的反叛了！"（第四十五回）

李纨自己既写诗，又评诗，活跃异常。李纨的诗知识广博、内蕴丰富、文笔优美。如：

> 秀水明山抱复回，风流文采胜蓬莱。
>
> 绿裁歌扇迷芳草，红衬湘裙舞落梅。
>
> 珠玉自应传盛世，神仙何幸下瑶台。
>
> 名园一自邀游赏，未许凡人到此来。

诗中诸句，处处洋溢着清高、优雅又豪放的情调。

李纨评诗，贾宝玉称赞"善看，又最公道"，才华杰出的姐妹们都心服口服。尤妙于对落第诗人贾宝玉的惩罚：

在芦雪庵赏雪联句时，李纨有一个出乎人们意料的举动，当宝

玉赛诗落第狼狈之时，她罚贾宝玉去向妙玉请求红梅："今日必罚你。我才看见栊翠庵的红梅有趣，我要折一枝插在瓶。可厌妙玉为人，我不理他，如今罚你取一枝来插着玩儿。"众人都道："这罚的又雅又有趣。"

妙玉与李纨一样，应该心如死灰的，但妙玉是活力四射的青春妙龄女子。有评论者指出宝玉与妙玉，"有着说不清的情谊，大观园内，人人心中有数。李纨分明在用这种惩罚，调侃宝玉，又成全妙玉"。李纨此举体现了对宝、妙两玉"男女友情的一种同情、一种关切、一种鼓励，甚至，也流露出一种羡慕、一种渴望、一种嫉妒。这是难得的窥视李纨内心性意识的冰山一角。不过，她采取的是东方式的可以意会不可语达的诗一般空灵的方式，这是李纨式的'意淫'"。

李纨的诗社创举，使大观园和众姐妹的精神面貌焕然一新。她作为长嫂的引导，让姐妹们尽兴快乐，在诗歌创作中增长才华。她心中隐伏着极为深重的愁苦，却一心让姐妹们快活，满足她们对美好幸福生活的渴望。李纨与姐妹们在一起，完全变了一个人，她也与姐妹们一起发出了爽朗的笑声。（第三十七回、第四十九回、第五十回）

在《红楼梦》里，李纨是两个被人尊为"菩萨"、"佛爷"的人物之一。这是说她的性格"超脱"，与世无争，凡事退后，谦让谨慎。这是人们公认的一面。

可是曹雪芹又写出了另一面：写出李纨性格的光彩，写出李纨社会活动的能量，写出李纨痛责凤姐时保护弱者（孤苦无助的平儿，还有黛玉临终时只有她一人在场照应、"送行"）的正义感、责任感和精巧、有力的辞令。

李纨教育儿子是成功的。每当贾府一家人团聚时，贾兰从不出

现。特别是有着团圆意义的元宵节，几代人欢聚，济济一堂，赏灯取乐，猜灯谜，得彩头，忽然贾政发现不见贾兰，便问："怎么不见兰哥？"李纨起身笑着回道："他说方才老爷并没有去叫他，他不肯来。"大家都笑了，说贾兰"天生的牛心古怪"。（第二十二回）少年人天性好动、好热闹、好胜，希望在众人面前露脸。贾兰躲开所有热闹场合，像他母亲一样"心如枯井"，心无旁骛，因为青春难再，光阴易逝。贾兰如此认真攻读圣贤书，极为不易。

李纨又英明地教育儿子文武双全。一次，宝玉在大观园里无聊闲逛，顺着沁芳溪看了一回金鱼，这时候，忽然那边山坡上两只小鹿箭也似的跑了过来，只见贾兰在后面拿着一张小弓追了下来。宝玉就责备他淘气，贾兰回答："这会子不念书，闲着做什么？所以演习演习骑射。"（第二十六回）文武双全有三个好处：第一身体强壮，不会像他父亲那样身体柔弱，患病而死；第二能够防身，他外出或远出，做母亲的不会牵挂他途中受欺；第三，有了武艺，就多一样为国出力的本领。

于是贾兰的成才是必然的。他进入仕途必能当廉洁的清官、有才华的好官。谁说李纨最后在儿子成功时因年迈而难享富贵？李纨心不在此，她培养儿子的目的是利国利民利家，不是仅仅为了自己享受荣华富贵。有子如此，夫复何求？

李纨是曹雪芹心目中成功的母亲，贾兰是成功的儿子；曹雪芹将这对母子与王夫人、贾宝玉母子做对比描写，是非常高明的。

八、平儿和小红、佳蕙：仁厚聪慧和天才预见

阅尽人间春色和美色的曹雪芹，以他的如椽巨笔，将贵族优秀

女子和底层优秀女子网罗殆尽。他笔下的贾府丫鬟，人才辈出。身居要地的平儿是个出色人物，被摈弃在边缘的小丫鬟小红和佳蕙也不容小觑。

1. 仁厚聪慧的平儿

平儿，起初的来历不明，书中只介绍她是王熙凤的陪房丫头，贾琏之妾。

通过书中的介绍可知：凤姐以前有四个陪房丫头，都打发了，只剩下平儿一个。贾琏作为豪门嫡子如果无妾，舆论将谴责妻子凤姐不贤、妒忌成性。聪明的凤姐就装样子留下平儿一个。

平儿（改琦《红楼梦图咏》）

在醋坛子、凤辣子底下生存的平儿，生活之艰难和痛苦，到了极点。阅女无数的贾宝玉分析平儿的艰难处境说："思平儿并无父母兄弟姐妹，独自一人，供应琏、凤夫妇二人。贾琏之俗，凤姐之威，他竟能周全妥帖，今儿还遭荼毒，想来此人薄命，比黛玉犹甚。"贾琏和凤姐夫妇两人无理欺负平儿最厉害的一次，是凤姐生日，贾琏和鲍二媳妇竟然乘机偷情。凤姐发现后，贾琏和凤姐都恼羞成怒，为遮丑，两人都迁怒平儿，拳脚相加，在她的身上出气。无辜平儿，横遭屈辱，有冤无处诉，逼得几乎觅刀寻死。（第四十四回）

平儿因其"极聪明、极清俊"（第四十四回宝玉的评语），得到

凤姐特殊的"喜爱"。凤姐这样遇事挑剔的人物，当然不喜丑陋之人陪在身边，她喜欢看到清俊的青年男子和女子。而平儿的"极聪明"，对凤姐非常有用，她成为凤姐的"心腹通房大丫头"，得心应手的管家——"一把总钥匙"。

这个评价来自李纨，她曾评论平儿说："我成日家和人说笑，有个唐僧取经，就有个白马来驮他；刘智远打天下，就有个瓜精来送盔甲；有个凤丫头，就有个你，你就是你奶奶的一把总钥匙。""凤丫头就是楚霸王，也得这两只膀子好举千斤鼎，他不是这丫头，就得这么周到了！"（第三十九回）她是凤姐的臂膀。

平儿对凤姐，忠心耿耿，而且因其灵慧多智，随机应变，能配合默契，主动处理各种事情，代凤姐费心，让凤姐少些操劳。例如她知道凤姐与可卿素日亲密，便做主给可卿之弟秦钟备了格外丰厚的见面礼。

平儿深知贾琏与凤姐勾心斗角、各怀鬼胎，她夹在中间，总是恰当调和，避免矛盾激烈爆发，弄得不可收拾。凤姐夫妇两个，一个贪财，平儿深悉凤姐瞒着贾琏私攒体己，当旺儿来送利银时，她便巧妙地为凤姐打掩护，不让贾琏察觉；一个贪色，贾琏和多姑娘私通，平儿从枕套中抖出一绺青丝，发现了这个秘密。她当然反对贾琏背着凤姐寻花问柳，可是事情已经发生了，她为了避免激烈的风波，不向凤姐告发（第二十一回）。这样的处理，在客观上，又让她抓着贾琏和凤姐的把柄，使他们都对她有所顾忌。但是贾琏偷娶尤二姐，这是非同小可的大事，可能危及凤姐的地位，对自己的影响也难以预测，她得到讯息，就立即报告王熙凤。

　　平儿自己在凤姐的淫威下，屈辱度日，她却能尽力帮助善良、柔弱而无助的人。此时，平儿出于正义和公理，并不惧怕凤姐。凤姐虐待尤二姐，平儿见尤二姐善良而过于老实、忍让，她同情尤二姐，不惜引起王熙凤的不满，暗中给予关心和帮助。尤二姐受迫害致死，王熙凤推说没有钱，拒绝治办丧事。平儿偷出二百两碎银子给贾琏，让尤二姐及时入土为安，也免了贾琏尴尬。这都是因为平儿心地极其善良，支配着她的善行。

　　她待人一视同仁，即使对欺凌她的凤姐，也真心相待，关心帮助她，以德报怨，充满善心。平儿处理完"茯苓霜失窃"案后，回房向凤姐汇报，凤姐说道："依我的主意，把太太屋里的丫头都拿来，虽不便擅加拷打，只叫他们垫着磁瓦子跪在太阳地下，茶饭也别给吃。一日不说跪一日，便是铁打的，一日也管招了。……"平儿劝道："何苦来操这心！得放手时须放手，什么大不了的事，乐得不施恩呢。依我说，纵在这屋里操上一百分的心，终久咱们是那边屋里去的。没的结些小人仇恨，使人含怨。况且又三灾八难的，好容易怀上了一个哥儿，到了六七个月还掉了，焉知不是素日操劳太过，气恼伤着的。如今乘早儿见一半不见一半的，也倒罢了。"（第六十一回）从这番话，可见她对凤姐平时健康、生育和生活，对凤姐在贾府的处境观察仔细，能够正确分析形势，处处为她着想。

　　聪明和清醒的平儿深知"水至清则无鱼，人至察则无徒"的真理，劝告凤姐"得放手时须放手"，行使"得饶人处且饶人"的恩威并施、刚柔相济、宽容大度的处事原则，求得大事化小、息事宁人，不伤害弱者和无辜者，使环境和谐。

　　平儿的优秀品质和干练才华，使得凤姐、贾琏不得不倚重她。

平儿代凤姐处理的事情，都非常圆满和得体。她又曾代表凤姐去送邢岫烟衣物，让自尊心极强、拒绝赠送的邢岫烟终于接受凤姐的美意。她曾经代表凤姐支持探春治家，为凤姐和探春做恰当的沟通。连智慧出众的宝钗也极度赞赏，她忍不住过来摸平儿的脸笑道："你张开嘴，我瞧瞧你的牙齿舌头是什么做的。从早起来到这会子，你说这些话，一套一个样子，也不奉承三姑娘，也没见你说奶奶才短想不到，也并没有三姑娘说一句，你就说一句是；横竖三姑娘一套话出，你就有一套话进去；总是三姑娘想到的，你奶奶也想到了，只是必有个不可办的原故……他这远愁近虑，不亢不卑，她奶奶便不是和咱们好，听他这一番话，也必要自愧的变好了，不和也变和了。"（第五十六回）

兴儿向尤二姐介绍平儿为人很好，"背着奶奶常作些个好事"（第六十五回），既帮助了不少弱者，也为凤姐补台。

平儿的正义感很强，在贾赦要强娶鸳鸯之时，她骂贾赦为衣冠禽兽，同情和支持鸳鸯抗婚。

平儿好像是个办案专家，为凤姐侦破和处理了两个案子。

第一个案子，"俏平儿情掩虾须镯"，她的镯子被宝玉房中的小丫头坠儿偷去，她已识破案底，却不愿声张。这样做，一是体谅了宝玉在"女儿"身上的良苦用心，二是保全了宝玉和房内大丫头的面子，三是还避免病中的晴雯为此事恼火、劳神，做到了三全其美。（第五十二回）

第二个案子，"判冤决狱平儿行权"，她处理"茯苓霜失窃"案，在案情大白时，她仍坚持瞻前顾后，既适当诫饬窃取者，宽容窝主，又保护无辜的好人——善良而柔弱的柳家母女免去了一场灾

难，再次成全了宝玉的一片苦心。（第六十一回）

平儿在代凤姐接待刘姥姥时，对刘姥姥极为尊重、谦逊，自己也送她东西。她与刘姥姥的友谊更增长了刘姥姥和凤姐的情谊，为刘姥姥后来出力救助巧姐打下了坚实的感情基础。

凤姐死后，平儿以德报怨，悉心照护她的女儿巧姐。当巧姐被奸叔（贾环）、狠舅（王仁）出卖给藩王做妾时，她协助刘姥姥营救巧姐脱险。

2. 小红和佳蕙的警世名言

小红（改琦《红楼梦图咏》）

小红在宝玉房内当一个小丫头。她本想舒展自己美貌和聪慧的优势，争取接近宝玉，得到宝玉的重视和喜爱，然后改变命运。没有想到宝玉周围的几个大丫头，警惕性极高，防卫的心思和措施十分严密，连水也泼不进。她刚开始努力，就受到她们的迎头痛击，令她万念俱灰，心中十分郁闷。

同在怡红院中的小丫头佳蕙见她如此，给她分析形势说："可也怨不得你。这个地方，本也难站。就像昨儿老太太因宝玉病了这些日子，说服侍的人都辛苦了，如今身上好了，各处还许了愿，叫把跟着的人都按着等儿赏她们。我们算年纪小，上不去，我也不抱怨；像你怎么也不算在里头？我心里就不服。袭人哪怕他得十分儿，也不恼他，原该的。说句良心话，谁能比他呢？别说他素日殷勤小心，

就是不殷勤小心，也拼不得。只可气晴雯、绮霞他们这几个都算在上等里去，仗着宝玉疼他们，众人就都捧着他们。你说可气不可气？"

小红（王墀《增刻红楼梦图咏》）

小红道："也犯不着气他们。俗话说'千里搭长棚——没有个不散的筵席'。谁守一辈子呢？不过三年五载，各人干各人的去了；那时谁还管谁呢？"这两句话不觉触动了佳蕙的心肠，她由不得眼圈儿红了，又不好意思无端地哭，只得勉强笑道："你这话说的是。昨儿宝玉还说：明儿怎么收拾房子，怎么做衣裳，倒像有几百年熬煎似的。"

公子、小姐手下的体面丫头如晴雯和探春的丫头侍书，能说会道，伶牙俐齿，是根据眼前情景当场应付，固然聪明过人，但像小红那样，能够将王熙凤多层人事复杂关系的即兴命令执行和复述得思路清晰、井井有条，更为不易，难怪凤姐赞不绝口。不宁唯是，小红在平常事件的言说和分析时，还能随意抛出俗话中的惊世格言，值得钦佩。从创作角度说，小红的这句格言，或是曹雪芹的首创，具有原创性；或是原有此俗语，曹雪芹首次引入文学著作，具有引用的首创性。

两个小丫头辞令精妙，比喻恰切，眼光深远，让我们领略到民间语言的丰富、生动和深刻，也享受到汉语的优美、精粹和畅达。"千里搭长棚——没有个不散的筵席"，固可成为千古名言，而且用

非常生动通俗而又文雅的语言表达了"君子之泽，五世而斩"、"富不过三代"这样的历史格言。而"熬煎"两字也极为传神，既是小丫鬟的生活困境的自然表露，又暗中潜藏下人对主子优裕生活的仇恨，更不期而然地反映了"天地不仁，以万物为刍狗"的哲理思想：不管表面有多少繁华，人生总是一个痛苦的过程，也必有一个痛苦的结局。

佳蕙口中的"倒像有几百年熬煎似的"一语，是曹雪芹的语言独创，更是天才预见。果然，没有几百年，不到 200 年，1949 年后的中国，"贾府和贾宝玉"式的豪富生活就结束了。

第三章

"混世魔王"贾宝玉和众多失败人物

《红楼梦》是带有自传色彩的小说,《红楼梦》的主角贾宝玉就带有作者自己的部分经历和思想。

因此曹雪芹在《红楼梦》全书开首即说:

> 但书中所记何事何人?自己又云:"今风尘碌碌,一事无成……我实愧则有馀,悔又无益之大无可如何之日也。当此日,则自欲将已往所赖天恩祖德,锦衣纨裤之时,饫甘餍肥之日,背父兄教育之恩,负师友规训之德,以致今日一技无成,半生潦倒之罪,编述一集,以告天下。……"

作者自云自己不及他熟知的闺阁裙钗,写出自己的悔恨,用创作《红楼梦》来追记往日"背父兄教育之恩,负师友规训之德",弥补"今日一技无成,半生潦倒之罪","以告天下"。

这就是《红楼梦》的第一主题,即忏悔主题。

后第五回中，警幻忙携住宝玉的手向众仙姬笑道："你等不知原委。今日原欲往荣府去接绛珠，适从宁府经过，偶遇宁、荣二公之灵，嘱吾云：'吾家自国朝定鼎以来，功名奕世，富贵流传，已历百年。奈运终数尽不可挽回，我等之子孙虽多，竟无可以继业者。惟嫡孙宝玉一人，禀性乖张，用情怪谲，虽聪明灵慧，略可望成，无奈吾家运数合终，恐无人规引入正。幸仙姑偶来，望先以情欲声色等事警其痴顽，或能使他跳出迷人圈子，入于正路，便是吾兄弟之幸了。'"贾宝玉的祖先嘱托警幻仙子教育宝玉，希望他改邪归正。

原来是宝玉的祖父宁、荣二公，敦请警幻仙子开导规劝宝玉。可是贾宝玉不听教诲，依然故我。

一、贾府的期望和现实的反差

在《红楼梦》中，贾府特别看重贾宝玉，是因为他是贾母最佳的孙子。因此贾府尤其是贾政和王夫人夫妇，对贾宝玉有着很深的期望。可是贾宝玉不听他们的教训，让他们万分失望。

1. 贾府的期望和贾母的安排

古代社会的豪富人家，一般都以嫡长子为家族的继承人。这个制度是西周成立伊始确定的。西周之前，商朝的王位继承是父传子和兄传弟结合的双轨制，但首先是兄传弟。因为古代人的寿命短，尤其是国君，后妃众多，好逸恶劳，更其短命，所以国君去世时，一般儿子尚小，而兄弟则已成人，于是王位就由年长的弟弟继承。这种兄传弟的状况，必有变化：到执政的幼弟亡故时，一则已经没有弟弟可以继承了；二则人的私心决定偏向自己的儿子，就传给自

己的儿子。而儿子众多，争抢王位的动乱，时有发生；尤其是其兄长的诸多儿子，没有继承的优势，但心有不甘，也会发生变乱。西周开国的周武王逝世后，实际执政者、其弟周公，确立嫡长子继承的制度，并以身作则，带头放弃王位，让武王的嫡长子继位，为周成王。周公的这个英明制度的制定，为西周王朝的稳定和发展起到了极大的作用，因而成为后世历朝历代继承的一个重要制度。不仅皇族、王族如此，豪富人家一般也都如此。20世纪第一国学大师王国维特撰《殷周制度论》名文，分析和总结了这个制度的历史经验和时代意义。

可是天下都有打破规则的事例。曹雪芹的祖上就不遵守这个制度。曹玺死后，因为康熙的特殊安排，庶长子曹寅继任其父的官职。此因曹寅曾作为康熙的伴读和侍卫，两人关系亲密；更因曹寅容貌身材出众、才华出众，康熙给以特别的关爱。

《红楼梦》中的贾府也不是如此。荣国府史太君的两个儿子，长子贾赦不成器，品行也一般，史太君喜欢品行方正、读书比较用功的次子贾政。对第三代，长孙贾琏虽然为家事出力颇多，且经常跑外勤，但不读书，没有文化，贾母特别喜欢次子贾政的儿子贾宝玉。

在《红楼梦》中，主人公贾宝玉是贾府后代中的佼佼者：一则贾宝玉聪明伶俐，读书颇多，是可造之材；二则长相出众，神采飘逸；三则他的长相、身材、音容笑貌，都酷似祖父，即史太君的夫君。

于是贾府对贾宝玉有着异样的期望和安排，对他的期望是：外，重振门庭；内，重振门风。

在古代社会，豪富家庭中富有智慧和远见的祖辈和父母，对子女生活前途的设计是周详的。贾府的最高长辈贾母史太君，对贾宝玉的家庭建立有着深远的计划。在宝玉周围最有可能成为他的情人的林黛玉、薛宝钗、史湘云三人中，她选择远亲中最为出色的少女薛宝钗为贾宝玉的配偶；如果命运给予关照，林黛玉或成为他的第二夫人，或是与宝钗并列的夫人。

贾母还深谋远虑地为他配备了三个侍妾：袭人、晴雯和鸳鸯。袭人为他总管，晴雯协助袭人照顾宝玉的日常起居生活，鸳鸯为他理财。贾母一直未让鸳鸯出嫁，她将鸳鸯为宝玉留着。贾赦强娶鸳鸯不成，说鸳鸯想要嫁宝玉，"情敌"的眼光是正确的。

贾母为贾宝玉建立了一套完美的贤内助班子。宝玉可以一心在外奋斗，这些妻妾为宝玉治家，可以制造出完美的氛围。尤其是薛宝钗，还会是宝玉事业上的高级参谋和心灵上的坚强支撑。

曹雪芹的少年时期，没有得到贾母这样有高度权威的长辈的如此关爱和长远安排，但是他在当时周围美女如云的环境中，选择了几个他心仪、极度喜欢的女子，作为书中宝玉的内政阁员，用艺术手段满足自己的这种完美追求爱情、美人的心理。

2. 贾宝玉一事无成的人生消磨

宝玉获得大观园内外女性的青睐，因为他具有种种优越的先天条件：家世、家境、长相、聪明、素质。但他又缺乏最重要的两项条件：坚强的性格和出众的智慧，他是空心人。

贾宝玉这位翩翩佳公子，只能在浊世中翻滚。这是没有功名、没有战争、没有生活压力、没有前瞻性的忧患意识的严重后果。

可是贾府家长也有清醒的一面，对宝玉的表现，父母很是担

忧。第三回描写林黛玉进贾府的第一天，王夫人一见她就特地关照："你舅舅今日斋戒去了，再见罢。只是有句话嘱咐你，你三个姐妹倒都极好，以后一处念书认字，学针线，或偶一玩笑，却都有个尽让的。我就只一件不放心，我有一个孽根祸胎，是家里的'混世魔王'，今日因往庙里还愿去，尚未回来，晚上你看见就知道了。你以后总不用理会他，你这些姐姐妹妹都不敢沾惹他的。"

贾宝玉（改琦《红楼梦图咏》）

黛玉素闻母亲说过，有个内侄乃衔玉而生，顽劣异常，不喜读书，最喜在内帏厮混，外祖母又溺爱，无人敢管。王夫人继续告诉黛玉："你不知道原故。他和别人不同，自幼因老太太疼爱，原系和姐妹们一处娇养惯了的。若姐妹们不理他，他倒还安静些，若一日姐妹们和他多说了一句话，他心上一喜，便生出许多事来。所以嘱咐你别理会他。他嘴里一时甜言蜜语，一时有天没日，疯疯傻傻，只休信他。"

黛玉听了这番介绍，以为宝玉是令人惹厌的角色，哪想一见宝玉便吃一大惊，原来是个可爱美貌、气息清新的少年。心中想道："好生奇怪，倒像在那里见过的，何等眼熟！"此因两人为前世友人。接着黛玉见到换装的宝玉，"越显得面如傅粉，唇若施脂，转盼多情，语言若笑。天然一段风韵，全在眉梢；平生万种情思，悉

堆眼角"。

这贾宝玉的风韵，可能是曹雪芹根据祖母李氏等人介绍的祖父曹寅青年时的模样描绘的，外表非常完美。但是《红楼梦》中的贾宝玉内里，是曹雪芹自己幼少年时深感后悔的：

> 看其外貌最是极好，却难知其底细，后人有《西江月》二词，批的极确。词曰：

> 无故寻愁觅恨，有时似傻如狂。纵然生得好皮囊，腹内原来草莽。潦倒不通庶务，愚顽怕读文章。行为偏僻性乖张，那管世人诽谤！

> 又曰：

> 富贵不知乐业，贫穷难耐凄凉。可怜辜负好时光，于国于家无望。天下无能第一，古今不肖无双。寄言纨袴与膏粱：莫效此儿形状。

王夫人总评宝玉，和作者借"后人"口吻的自评，一揽子推出了宝玉的表现：不能读书上进，只能在内帏生活中消磨岁月。

另有宝钗，看穿宝玉的无用，称他为"无事忙"的"富贵闲人"。

连小戏子改行做丫鬟的芳官也批评宝玉浪费才华。宝玉酒后醒来，与芳官谈及夏商周三代大受匈奴的压迫，五代北宋大受辽金的压迫，芳官见他既有这样的认识，笑言："你该去操习弓马、学些武艺，挺身出去拿几个反叛来，岂不尽忠效力了，何必借我们，你鼓唇摇舌的，自己开心作戏，却说是你称功颂德呢！"（第六十三回）

宝玉说女子清爽，高于男子。他在青年时代，喜欢与年轻美女

一起亲密相处。不仅与小姐，与丫鬟也不分上下地亲密相处，甚至伏低做小，甘愿为她们效劳，嬉笑度日。

宝玉许愿将来将自己的丫鬟都放出去，给她们自由。

他追求自由婚姻，但不敢反抗家长指定的婚姻。

贾宝玉在贾府中的生活，是失败的人生，一事无成。他软弱无能，连受他连累的美丽丫头金钏、晴雯也无力保护，甚至没有保护她们的意识，遑论放出别的丫鬟。

他四书五经不用功，读书杂学旁收；还毁僧谤道；反对时文、科举，拒绝仕途经济。

曾经有多位与宝玉相好的女子，善意劝说宝玉。她们是袭人、宝钗、湘云。宝玉除因袭人是他特别喜欢的贴身丫鬟、事实上的小妾，怕她绝情离去，不敢得罪之外，他对宝钗和湘云的劝说，竟然恶言相向。

贾宝玉违背贾府的期望，不肯走仕途经济的道路，正如张毕来先生指出的："他自己是懂得'君臣大义'的，但他不履行。他说：'人谁不死，只要死的好。'他讥讽"文死谏，武死战"，而他自己的死，却是道家佛家虚无出世。他希望死后，所爱的人们的眼泪把他的尸首漂起来，送到那鸦雀不到的幽僻去处，随风化了，自此再不托生为人。可见对孔孟的仁义，贾宝玉是个程、朱所说的'自弃之人'，不是那种'自暴之人'。宝玉既未从理论上否定仁义，事实上他就承认仁义。他虽承认仁义，而自己不履行。对于矛盾的解决，他走道家释家的路子。"[1]

---

① 张毕来：《贾府书声》，上海文艺出版社 1983 年版，第 85 页。

3. 一代不如一代：冷子兴评论贾府失败的前景和原因

旁观者清。冷子兴与贾雨村交谈时，精明分析了贾府必将衰败和衰败的原因是"一代不如一代"："古人有言：'百足之虫，死而不僵。'如今虽说不似先年那样兴盛，较之平常仕宦人家，到底气象不同。如今人口日多，事务日盛，主仆上下都是安富尊荣，运筹谋画的竟无一个，那日用排场，又不能将就省俭。如今外面的架子虽没很倒，内囊却也尽上来了。这也是小事。更有一件大事：谁知这样钟鸣鼎食的人家儿，如今养的儿孙，竟一代不如一代了。"

雨村听说，也道："这样诗礼之家，岂有不善教育之理？别门不知，只说这宁、荣两宅，是最教子有方的，何至如此？"子兴叹道："正说的是这两门呢。等我告诉你。当日宁国公是一母同胞弟兄两个。宁公居长，生了两个儿子。宁公死后，长子贾代化袭了官，也养了两个儿子：长子名贾敷，八九岁上死了，只剩了一个次子贾敬，袭了官，如今一味好道，只爱烧丹炼汞，别事一概不管。幸而早年留下一个儿子，名唤贾珍，因他父亲想作神仙，把官倒让他袭了。他父亲又不肯住往家里，只在都中城外和那些道士们胡羼。这位珍爷也生了个儿子，今年才十六岁，名叫贾蓉。如今敬老爷不管事了，这珍爷那里于正事，只一味高乐不了，把那宁国府竟翻过来了，也没有敢来管他的人。再说荣府你听：方才所说异事就出在这里。自荣公死后，长子贾代善袭了官，娶的是金陵世家史侯的小姐为妻。生了两个儿子，长名贾赦，次名贾政。如今代善早已去世，太夫人尚在。长子贾赦袭了官，为人却也中平，也不管理家事，唯有次子贾政，自幼酷喜读书，为人端方正直。祖父钟爱，原要他从科甲出身，不料代善临终遗本一上，皇上怜念先臣，即叫长子袭了

官。又问还有几个儿子，立刻引见，又将这政老爷赐了个额外主事职衔，叫他入部习学，如今现已升了员外郎。这政老爷的夫人王氏，头胎生的公子名叫贾珠，十四岁进学，后来娶了妻，生了子，不到二十岁，一病就死了。第二胎生了一位小姐，生在大年初一就奇了，不想隔了十几年，又生了一位公子，说来更奇：一落胞胎，嘴里便衔下一块五彩晶莹的玉来，还有许多字迹。你道是新闻不是？"

雨村笑道："果然奇异，只怕这人的来历不小。"子兴冷笑道："万人都这样说，因而他祖母爱如珍宝。那周岁时，政老爷试他将来的志向，便将世上所有的东西摆了无数叫他抓。谁知他一概不取，伸手只把些脂粉钗环抓来玩弄，那政老爷便不喜欢，说将来不过酒色之徒，因此不甚爱惜。独那太君还是命根子一般。说来又奇，如今长了十来岁，虽然淘气异常，但聪明乖觉，百个不及他一个，说起孩子话来也奇，他说：'女儿是水做的骨肉，男子是泥做的肉。我见了女儿便清爽，见了男子便觉浊臭逼人。'你道好笑不好笑？将来色鬼无疑了！"

冷子兴评论贾府必定衰败的原因是"一代不如一代"，而其中最重要的是贾宝玉的不争气。宝玉喜欢在年轻女子中混日子，从常人的眼光看来，颇似色鬼。但宝玉与心仪的女子结下的情感是"意淫"。

4. 贾宝玉的意淫与其意义

宝玉一事无成，只是在青年女子中打发青春的岁月。《红楼梦》描写他与这些可爱的女子结下的"意淫"情感，没有实践意义，但在文化史上有思想意义。

王汝梅先生指出：

　　"意淫"的提出和对贾宝玉的形象的塑造，在中国古代性爱史上具有划时代的意义。贾宝玉的形象所体现的"意淫"有多层的含义（也就是说贾宝玉、林黛玉爱情有什么特点）。

　　第一，热爱女性，尊重女性，体贴女性，反对男性中心、男尊女卑。

　　第二，意淫带有浪漫理想色彩。大观园是人世间的桃花源，是情爱的世界。《红楼梦》的以情为核心，写青少年男女的恋情，是浪漫的、理想的。

　　第三，以现代思想观念审视意淫是一种超前意识，具有划时代的性质。贾宝玉、林黛玉之间之所以执着相爱，是因为二人有共同的思想，反对走仕途之路，反对封建伦理，有民主意识，是叛逆者。青年男女相爱，除了思想一致、感情投合之外，不附加金钱、权力等条件，这是现代爱情原则。《红楼梦》写贾、林之间具有现代爱情的特色，展开了一个新的境界，写出了建立在相互了解、思想一致基础上的爱情。

　　《红楼梦》在情爱描写上，更重视情的升华，注意把情与性统一起来。贾、林爱情对传统社会具有颠覆性作用，是通向未来的。①

　　我认为，不仅与林黛玉，宝玉与他所喜欢的女性都如此，这便带有旧时代富贵人家一妻多妾的特点。因此，不能将贾宝玉的言行评价为"革命"、"先进"云云。其所具有的叛逆意味，也仅是一定程度上可以略作认可而已。我们对曹雪芹和《红楼梦》都不能随意

---

　　① 王汝梅：《〈金瓶梅〉〈红楼梦〉合璧阅读》，载《光明日报》2013年1月7日。

拔高其带有现代性的思想意义。

二、宝玉学业失败的原因和结果

作为豪门子弟、青年学子，宝玉的学业失败，有很多原因，也有严重的后果。

贾宝玉学业失败的第一个原因是不喜读经书。

后来贾政严令他重启学业，他想来想去，别无他法，且理熟了书预备明儿盘考。要书舛不错，就有别事，也可搪塞。一面想罢，忙拔衣起来要读书。心中又自后悔："这些日子，只说不提了，偏又丢生了。早知该天天好歹温习

贾宝玉　"第八十二回　老学究讲义警顽心"（《评注金玉缘》）

些。"如今打算打算，肚子里现可背诵的，不过只有《学》、《庸》、二《论》还背得出来。至上本《孟子》，就有一半是夹生的，若凭空提一句，断不能背；至下《孟子》，就有大半生的。算起《五经》来，因近来做诗，常把《五经》集些，虽不甚熟，还可塞责。别的虽不记得，素日贾政幸未叫读的，纵不知，也还不妨。至于古文，还是那几年所读过的几篇《左传》、《国策》、《公羊》、《谷梁》、汉、唐等文，这几年未曾读得，不过一时之兴，随看随忘，未曾下过苦功，如何记得？这是更难塞责的。更有时文八股一道，因平素

深恶，说这原非圣贤之制撰，焉能阐发圣贤之奥，不过是后人饵名钓禄之阶。虽贾政当日起身，选了百十篇命他读的，不过是后人的时文，偶见其中一二股内，或承起之中，有作的精致，或流荡、或游戏、或悲感稍能动性者，偶尔一读，不过供一时之兴趣，究竟何曾成篇潜心玩索？如今若温习这个，又恐明日盘究那个；若温习那个，又恐盘驳这个。一夜之工，亦不能全然温习。因此，越添了焦躁。（第七十三回）

贾宝玉学业失败的第二个原因是喜好野书，爱好广泛而驳杂。宝玉爱好吟诗、填词、作赋、唱曲、看戏、读小说。有限的时间都被荒废了。

当今学业失败的青年也是如此。喜好野书，沉迷在言情小说和武侠小说。爱好广泛和驳杂：玩电脑游戏，玩手机，喜好流行歌曲和足球等。时间和精力都花费在这种地方，当然读不好书。

贾宝玉学业失败的第三个原因是结交纨绔子弟。

宝玉与秦钟相好。贾母一见秦钟，见他形容标致，举止温柔，认为"堪陪宝玉读书，心中十分喜欢"，决定让二人一起上学堂念书，并嘱咐秦钟道："只和你宝二叔在一处，别跟着那些不长进的东西们学。"（第八回）秦钟不喜读书，耽于玩乐，勾搭小尼姑。

宝玉接受薛蟠邀请，与纨绔子弟一起喝酒玩乐。宝玉和冯紫英、蒋玉菡、薛蟠等人与妓女一起饮酒唱曲，席间溜出与蒋玉菡互赠信物。他参与这种狎妓女、玩娈童的荒淫邪道，陷得不深，但时间消磨不少。

近朱者赤，近墨者黑。一个人交友要慎。有关格言很多，例如"毋友不如己者"，"益者三友，损者三友"。有不少人劝说宝玉要结

交良师益友。例如北静王很关心贾宝玉的教育，他先嘱咐贾政"不宜溺爱，溺爱则未免荒失了学业"，接着又热情邀请："若令郎在家难以用功，不妨常到寒邸。小王虽不才，却多蒙海内众名士凡至都者，未有不垂青目的。是以寒邸高人颇聚，令郎常去谈谈会会，则学问可以日进矣！"（第十五回）

史湘云曾劝宝玉说："也该常会会这些为官作宦的，谈讲谈讲那些仕途经济，也好将来应酬事务，日后也有个正经朋友。让你成年家只在我们队里，搅的出些什么来？"（第三十二回）

贾政发现宝玉"在外流荡优伶，表赠私物"，"素日肯和那些人来往"，严刑拷打宝玉。宝钗规劝宝玉之后，黛玉也劝他："你可都改了罢！"宝玉听说，便长叹一声道："你放心。别说这样话。我便为这些人死了，也是情愿的。"（第三十三、三十四回）

贾宝玉学业失败的第四个重要原因是心思都放在女人身上。

纨绔子弟学业失败的主要原因是吃喝赌嫖，也即花天酒地。吃喝，时间花在喝酒和美食上，经常喝得酩酊大醉，第二天也醒不过来。玩女人，除了嫖妓，还有追求看中的美女，消费掉大量的时间和精力。赌博，尤其是日夜沉迷于麻将，也极费时间和精力。

宝玉尚未沉溺于吃喝和赌博，也无嫖妓的劣迹，但他的心思都放在女子身上。

他的身边已有他所爱的袭人、晴雯两个贤惠、美丽的丫头，不满足，他要想将美丽的丫头都收到麾下，一网打尽，于是又看中王夫人身边的两个美丽丫头：彩霞和金钏。

宝玉躺在王夫人的炕上，拉着彩霞的手和彩霞闹。彩霞吓唬宝玉："再闹，我就嚷了。"（第二十五回）彩霞知道宝玉已有喜欢的

袭人、晴雯和金钏，她拒绝宝玉的示爱。

金钏接受宝玉的勾引，结果给王夫人赶出贾府，愤而自杀。

宝玉学业失败的第五个原因是不喜欢八股文。

宝玉曾语气激烈地说道："还提什么念书？我最厌这些道学话。更可笑的是八股文章，拿他诓功名混饭吃也罢了，还要说'代圣贤立言'。好些的，不过拿些经书凑搭凑搭还罢了。更有一种可笑的，肚子里原没有什么，东拉西扯，弄得牛鬼蛇神，还自以为博奥。这那里是阐发圣贤的道理？目下老爷口口声声叫我学这个，我又不敢违拗，你这会子还提念书呢！"

有人八股文写不好，还东拉西扯，弄得牛鬼蛇神，宝玉据此反感八股文。确实有不少人古文和诗词写不好，但东涂西抹、玩弄无病呻吟，难道这样就可以认为古文和诗词也没有必要读了？大观园中诗社也不必办了？这种不合逻辑的论点，是不知世事、思维愚钝、僵化无知的人的蠢话。

宝玉只知其一，有的人的八股文章的确是诓功名、混饭吃；却不知其二，有的人学习、练习、写好八股文，却学到了真本领、大本领。任何学问、本领，都有以上两种人，关键是自己要做哪一种人。

仍以八股文来说，反对科举、讥笑八股文的《儒林外史》，其第十一回"鲁小姐制义难新郎"描写：

> 鲁编修因无公子，就把女儿当作儿子，五六岁上请先生开蒙，就读的是《四书》、《五经》；教她做八股文，对女儿说："八股文章若做的好，随你做甚么东西，要诗就诗，要赋就赋，都是一鞭一条痕，一掴一掌血。若是八股文章欠讲究，任你做

出甚么来，都是野狐禅、邪魔外道！"

这里正面介绍了学好、善做八股文的人的经验之谈，不懂、学不好八股文的人，例如贾宝玉这样的人，是没有这种体会的，因此有以上的谬论。

八股文其实有很多优点，是古近代有效训练青年思维和写作的最佳文体。最近30年，已有多位名家论述八股文的重大优越性和历史意义。

启功先生说："其实'八股'是一种文章形式的名称，它本身并无善恶可言。""由积弊而起的谴谇，不但这种文体不负责，还可以说它是这种文体本身被人加上的冤案。"①

张中行先生指出："使难以出口的成为音调铿锵像是也理直气壮的妙文，是八股文独得之秘（其次才是骈文），因而专就表达能力说，我们了不当小看它。""只说表达方面，值得颂扬的不少。"接着详加阐发八股文艺术上的诸种优点，最后又引友人之言，作结论说："现代文没有技巧，没有味儿，看着没劲。至于八股，那微妙之处，简直可意会不可言传。"又说："由技巧的讲究方面看，至少我认为，在我们国产的诸文体中，高踞第一位的应该是八股文，其次才是诗的七律之类。"②

邓云乡先生早于1983年即为八股文做了更有力的辩护。他强调："一个国家，必然有它各个历史时期的政治组织、经济源泉、

① 启功：《说八股·引言》，见启功、张中行、金克木：《说八股》，中华书局1994年版，第1页。
② 张中行：《〈说八股〉补微》，见启功、张中行、金克木：《说八股》，中华书局1994年版，第77~81页。

教育形式、文化表现、学术成就等等，而这些又都是各代的有才能的人作为主要力量来支持进行的。抽掉了人，便没有了一切。而这些人又都是经过严格的教育锻炼培养出来的。""我们不能一句话否定明、清以来所有的人物，那就不能一句话否定明、清以来的教育成果，""因为明、清两代几乎百分之九十以上知识分子、学者、行政官吏等等，都是由写八股文训练出来的。""为什么明、清两代各个时期均有不少人材涌现出来？"邓云乡又指出学习八股文起了"长期训练的作用"。训练什么？"起到了重要的严格训练思维能力的作用。"思维能力包括记忆力，领会力，思维的敏锐性、概括性、条理性、全面性、逻辑性、辩证性、周密性和深刻性。①

朱东润先生《陈子龙及其时代》反复强调："八股文的作家，不是没有人才的。""明代有名的大臣，如于谦、王守仁、高珙、张居正，哪一个不由八股出身？即以谙练军事、有才有守的重臣而论，如项忠、杨博、谭纶、朱燮元又哪一个不是由八股出身？"又列举明末有大将之才的文人：孙承宗、卢象昇、洪承畴、孙传庭、熊廷弼、袁崇焕皆由八股出身。②

身在八股文盛行的时代，贾宝玉不能体会八股文的优越性，他就受害不轻，成为他学业失败的极为重要的一个原因。

宝玉学业失败的后果很严重。

他浪费了自己的天智和家里极好的教育资源，未能精深掌握儒、道、佛三家文化，没有学到真正的学问，未能因此成为真正

---

① 邓云乡：《"八股文"三问》，见邓云乡：《水流云在杂稿》，北岳文艺出版社1992年版，第165～173页。

② 朱东润：《陈子龙及其时代》，上海古籍出版社1984年版，第168页。

的人。

他牺牲了自己的前途。

他辜负家长的期望，未能为振兴贾府做出应有的贡献。

他无力保护晴雯和金钏、黛玉和鸳鸯，丢弃了袭人。无力实践当初放丫头出去的诺言。

他牺牲了自己的婚姻幸福。

他于国于民无望。

他最后在通过了科举考试的第一关之后，就万念俱灰地出家为僧，度过虚无的一生。对于贾宝玉来说，他既然与众多女子建立了情缘，就不应是出家修行的人。即使不出家，继续努力上进，或许也为时已晚，他得到的还是以上的所有结果，只是最后一条：于国于民，可以做贡献。但他不愿意，他情愿当和尚，因此，他于国于民无望。

曹雪芹为我们写出了这么一个真实的青年形象，其中也带着他本人的于国于民无望的悔恨。

三、红颜知己林黛玉

贾府和大观园中的闺阁精英和美丽丫头，有多位是贾宝玉的梦中情人，所恋时间或长或短，相恋程度或深或浅。其中林黛玉是贾宝玉的唯一红颜知己。

古代知识分子的人生理想是英雄加美人，凝结成两句话："金榜题名时，洞房花烛夜。"文人都希望与佳人结亲。但佳人、优秀女子，则往往红颜薄命，所嫁非人。自从欧阳修《明妃曲》的名句"自古红颜多薄命"问世以来，红颜薄命更成为中国古代文人的

林黛玉（改琦《红楼梦图咏》）

共识。

贾宝玉厌恶金榜题名，与红粉知己、表妹林黛玉洞房花烛则心向往之。

林黛玉名列"金陵十二钗"正册之首，是史太君贾母的外孙女，荣府千金贾敏与巡盐御史林如海之女，姑苏人氏。林如海是前科的探花。林如海之祖，曾袭过列侯，是开国元勋之后，到林如海时已经五世。起初时，只封袭三世，因当时"隆恩盛德，远迈前代"，额外加恩，至如海之父，又袭了一代；至如海，便从科第出身。既是钟鼎之家，又是书香之族。

林黛玉的生日是农历二月十二日。5岁时随父迁居扬州，当时林如海40岁。林如海还有一个比林黛玉小2岁的儿子，但在林黛玉4岁时此儿就死了，所以只剩独女黛玉。黛玉母亲是贾母最小的女儿贾敏，在她6岁时去世。林如海被钦点为巡盐御史一年后，林黛玉去荣国府寄居。

黛玉一家，健康不佳，接连死人。黛玉幼时也体弱多病，3岁时曾有一个癞头和尚要化她出家，在警幻仙姑的册子里也有备案。可是大约父母不舍得，未成，后来年纪轻轻就夭折了。而其父也在黛玉之前死了。《红楼梦》写的3岁即应出家这个伏笔，无人注意，而这个伏笔预示林黛玉的早死。

孔子说：未知生，焉知死？而江南民间认为人的一生，"先注

死，后注生"。注，注定，命中注定。宝、黛二人在进入人世之前，即已决定了这个死的结局：黛玉还泪，泪尽而死。宝玉则出家，最后修行而终。

林黛玉前世原为离恨天上三生石畔一颗绛珠仙草，得赤霞宫神瑛侍者即后来的贾宝玉灌溉，天地灵气而修成人体，为报答神瑛侍者灌溉之恩而转世："他是甘露之惠，我并无此水可还。他既下世为人，我也去下世为人，但把我一生所有的眼泪还他，也偿还得过他了。"

黛玉要还泪，就要哭泣。《礼记·檀弓》曰："哭有二道：有爱而哭之，有畏而哭之。"黛玉来到人世后，两者兼而有之，所以哭得伤心，死得迅捷。

再说宝玉与黛玉在前世，已经结成生死友情，所以今世相见，都有似曾相识之感。

两人初次相见，宝玉看罢，笑道："这个妹妹我曾见过的。"贾母笑道："又胡说了，你何曾见过？"宝玉笑道："虽没见过，却看着面善，心里倒像是远别重逢的一般。"贾母笑道："好，好！这么更相和睦了。"

而黛玉初见宝玉前，听了王夫人对宝玉的不满，黛玉以为宝玉是令人惹厌的角色，哪想一见宝玉便吃一大惊，原来是个可爱美貌、气息清新的少年。心中想道："好生奇怪，倒像在那里见过的，何等眼熟！"

他们两人相互都还依稀记得对方，所以初见之下，都感到"面善"、"眼熟"，似乎是"那里""曾""见过的"。

宝玉初见黛玉，看到的是一个袅袅婷婷的女儿，容貌为"两弯

似蹙非蹙笼烟眉，一双似喜非喜含情目。态生两靥之愁，娇袭一身之病。泪光点点，娇喘微微。闲静似娇花照水，行动如弱柳扶风。心较比干多一窍，病如西子胜三分。"含情脉脉，多愁善感，天生丽质，气质优雅绝俗，是一位"神仙似的妹妹"。

林黛玉是贾宝玉唯一的红粉知己，只有她全盘赞成和支持宝玉反对仕途经济，不劝他用功读书和竭力上进，因此宝玉赞扬："林妹妹从不说这些混账话。"

宝玉和黛玉都是聪明清秀的青年，两人性格相合：痴，走绝端，感情强烈，理想化。

宝玉对黛玉的爱有时也会产生短暂的动摇，此因"一时瑜亮"的黛玉、宝钗的两难选择。金庸武侠小说最能继承这种面对两美的两难选择描写，且能写到极致。而《红楼梦》因薛宝钗深知宝、黛相好，知趣退出，这三角恋爱就没有形成。

宝玉和黛玉之间，没有奸人离间，没有情敌插手，没有家长干涉，而他们两人自始至终吵吵嚷嚷。

两人刚见面，宝玉问黛玉："可有玉没有？"众人都不解。黛玉便忖度着："因他有玉，所以才问我的。"便答道："我没有玉。你那玉也是件稀罕物儿，岂能人人皆有？"宝玉听了，登时发作起狂病来，摘下那玉就狠命摔去，骂道："什么罕物！人的高下不识，还说灵不灵呢！我也不要这劳什子！"吓得地下众人一拥争去拾玉。贾母急地搂了宝玉道："孽障！你生气要打骂人容易，何苦摔那命根子！"宝玉满面泪痕哭道："家里姐姐妹妹都没有，单我有，我说没趣儿。如今来了这个神仙似的妹妹也没有，可知这不是个好东西。"贾母忙哄他道："你这妹妹原有玉来着。因你姑妈去世时，舍

不得你妹妹，无法可处，遂将他的玉带了去，一则全殉葬之礼，尽你妹妹的孝心；二则你姑妈的阴灵儿也可权作见了你妹妹了。因此他说没有，也是不便自己夸张的意思啊。你还不好生带上，仔细你娘知道。"说着便向丫鬟手中接来亲与他带上。宝玉听如此说，想了一想，也就不生别论。

黛玉看望宝钗，看到宝玉已在内，心生不快，就不断借故讽刺宝玉。（第八回）

后来因为看戏时，凤姐提出，湘云响应，说黛玉与小戏子相像，黛玉感到受到了很大的侮辱，大生其气。宝玉想提醒湘云，黛玉看到了宝玉的这个小动作。晚上，睡在贾母房中的湘云、黛玉先后与宝玉怄气。（第二十二回）

宝玉与黛玉产生一系列的摩擦，大大小小的争吵。

后来两人的心思默契了。有一次宝玉让晴雯拿着宝玉的两条半新不旧的绢子到潇湘馆去，晴雯见宝玉无缘无故送旧手绢，"一路盘算，不解何意"。黛玉让她"放下，去罢"。她懂得宝玉的情义。

他们不再争吵了，可是黛玉在婚姻落实之前，还是忧虑失败，自寻烦恼，甚至慢性自杀。

《红楼梦》起先分明描写了林黛玉与贾宝玉的婚事是胜券在握的：

一次，宝玉的脸烫伤了，众人不约而同地去看望。聊天中，凤姐笑着与黛玉开玩笑说："你既吃了我们家的茶，怎么还不给我们家作媳妇？"众人听了一齐都笑起来。林黛玉红了脸，一声儿不言语，便回过头去了。（第二十五回）凤姐当着这么多人的面向黛玉开这个玩笑，可见凤姐从贾母、王夫人处感觉到她们对宝、黛结亲

的打算。

另一次，贾琏的心腹小厮兴儿向尤二姐介绍贾府的情况时也说，宝玉已经"有了（婚姻的对象），只未露形。将来准是林姑娘定了的。因林姑娘多病，二则都还小，故尚未及此。再过三二年，老太太便一开言，那是再无不准的了"（第六十六回）。

贾母原对黛玉极度喜欢和疼爱。贾母陪同刘姥姥游览大观园，到潇湘馆时，刘姥姥因见窗下案上设着笔砚，又见书架上垒着满满的书，便说："这必定是那位哥儿的书房了。"贾母笑指黛玉道："这是我这外孙女儿的屋子。"口气充溢着怜爱、自豪和亲密。（第四十回）

林黛玉失去贾宝玉的婚姻是两大原因造成的。

其一，她与宝玉吵闹。

有一次黛玉怀疑宝玉另有"好姻缘"，嘴里说了出来，宝玉又听见她说"好姻缘"三个字，越发逆了己意，心里干噎，口里说不出话来，便赌气向颈上抓下通灵宝玉，咬牙狠命往地下一摔，道："什么劳什子，我砸了你，就完了事了！"黛玉见他如此，早已哭起来，说道："何苦来，你摔砸那哑巴东西。有砸他的，不如来砸我。"二人闹着，紫鹃、雪雁等忙来解劝，见比往日闹得大了，少不得去叫袭人。袭人忙赶了来，才夺了下来。袭人、紫鹃两个聪明丫头反复劝说，宝、黛却越吵越厉害，惊动贾母、王夫人前来调解，还是贾母带出宝玉去了，方才平服。可是他们两个后来继续赌气，贾母她老人家急地抱怨说："我这老冤家，是那一世里造下的孽障？偏偏儿的遇见了这么两个不懂事的小冤家儿，没有一天不叫我操心。真真的是俗语说的'不是冤家不聚头'了。几时我闭了这眼，

断了这口气，任凭你们两个冤家闹上天去，我眼不见心不烦，也就罢了。偏他娘的又不咽这口气！"（第二十九回）

贾母感到他们如此争吵，她死了也不放心，这将动摇她原本想让他们结亲的念头。

黛玉害怕自己与宝玉的婚姻失败。她为此与宝玉相互试探，因此不断发生误会而争吵。上面一例即如此。误会和争吵恶性循环，后果很不好。

其二，她的身体极差。她多愁善感。花开花落，也会触景生情，引动伤心。平时经常一人独自闷坐，眼睛含泪，也许是想念家乡、回忆亡母、担忧身体，或忧心婚姻。这种情况经常发生。

黛玉听到传闻，以为宝玉真的已与宝钗定亲，千愁万恨堆上心来。左右打算，不如早些死了。于是一天一天地糟蹋起身体来，一年半载，少不得死了清净。打定了主意，被也不盖，衣也不添，合眼装睡。她决定慢性自杀，折腾多时，后知并无此事，白白使健康受到雪上加霜的损害。

贾母、王夫人等人，因黛玉的身体很差、性格急躁而改选健康、稳重、温和的宝钗，是无可非议的。黛玉在宝玉结婚那天去世，可见此前她的体质之差，已经触目惊心了。任何家长都不想娶入病人做媳妇，何况当时宝玉已经是病人。

有人说王夫人和凤姐为了娘家的利益，要将宝钗塞给宝玉，所以用上了调包计。这毫无道理。什么娘家利益？和王夫人、凤姐有什么关系？只要贾母喜欢黛玉，王夫人和凤姐都极力赞同，谁敢反对？

林黛玉日常颇有不智的言行。

其一，气量小，又不信任别人。周瑞家的受薛姨妈之托，送各位小姐珠花，因种种原因，最后送到黛玉手中。黛玉马上翻脸，冷笑着说出自己的怀疑："我就知道，别人不挑剩下的也不给我。"（第七回）她冤枉了薛姨妈的好意和周瑞家的动机。

又如林黛玉对自己最贴心的丫鬟紫鹃，也不敢交心。紫鹃好意出主意，建议黛玉早日设法将与宝玉的婚事决定下来，黛玉不仅不理解紫鹃的美意，还威胁要向老太太告发，将她赶走。

其二，黛玉口齿伶俐，言语快捷。这本是优点，她却用来挖苦、讽刺别人。当宝钗为惜春画大观园出谋划策，还提出一张包括铁锅、水缸、箱子这许多画具的单子的时候，黛玉说恐怕连她的嫁妆也开上了吧？既讽刺宝钗的热情，又给年幼的闺女开尖刻的玩笑，极不得体。尤其是她见贫苦老妇刘姥姥吃东西多，讥讽她是"母蝗虫"，很不厚道。湘云说她"专挑人的不是"，"见一个打趣一个"；小红说她"嘴又爱刻薄人，心里又细"；袭人说："我们一个丫头，姑娘只是浑说！"

黛玉葬花（清嘉庆荆石山民《红楼梦散套》刻本插图）

其三，虚弱多病的体质和抑郁多愁的性格使她以消极眼光观看外界事物。林黛玉创作的诗歌悲观消极，"无赖诗魔昏晓侵"。例如《葬花吟》形容自己的生活环境是"一年三百六十日，风刀霜剑严相逼"，年纪轻轻就经常想到死："花谢花

飞花满天，红消香断有谁怜？""侬今葬花人笑痴，他年葬侬知是谁？一朝春尽红颜老，花落人亡两不知。"这样的情绪，对自己的健康和心理更不利。于是林黛玉短暂的一生，只有非常短暂的欢快时刻，愁苦、忧郁和哭泣，陪伴她迅速走向死亡。

最后，尤其是林黛玉临终谴责宝玉背叛："宝玉，你好……"这是林黛玉对宝玉彻底失去信任的表现，也是她以前对宝玉有怀疑的集中表现。这是错误的，是林黛玉和贾宝玉爱情脆弱的一个表现，曹雪芹真实刻画了封建时代千金小姐的弱点。

四、豪放表妹史湘云

史湘云，金陵十二钗中排名第五，贾母之侄忠靖侯史鼎的侄女，宝玉的表妹。父母早亡，家境败落，依婶娘生活。她生性豁达开朗，一派天真烂漫，故得贾母喜欢，经常来贾府做客居住。

史湘云心直口快，极爱说话，人称"话口袋子"。她热情淘气，爱着男装。大雪天，她身穿里外烧的大褂子，头戴大红猩猩昭君套，围着大貂鼠风领。黛玉笑她道："你们瞧瞧，孙行者来了。他一般的拿着雪褂子，故意妆出个小骚鞑子样儿来。"众人也笑道："偏他只爱打扮成个小子的样儿，原比他打扮女儿更俏丽了些。"（第十九回）"憨湘云醉眠芍药圃"描写她划拳猜枚，饮酒赋诗，呼三喝四，喊七叫八，满庭中红飞翠舞，玉动珠摇。醉酒后在园子里的大青石上睡大觉（第六十二回）。

湘云"英豪阔大"，在诗社，她与宝玉、平儿等烧鹿肉吃。黛玉讥笑他们，湘云冷笑道："你知道什么？'是真名士自风流'，你们都是假清高，最可厌的。我们这会子腥的膻的大吃大嚼，回来却

是锦心绣口。"（第四十九回）

史湘云为人慷慨。她家境不好，但每次来贾府时也不忘带点小礼物给各位姐妹，也礼赠各位丫头。

史湘云善良、侠义，有古道热肠。她要替受欺负的邢岫烟打抱不平，黛玉笑她不自量力："你又充什么荆轲、聂政？"（第五十七回）她对苦命的香菱尤其关心。香菱要学诗，不敢啰唆宝钗，转向湘云请教，她"越发高兴了，没昼没夜，高谈阔论起来"。群芳做射覆游戏，香菱毫无头绪，别人见她慌乱，都含笑旁观，湘云却为她急得抓耳挠腮，不惜私传谜底，不惜作弊，被当场拿获。

湘云与宝玉颇为投缘，感情深厚，但胸襟坦荡，"从未将儿女私情略萦心上"。和薛宝钗一样，她可谓贾宝玉的诤友。她看到宝玉黏住女子的不雅行为，绝不放过。例如她见到贾宝玉要吃胭脂，就一巴掌把胭脂打落，同时骂他"不长进的毛病儿！多早晚才改呢？"（第二十一回）史湘云劝宝玉去会贾雨村时，开导他说："也该常会会这些为官作宦的，谈讲谈讲那些仕途经济，也好将来应酬事务，日后也有个正经朋友。让你成年家只在我们队里，搅的出些什么来？"（第三十二回）宝玉大为光火，像过去对薛宝钗一样，立即斥之为"混账话"，赶她到别屋去坐。宝玉如此给她难堪，她后来还是与他继续友谊。

史湘云第一次正面出场贾府时，与林黛玉同榻而眠，后来回贾府做客，应邀入诗社时，就被薛宝钗拉去蘅芜苑同住了（第三十七回）。这样的描写颇有象征意义：人以群分。史湘云与黛玉疏远，是出于她对黛玉性格缺陷和错误人生价值观的看法最客观、最深入。她口无遮拦地说出黛玉像小戏子，无意中得罪黛玉而不自知。

还斥责黛玉"专挑人的不是","见一个打趣一个",是"小性儿,行动爱恼的人"。

不过湘云豪放的性格使她不记仇,不执于成见。那年中秋节的月明良夜,贾母带领全家在大观园里开宴赏月。夜阑人散之时,传来一阵阵呜咽凄清的笛声,贾府当时已经陷入一派肃杀破败的气氛,敏感多愁而又自伤孤苦的黛玉俯栏垂泪。这时,只有史湘云来宽慰林黛玉,还抱怨宝钗:"可恨宝姐姐,天天说亲道热,早已说今年仲秋,要大家一处赏月,必要起社,大家联句,到今日便弃了咱们,自己赏月去了。"原已饱尝世态炎凉的湘云,在亲见贾府重大变故之后,与黛玉联句作诗,写出"寒塘渡鹤影,冷月葬花魂"的凄凉美句。(第七十六回)

史湘云天真烂漫,豪放大度,思维疏阔,这样的性格造成她缺乏生存智慧。她擅自应承为诗社做东,根本不懂做东需要资金,无钱寸步难行。《红楼梦》描写她的少女时代,虽然有时可在贾府欢快短住,谈笑风生,但平时在婶娘的管制下,常常做针线活儿到三更,过的是无法摆脱的艰难生活。她没有能力调节与婶娘的关系,改善自己的生存环境,也是她的粗疏性格造成的。至于婚后的不幸结局,不是依靠能力所能挽救的,只能徒呼奈何。

五、晴雯和金钏:宝玉最爱的丫鬟

晴雯和金钏都是美丽、聪慧的丫头,宝玉最喜欢她们两个。正因如此,宝玉的母亲王夫人,逼死了这两个丫头。

"王夫人固然是个宽仁慈厚的人,从来不曾打过丫头们一下",但出于恋子情结,她痛恨晴雯和金钏"勾引"宝玉,将她们赶出贾

府。这两个美丽的丫头，被王夫人先后逼死了。

宝玉无力保护她们，甚至没有保护她们的意识，只能在死后祭奠一番，了却自己的相思和痛苦，过后也就忘了。

1. 泼辣聪慧但不知自我保护的晴雯

晴雯来历不明，从小被卖给贾府的奴仆赖大家为奴。赖大母亲赖嬷嬷到贾府去时常将她带在身边，只因她生得"十分伶俐标致"，"贾母见了喜欢"，赖嬷嬷将她孝敬了贾母。晴雯的亲人只有姑舅表哥"多浑虫"和与贾琏有染的多姑娘。

贾母感到："晴雯那丫头我看他甚好"，"我的意思这丫头的模样爽利，言谈针线多不及他，将来只他还可以给宝玉使唤得⋯⋯"晴雯因此成为侍候宝玉的四个贴身丫头之一。

晴雯是贾府下人中的头等美女，得到宝玉的特别喜欢。晴雯之美，由最恨晴雯的老奴王善保家的向王夫人进谗言时做了客观的介绍："一个宝玉屋里的晴雯，那丫头杖着他生的模样比人标致些，又生了一张巧嘴，天天打扮的像个西施的样子。"凤姐道："若论这些丫头们，共总比起来，都没晴雯生得好。"（第七十四回）

董桥先生评论说：晴雯确是美的。王夫人对凤姐说："上次我们跟了老太太进园逛去，有一个水蛇腰，削肩膀儿，眉眼又有些像你林妹妹的，正在那里骂小丫头；我心里很看不上那狂样子。"后来王夫人见到晴雯抱病，钗亸（duǒ，下垂之意）鬓松，衫垂带褪，冷笑讥讽道："好个美人儿，真像个病西施了！你天天作这个轻狂样儿给谁看？"

晴雯是与袭人并列的宝玉最信任的知心丫头。凡是他和黛玉私下传情的事情，都是差遣晴雯去办理，安全而可靠。像宝玉病中惦

念黛玉，给黛玉送旧手帕，不让袭人等发现，而偷偷地让晴雯送去。

晴雯为人天真而刚强，光明磊落，对宝玉和周边人都直来直去，快人快语，与她的反抗精神相结合，锋芒毕露，敢说敢骂，机敏而又尖刻。

她虽身处底层，却心比天高。因此她蔑视王夫人为笼络小丫头所施的小恩小惠；嘲讽温柔诚实从而得到主子信任和重用的袭人是"哈巴狗儿"；王善保家的搜查大观园时，别的丫头都隐忍不发、逆来顺受，唯有她气势汹汹"挽着头发闯进来"，故意"'豁啷'一声将箱子掀开，两手提着底子，往地下尽情一倒，将所有之物尽都倒出"，故意用这样夸张的接受抄检的动作，杀抄检队的威风，还当众把狐假虎威、狗仗人势的王善保家的讽刺、痛骂一顿，迎头痛击这个恶奴。（第七十四回）

宝玉与晴雯闹起别扭，宝玉恼恨翻脸，声称要将晴雯送还给老太太。晴雯故意继续冲撞宝玉，逼得宝玉顺从她"撕扇子做千金一笑"，认错和好。（第三十一回）

晴雯聪明伶俐。王夫人要处置她时，晴雯一看那架势，就知道自己被暗算了。王夫人说："你干的事，打量我不知道呢。"然后就问宝玉今日可好些，晴雯说："我不大到宝玉房里去，又不常和宝玉在一处，好歹我不能知，那都是袭人合麝月两个人的事，太太问他们。"王夫人就信以为真了。如果袭人早就告了她的密，王夫人会信以为真吗？王夫人说："这就该打嘴。你难道是死人？要你们做什么？"晴雯巧妙回答说："我原是跟老太太的人，因老太太说园里空大，人少，宝玉害怕，所以拨了我去外间屋里上夜，不过看屋子。我原回过我笨，不能伏侍，老太太骂了我，'又不叫你管他的

事，要伶俐的做什么？'我听了不敢不去，才去的。"晴雯抬出老太太做保护伞，她知道，王夫人不敢与老太太对证。她接着说："不过十天半月之内，宝玉叫着了，答应几句话，就散了。至于宝玉的饮食起居，上一层有老奶奶、老妈妈们，下一层又有袭人、麝月、秋纹几个人。我闲着还要做老太太屋里的针线。""宝玉的事竟不曾留心。太太既怪，从此后我留心就是了。"故意顺着王夫人的要求，王夫人连忙说："你不近宝玉，是我的造化。竟不劳你费心！"晴雯巧妙化解王夫人气势汹汹的责问，化险为夷。

晴雯得罪的人比较多。一则晴雯口齿伶俐，有时说话伤人，袭人批评她"说话夹枪带棒"。另外，像当时小红这个丫头奉王熙凤之命办事，结果被晴雯和麝月看见了，晴雯就讽刺、挖苦她攀高枝。二则宝玉患病，众丫头侍候得很辛苦，病愈后，贾母发给大家赏钱，晴雯克扣小丫头，自己多吞，引起小丫头小红等的反感。小红虽然是一个地位很低的丫头，但她是管家林之孝的女儿。脂批说："管家之女，而晴卿辈挤之，招祸之媒也。"

晴雯被王夫人整死，由多个偶然因素引发。首先是傻丫头误拾绣春囊，王夫人在王善保家的挑唆下检抄大观园，急于堵补管理的漏洞，杜绝大观园风月桃色事件，急切中采取极端手段，赶出晴雯。

第二个偶然原因，是晴雯正好在重病中。平心而论，晴雯如果爱惜身体，不患病，就不会被王夫人逼死。晴雯自己粗心大意，不爱惜健康，招致没顶之灾。

有一次晴雯半夜欲吓唬麝月玩要，仗着素日比别人气壮，不畏寒冷，也不披衣，只穿着小袄便蹑手蹑脚地下了熏笼，走到外边。宝玉劝道："罢呀，冻着不是玩的！"晴雯摆手不听，半夜着了凉

风，只觉侵肌透骨，不禁毛骨悚然。心下自思道："怪道人说热身子不可被风吹，这一冷果然利害。"宝玉见状，急忙喊晴雯回来。但为时已晚，她立即患了重感冒。晴雯还不注意休息，麝月就宽慰她，"病来如山倒，病去如抽丝"，让她安心静养。人家劝她，她只管咳嗽，气地嚷道："我那里就害瘟病了？生怕招了人。我离了这里，看你们这一辈子都别头疼脑热的！"

接着宝玉房里小丫头坠儿偷平儿贵重的首饰虾须镯事发，平儿把破案的信息告诉了麝月，同时关照麝月不要告诉晴雯，"晴雯那蹄子是块爆炭，要告诉了他，他是忍不住的"。但是宝玉还是把这事告诉晴雯了。"晴雯听了，果然气的蛾眉倒蹙，凤眼圆睁，即时就叫坠儿。"宝玉连忙劝下了。第三天，晴雯已经有所好转，但感到病好得太慢，在那里乱骂医生，说医生不给开好药。碰巧看见坠儿，她不顾有病在身，冷不防抓住坠儿，拿簪子使劲在坠儿手上扎，把坠儿的手扎成了马蜂窝，疼得坠儿哭爹叫娘。这还不解气，她逮着一个老嬷嬷，命令她把坠儿的母亲叫来，把坠儿领走。坠儿的母亲来了，自然要求情，晴雯哪里听得进去？晴雯说，这里没有你说理的地方。任凭坠儿的母亲怎样求情也无济于事。坠儿就这样被晴雯撵出了大观园。半天如此折腾，很是劳累，本来她是在被窝里保暖，跑出来打人、发火，再次着凉，病情加重，到了晚上，感觉就更难受了。接着晴雯道："说不的我挣命罢了。"彻夜"勇补雀金裘"，累得力尽神危。（第五十二回）

后来王夫人是在她病得"四五日水米不曾沾牙"的情况下，从炕上拉下来，硬给撵了出去。晴雯被撵，无人表示同情，她得到的是大观园婆子们的称愿声。如果晴雯不生病，王夫人还整不死她。

晴雯的死，归根结底是贾宝玉的责任。王夫人驱逐晴雯，是因为"好好的宝玉""被这蹄子勾引坏了"。宝玉不喜读书，只喜在内帏厮混，王夫人没有能力教育好宝玉，又要包庇自己的儿子，就将责任全部归咎于丫鬟们身上，晴雯成了头号替罪羊。宝玉不懂人情世故，不达时务，缺乏保护晴雯的意识和能力，只能眼睁睁看着晴雯走向毁灭。

《红楼梦》给晴雯的判词为："霁月难逢，彩云易散，心比天高，身为下贱，风流灵巧招人怨。寿夭多因诽谤生，多情公子空牵念。"晴雯自己有造成"寿夭"的缺点，而她赤胆忠心，钟爱宝玉，但她只是宝玉众多喜欢的女子中的一个。她死后，宝玉读了一篇祭文，以后就将她丢在脑后了。晴雯并无勾引宝玉，也没有与宝玉结下私情，却被王夫人以这个罪名处置致死，所以她感到冤枉。受到冤枉而致死的不止她一个，还有金钏。

2. 热情刚烈、受冤而死的金钏

金钏，姓白。与妹玉钏，同是王夫人房中丫头。她的地位与鸳鸯、袭人等属于头等丫头，湘云曾送她们戒指。她性格开朗、爱热闹，也善于与人相处，所以清虚观看戏，王夫人未去，而她却跟了凤姐去。

刘姥姥告辞后，周瑞家的找到梨香院回王夫人话时，金钏陪同香菱出现，她"向内努嘴"，可见金钏是个活泼灵慧的丫头。

宝玉喜欢金钏的美丽、活泼、开朗和灵慧，平时一有机会就与她调笑。所以贾政叫唤宝玉，宝玉浑身打颤地蹭过去时，金钏已知老爷今天欢喜、不会为难宝玉的情况下，奚落和调侃宝玉说："我这嘴上才擦的胭脂，这会可吃不吃了？"宝玉挨过与父见面的难关，

出来时，向金钏伸伸舌头。

在端阳的第四天，宝玉来到王夫人房内，见王夫人在里间凉榻上睡着，金钏儿坐在旁边捶腿。宝玉轻轻走过去，把她耳上戴的坠子一摘，金钏睁开眼睛看是宝玉。宝玉上来便拉着手，悄悄地笑道："我和太太讨了你，咱们在一处罢。"金钏儿不答。宝玉又道："等太太醒了，我就说。"金钏儿睁开眼，将宝玉一推，笑道："你忙什么？'金簪儿掉在井里头——有你的只是有你的。'连这句俗语难道也不明白？我倒告诉你个巧方儿：你往东小院儿里头拿环哥儿同彩云去。"宝玉笑道："谁管他的事呢！咱们只说咱们的。"只见王夫人翻身起来，照金钏儿脸上就打了个嘴巴子，指着骂道："下作小娼妇！好好儿的爷们，都叫你们教坏了！"

宝玉见状，一溜烟跑了。而这里金钏儿半边脸火热，一声也不敢言语。丫鬟们见王夫人醒了，都走进来，王夫人便叫金钏儿的妹妹玉钏儿，说道："把你妈叫来！带出你姐姐去。"听到这话，金钏儿慌忙跪下哭道："我再不敢了！太太要打要骂，只管发落，别叫我出去，就是天恩了。我跟了太太十来年，这会子撵出去，我还见人不见人呢！"可是"王夫人固然是个宽仁慈厚的人，从来不曾打过丫头们一下，今忽见金钏儿行此无耻之事，这是平生最恨者，所以气忿不过，打了一下子，骂了几句"，到底唤了金钏儿之母领了下去。

金钏在王夫人处做大丫头，很风光，是个要强的女孩。金钏被王夫人赶出去，首先面临的是"见不了人"，"含羞忍辱"，丢不起脸。接着又会想到，原本宝玉喜欢她，"金簪儿掉在井里头——有你的只是有你的"，她自感在宝玉的身边，早晚会成为宝玉的人，

不必着急；这时她向往高攀宝玉的想法彻底破灭了，也许很快会给她配一个小厮，这一生就太受委屈了。还有，失去了在贾府的经济收入，以后要过无穷无尽的苦日子了。金钏感到失去了原先向往的光明的前途，前景一片黑暗，就自杀了。金钏毕竟是年轻少女，缺乏历练，不懂忍耐和坚持，又没有人劝慰、帮助，最终想不开而自杀，是符合她的年龄局限、性格局限，尤其是见识局限和环境局限的。

金钏的死，也是宝玉的责任。是宝玉主动勾引金钏，金钏不理，宝玉继续勾引，导致母亲发火，他却逃走了，一点也不为金钏说明和求情。金钏被赶回家后，他也不及时去探望、宽慰她，金钏这才感到绝望。王夫人的行为并未置金钏于死地，只要宝玉想救他，日后颇有转圜的余地。再说，宝玉如果刻苦读书，家长就不会将勾引宝玉的罪名派给丫鬟，只要宝玉喜欢，要谁都能满足。贾珠就是如此。曹雪芹严格遵循现实主义的创作原则，毫无偏爱之心，真实地写出了宝玉的种种弱点。

六、柳湘莲、薛蟠和众多纨绔子弟

纨绔子弟，原指古代富贵人家的子弟。纨绔，一作纨袴，富贵子弟所穿的洁白光亮的绸裤，引申为富贵子弟。现演变为贬称，指游手好闲、不爱学习、不事生产、生活挥霍、坐吃山空，甚至欺凌穷人的富贵人家子弟。

封建社会中豪门的后裔多产生纨绔子弟、败家子弟，成为社会的渣滓和不安定的因素。曹雪芹极为熟悉此类人物，《红楼梦》塑造了多个这样的人物。最著名的有柳湘莲、薛蟠。

柳湘莲，又称冷二郎，原系世家子弟。他父母早丧，无人督促教育，所以读书不成。性情豪爽，酷好耍枪舞剑、赌博吃酒，以至眠花宿柳、吹笛弹筝，无所不为。他喜欢云游，"天天萍踪浪迹"，到"外头逛个三年五载再回来"。

他生相俊美，最喜串戏，擅演生旦风月戏文，才华出众。薛蟠和一些不知其底细的人一样，以为他是戏子，在赖大家酒宴，薛蟠酒后要与他调情。柳湘莲深

柳湘莲赠尤三姐鸳鸯剑（改琦《红楼梦图咏》）

感受辱，大怒，假允后，将他骗至北门外苇子坑打了个半死。事后，为避留下的麻烦，远走他乡。（第四十七回）

柳湘莲为人爽利而精明，在主人的喜庆场合，遇到薛蟠的凌辱，隐忍不发，顾全主人赖尚荣的脸面，也不扫席上众位饮酒朋友的兴致。同时他"早生一计"，已有惩治惹事者的步骤和手段。他又是仁慈而精细的，"知道他是个笨家，不惯挨打，只使了三分力气"，略给教训，令其知错。所以薛蟠虽然"疼痛难禁"，却"并未伤筋动骨"。

柳湘莲"素性爽侠，不拘细事"，武功精湛，有江湖侠客之风。有一次路遇不平，拔刀相助，不意救下的是遇盗的老冤家薛蟠。

柳湘莲对朋友忠信挚诚。虽然"一贫如洗"，也要留几百钱为亡故的朋友重修坟墓；即使"纵有几个钱来，随手就光的"，却总

能备钱"打点下上坟的花销"。

柳湘莲虽穷困，但他必要物色一个绝色美女才肯成婚。贾琏玉成他与尤三姐订婚，柳湘莲赠"鸳鸯剑"为定礼、信物。后因听信好友宝玉一番不负责任的言论，不加核实就误以为尤三姐是肮脏女子，要悔婚约，还立即索回定礼。没有想到尤三姐在退还"鸳鸯剑"时用雌锋自尽，柳湘莲深为震惊和感动，大哭一场之后，无路可走，在破庙中梦见尤三姐来痛泣告别，醒后心中更其痛苦。他看到一位瘸腿道士，无话找话地问了一句："此系何方？仙师何号？"神智迷糊的柳湘莲，问答之间听道士说："连我也不知道此系何方，我系何人，不过暂来歇足而已！"万念俱灰的柳湘莲，顿时冷如寒冰彻骨，掣出"鸳鸯剑"的雄锋，将万根烦恼丝一挥而尽，随道士出家去了，从此不知所终。（第六十六回）

柳湘莲的忠信挚诚和豪爽侠义，使他无法排解自己的鲁莽铸成的无法挽救之错，他决心用自己一生的苦修，来赔偿自己的失误，报答尤三姐给他的情义。

柳湘莲是纨绔子弟中的优秀者。

而薛蟠是纨绔子弟中的低劣者。

薛蟠本是书香继世之家，且有百万之富。因幼年丧父，寡母又纵容溺爱，五岁上就性情奢侈，言语傲慢。虽也略上过学，识字很少，连画家唐伯虎姓名"唐寅"也不识，念作"庚黄"（第二十六回）。虽是继承祖业，为皇商，经商办事的事务，全然不知，终日斗鸡走马、吃喝赌嫖。

薛蟠为人骄横跋扈，倚财仗势，处事毫无心机，贾府众人因此称他为"呆霸王"。

薛蟠好色，惹下多个祸端。第一次，强买英莲（即香菱）为妾，喝令手下豪奴打死原买主冯渊，家里只能破财消灾，花费不少银子。第二次他因喜好男色，在贾府家学里假装上学，前去勾搭学生，引起学中的殴斗，幸被阻止，未酿大祸。第三次在赖大家的酒席上，勾引柳湘莲，被柳湘莲骗到北门外的苇子坑打了一顿，滚在烂泥塘中挣扎，"面目肿破，浑身上下滚得似个泥母猪

薛蟠　"第七十九回　薛文起悔娶河东侯"（《增评补像全图金玉缘》）

一般"。幸亏对方手下留情，未受重伤。第四次，娶妻夏金桂后，勾搭其陪房丫头宝蟾，夏氏咒骂、扭打，吵闹不息，薛蟠无力对付，逃出家门。第五次，他去南边置货途中，在小酒店喝酒，因堂倌换酒迟了些，他拿起酒碗怒打堂倌致死。薛蟠被判死罪，后因贾、薛两家托人和贿赂，才被放出。

薛家原先开设了多家店铺如当铺、药铺，在南方也有业务，可是家业早就被具体经办的人暗中骗劫（第四回）。后来他犯死罪而身陷囹圄，家里为营救他，花费巨大，属下乘机将他剩下的家业骗盗一光，溜之大吉。薛家就这样彻底落穷了。

薛蟠初见林黛玉，见她美若天仙，半边的身子都酥了。但自知粗鲁无学，不敢高攀。薛蟠欺软怕硬，欺负香菱老实，看到悍妻夏金桂，只好退让。

薛蟠在友情上，尚有良知。柳湘莲出事失踪，他"一听见这个信儿，就连忙带了小厮们在各处寻找"。回家进门，"眼中尚有泪痕"。向他母亲拍手说道："妈妈可知道柳二哥尤三姐的事么？"第二天，请伙计们吃饭，也没精打采，薛蟠对众人说："城里城外，那里没有找到？不怕你们笑话，我找不着他，还哭了一场呢。"说完，长吁短叹，不像往日高兴，饭也吃得无味。

薛蟠心情急躁，处事蛮横，两次闯下人命大祸，家中母、妹（宝钗）和堂弟薛蝌出钱出力，帮助他消灾，终于留住小命。

还有一类是祖上败落，其后裔来不及做纨绔子弟，就为生存而挣扎。刘姥姥的女婿即如此。她的女婿姓王，祖上曾做过小小的一个京官。祖父去世后，他的父亲因家业萧条，便搬出城，到原来的乡下去住了，新近刚病故。刘姥姥的女婿尽管祖上当官，但他早已跌入贫困，所以他没有正式的名字，可能属狗，就叫"狗儿"，是穷人家孩子的称呼，而且还是贱称。

狗儿与嫡妻刘氏、儿子板儿、女儿青儿，一家四口，以务农为业。狗儿白天劳动繁忙，刘氏又操井臼等事，两个孩子无人看管，狗儿就将岳母刘姥姥接来一处过活。

王狗儿能够自食其力，还能在妻子的一起努力下，勉强养活一双儿女。

他毕竟不像世代农民的子孙，善于侍候土地和庄稼，也不会是一个强劳动力，故而日子过得艰难。而且因为小时享福而不善生计，所以有钱的时候乱花，无钱的时候束手无策。

因这年秋尽冬初，天气冷了，家中冬衣未办，狗儿未免心中烦虑，吃了几杯闷酒，在家闲寻气恼。刘姥姥劝他想办法，他束手无

策，一筹莫展。他的祖父不是能吏，其父更无能，他家是一代不如一代。幸亏刘姥姥脑筋活络，通过王家八竿子也打不到的关系，进入贾府，成功获得资助。

七、贾府失败的子女众生相

《红楼梦》描写的贾府子弟共有三代。以史太君贾母为活着的第一代，他们的第二代是文字辈，第三代是玉字辈，第四代是草字辈。

第二代有贾敬、贾赦和贾政三人。

第三代最多，有贾珍、贾琏、贾环、贾瑞，和偶尔一提的贾琮、贾璜、贾瑞（bīn）、贾琼等，当然还有最有名的贾宝玉。

第四代为贾兰、贾蓉、贾芸，还有贾萍、贾芹和祭祖时出现过的贾菖、贾菱（第五十三回）等等。

其第二代文字辈三人中，大多做人规矩，其中贾敬离家，在外炼丹，希求长生。贾政，认真读书，行为方正。只有贾赦是纨绔子弟。老大贾赦年已花甲，然隔三岔五娶些个十几岁的女孩子为妾，一味饮酒淫乐。后又异想天开，要逼娶老母身边的贴身得力丫鬟鸳鸯。逼婚虽然失败，最后逼死鸳鸯；虽非杀人凶手，但在道德法庭上则犯有杀人之罪。

第二代的女儿情况不明，只是提到过林黛玉已故的母亲贾敏，是史太君最小的女儿。这个敏字，反文旁，可知还是用的文字辈的名号。

其第三代玉字辈的众人中，只有已故的贾珠品行端正，刻苦学习，其他活着的都为纨绔子弟。这一代正当年龄，在十几岁、二十

几岁到三十几岁之间，应该是贾府的中流砥柱，是应该拯救贾府危机、担当重振贾府家风的一代，却全是纨绔子弟、窝囊废，贾府终于在他们手中彻底落败。

第三代的女儿有元春、探春、迎春、惜春。以春为名，象征着女儿美丽的青春，也可用元、探、迎、惜四字像对待春天那样对待女儿的芳华，又暗寓"原应叹息"这样沉重悠长的意味。取名很妙，匠心独具。而最后两个女儿，是失败的女子。

其第四代草字辈，年纪虽小，大都是没有出息的纨绔子弟。只有李纨抚养培育的孤儿贾兰，在多年后，高中科举，高官厚禄，成为贾府东山再起的唯一的一支成功后裔。

这一代的女子只提到凤姐的女儿巧儿，其他的还来不及生出来，甚或不再有女儿出生了。巧儿本应编入金陵十二钗，她差一点以悲剧告终，可是她的母亲结交了一位刘姥姥，还先见之明地请刘姥姥做干娘，为她取名"巧儿"，最后在平儿的协助下得救。

因此，除开古代无法有作为的女子，贾府中除了贾政、贾政已故长子贾珠与其子即贾政长孙贾兰这一脉外，其他全是失败的子孙。贾政虽然言行方正，立志做清官，惜因头脑古板，才气平庸，被立志贪污发财的小人所控制，仕途失败。在家中也因迂腐无能，不懂治家，无力振兴家族。贾珠年龄不到二十即有多个妻妾，自戕其生命，早夭。可见贾政和贾珠都是失败的人生。于是贾府，只有贾兰一个成功了，其余都是失败的子女。

豪门子弟失败的途径都是骄奢淫逸。他们高高在上，傲视众生，藐视一切；生活奢侈，不懂勤俭节约，甚至暴殄天物；沉溺女色，贪多不厌，淫乐无度；贪逸恶劳，懒于读书（而读书可以改变

命运）、谋生，坐吃山空。《红楼梦》描写他们骄奢淫逸的种种丑态，栩栩如生，幽默有趣。这里且看凤姐的丈夫贾琏的无耻嘴脸。

1. 贾琏治家和偷腥

贾琏，贾赦之子。冷子兴演说荣国府时，谈及贾赦"也有二子，长名贾琏"，"这位琏爷身上现捐的是个同知，也是不肯读书，于世路上好机变，言谈去得，所以如今只在乃叔政老爷家住着，帮着料理家务。"（第二回）

贾琏 "第一百五回 锦衣卫查抄宁国府"（《评注金玉缘》）

照说荣国府有贾母嫡子贾政、王夫人，贾政长子贾珠虽已去世，还有大媳妇老成持重的李纨，文化水平高，应该让她治家。但王夫人有扩大娘家势力的私心，特把自己的治家大权委托给不识字的内侄女王熙凤，由其夫贾琏协助。

贾琏与王熙凤在贾府钱财管理上相互利用又相互怀疑，经常勾心斗角。许多账目进出，凤姐都擅自处理，或瞒着贾琏。贾琏求鸳鸯将贾母想不到的银器偷一箱子出来，典当银子，填补家用亏空，他让凤姐向鸳鸯说情，凤姐乘机联合平儿敲诈，贾琏只好给她二百两银子。

纵观贾府第二、三代，年龄正当的子孙中，只有贾琏尚有能力为治家奔走。他的心思不细，才华不足以单独管家，只能当凤姐的

助手，而且不知她背地里在贾府内外重利盘剥。可是凤姐虽然能干，但作为女性不能在外抛头露面、交际应酬，此类任务只能交由贾琏承担。

从冷子兴口中可知，贾琏是有一定才干的，贾琏在荣国府办事，贾政结交外官，贾琏负责带信跑腿。平时经办贺吊往还等事。贾政营造大观园，具体事务皆由贾琏、贾珍经办。一次，贾政到筹建中的大观园视察时，忽又想起一事，便命人去唤贾琏，贾琏赶来，忙向靴筒取靴掖内装的一个纸折略节看来回答。

贾琏外出处理要务，都能较好地完成，所以林黛玉回家探父，贾母特命贾琏护送；后来黛玉的棺材回苏州，也由贾琏护送。

可是经济上凤姐独揽大权，压在他的头上，他只好"倒退了一射之地"。贾妃省亲时，要安排管理铁槛寺的小和尚、小道士的人。贾琏把这个差事已给贾芸，凤姐却答应了贾芹，贾琏只好让步。贾芸后来送礼求凤姐，向凤姐自责求错人，凤姐得意地冷笑道："你们要捡远道走么！早告诉我一声，多大点事，还值得耽误到这会子！"

凤姐的陪房旺儿家的儿子看中王夫人的丫头彩霞，强行求婚。可彩霞与贾环有情，不愿意。旺儿来求凤姐，凤姐为打击赵姨娘便答应了。贾琏听说这个小子"吃酒赌钱，无所不至"，他气愤地反对："他小子竟会喝酒不成人吗？这么着，那里还给他老婆？且给他一通棍，锁起来，再问他老子娘"，劝凤姐不要管这个闲事，白糟蹋了人家女儿。但凤姐为了自己陪房的面子，还是出面做主提亲。

贾琏外出经办事务，既要为荣府服务，也要为父亲效劳。贾赦命他夺取石呆子的古扇时，他只是上门去苦求对方出让，石呆子执

意不肯，他也就作罢了。而贾雨村找个借口关石呆子入牢狱，夺取其扇子，送给贾赦。贾赦问贾琏说："人家怎么弄了来了？"贾琏说："为这点子小事弄的人家倾家败产，也不算什么能为。"还竟然公然对抗和批评其父，结果被贾赦一顿好打。

从以上两件事看，他为人还算正派，不肯害人，具备基本的是非观和道德观。

凤姐精明能干、权力欲极强，又好争风吃醋，贾琏在她的防范辖制下，显得软弱无能，连美貌的侍妾平儿也不得接近。凤姐在贾琏离家时，也能守住自己："凤姐儿自贾琏送黛玉往扬州去后，心中实在无趣，每到晚间，不过和平儿说笑一回，就胡乱睡了。"（第十三回）她自信自己的严厉和凶狠能够管住贾琏，所以贾母开玩笑说把鸳鸯"给琏儿放在屋里"时，她很轻松地回答："琏儿不配，就只配我和平儿这一对'烧糊了的馇子'，和他混罢咧。"

可是凤姐有自己的致命弱点，她有严重的妇科病，而贾琏又有经常外出办事的优势，有足够的机会和时间"打野食"、采野花。

背着凤姐，贾琏显出浪荡公子的本相，"那个贾琏，只离了凤姐便要寻事"，并不甘心"胡乱睡了"（第二十一回），嗜色如命。贾母说他"成日家偷鸡摸狗，腥的臭的，都拉了你屋里去！"贾琏还公然跟姘妇抱怨凤姐管束严厉："我命里怎么就该犯了'夜叉星'！"

贾琏竟然在凤姐的生日时和鲍二家的偷情，趁女儿出天花与妻子隔房过夜时和厨子多浑虫的老婆多姑娘私通；贾敬丧期索性偷娶尤二姐。

凤姐迫害尤二姐时，他不予帮助，贾赦因贾琏外出办事得力，

又将房中丫鬟秋桐赏他做妾，他也就把尤二姐置之脑后。贾琏有了新欢，对尤二姐始乱终弃，让凤姐的阴谋全盘得逞。尤二姐吞金自尽，贾琏自知有放弃保护她的责任，这才又良心发现，搂尸大哭："奶奶，你死的不明，都是我坑了你!"还发誓："我忽略了，终久对出来，我替你报仇。"（第六十九回）凤姐虽然整死尤二姐，取得了彻底的胜利，可是埋下了祸根，他们的夫妇之情从此崩溃，贾琏在心中与她结为仇人，早晚要报仇。

贾府抄家，贾琏虽未定罪，但私物已被抄检一空。凤姐死后，贾琏就把平儿扶了正。

贾府众子弟人欲横流，贾琏也是一个典型。

2. "二木头"和"冷狠人"的悲惨结局

贾府中的女孩子，多为美丽智慧、有德有才的佳人，前面已经分析评论。但也有两个例外，即迎春和惜春。

迎春（改琦《红楼梦图咏》）

贾迎春，金陵十二钗之七，是贾赦与妾所生，排行为贾府二小姐。她老实无能，懦弱怕事，故有"二木头"的不雅诨名。

贾迎春资质平庸，作诗猜谜全不如姐妹们。但贾府四春对应琴棋书画，各善一技，而迎春善棋。

她的性格懦弱无能，为人处世只知退让，任人欺侮。她的攒

珠累丝金凤首饰被下人偷去赌钱，她不追究。别人设法要替她追回，她竟说："宁可没有了，又何必生气。"

抄检大观园时，她的大丫头司棋因与其表兄秘密恋爱，自立婚约，"情书"抄出后被驱逐出大观园。司棋百般央求迎春援救，而迎春却无动于衷，不予理睬。

其父贾赦欠了孙家五千两银子还不出，拿她抵债，把她嫁给孙家。嫁入夫家后，就大受丈夫孙绍祖虐待，经常饱受拳打脚踢的家庭暴力凌辱，她不敢反抗，逆来顺受，只有一年时间，就受尽折磨而死。

性格决定命运，她的柔弱无能，她对侍候她多年的忠心丫鬟司棋冷酷无情、不施援手，造成她嫁入"中山狼"狼窝后孤立无援，只能任人宰割而惨死。

贾惜春，金陵十二钗之一，贾敬的幼女、贾珍的胞妹，因此是大观园中唯一来自宁国府的小姐。她是贾家四姐妹中最小的一个，生得"身量未足，形容尚小"。

惜春随众参加诗社，却不工诗，专做"誊录监场"的义工。她喜欢绘画，贾母命她画《大观园行乐图》，她却无力承担，幸得宝钗指导。

她不喜豪华，周瑞家的送来的宫花，她不知该往哪里戴。

惜春（改琦《红楼梦图咏》）

惜春的个性孤僻冷漠，在大观园中除邢岫烟外，她结交的都是尼姑，与妙玉志趣相投，也与小尼姑智能儿经常来往，早就戏言要剃了头做姑子去（第七回）。

尤氏说她是一个"心冷口冷心狠意狠的人"，所以抄检大观园时，她无情赶走了冤枉受辱的丫环入画。

当时入画箱子里其实不过是贾珍赏给她哥哥的一些东西，惜春怕受连累："我竟不知道。这还了得！二嫂子，你要打他，好歹带他出去打罢，我听不惯的。"惜春急于把入画交出去的心情，甚至使来抄检的凤姐都觉得有点儿可笑，她说："这话若果真呢，也倒可恕"，"素日我看他还好。谁没一个错。"入画也苦苦地哀求，惜春竟然要求凤姐："别饶他这次方可。这里人多，若不拿一个人作法，那些大的听见了，又不知怎样呢。嫂子若饶他，我也不依。""这些姊妹，独我的丫头这样没脸，我如何去见人！"她不但不为入画辩解讨情，反而催促或打，或杀，或卖，快带入画走。竟然还说"古人说得好，'善恶生死，父子不能有所勖助'"，"我只知道保得住我就够了，不管你们"。还说："不作狠心人，难得自了汉。""我清清白白的一个人，为什么教你们带累坏了我！"如此无情无义，心狠口毒，投井落石，诬陷为她忠诚服务多年的丫鬟，令人心冷。

"勘破三春景不长"，三个本家姐姐的不幸结局，四大家族的没落命运，使她对人生悲观绝望，产生弃世的念头。最后，惜春终于下定决心，完成夙愿，入栊翠庵落发为尼。（第一一五、一一八回）

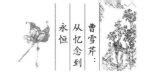

八、从《红楼梦》的贾府教育看钱学森之问的答案

贾府失败的根本原因是"一代不如一代"。贾府子弟"一代不如一代",再次印证了"君子之泽,五世而斩"的千古名言和"富不过三代"的著名格言。曹雪芹怀着非常沉痛的心情,以贾府为例,表现自己家庭衰亡的命运的同时,写出众多富贵家庭的没落过程和景象。

而"一代不如一代"的原因是复杂的,不仅古代如此,豪门如此,当今也如此,平民家庭往往也如此。因此这个问题,非常值得探讨。

1. 贾府"一代不如一代"的原因

根据《红楼梦》的描写,贾府"一代不如一代"的原因主要有以下3条:

一是贾府对子女的道德教育不重视。

二是贾府对子女的文化教育缺乏有效的手段。

三是贾府的男性后裔不成才。

贾府家长对子女尤其是男性后裔缺乏应有的道德教育,平时对其家内外的行为、活动不做关心和检查,故而产生众多纨绔子弟,吃喝赌嫖,言行放荡。

《红楼梦》显示:在同等教育环境的条件下,青少年的女子超过男子,今日中国尤甚。

《红楼梦》中的优秀女性受到与男性同样的教育,女性的学习成果超过男性。

以贾宝玉和林黛玉为例，贾宝玉从小受到长姐元春的家庭教育。此时宝玉年龄幼小，故而听话，在元春的精心教育下，效果卓著。宝玉的经书学习根底，包括懂一点《庄子》，背诵古诗文，并能作诗撰文，都是此时打下的根基。

可是宝玉在少年时期，缺乏家长的强制性的措施，他经常旷学旷课，不认真学习和背诵经书、诗词文章的经典，所以他的学问、诗才皆输于众姐妹。而他天生智力是好的，因此在进入青年时期后，稍作努力，即中科举。

林黛玉幼时也在家教培养下，有了初步的文化根基。不久，家长请贾雨村做家教。林黛玉天资优异，读书用功，所以学问、诗才，皆在大观园中与薛宝钗并列为一流。

贾府中除了已故的贾珠，其他男性后裔皆不及宝玉，全不成才。

女性在少年期间，由于智力和心理的成熟比男性早，女孩荣誉感、责任心、自控性皆强于同龄男孩。女性的性格较男性温柔、听话，大多不具有反抗性，女孩听从家长和教师的教育。这两个原因造成在同等的教育条件下，女孩的成绩要超过男孩。

20 世纪尤其是 1949 年以后的中国，平民、贫民的女孩即使有了读书上学的机会，她们大多还是要承担家务，要帮助父母带弟妹，甚至要为养家糊口而与父母一起承担生产任务，因此女孩的学习成绩多不及男孩。随着独生子女政策的实行和国家经济的发展，自 20 世纪 80 年代起，城市女孩与男孩的学习条件已经相同，于是女孩的成绩普遍好于男孩。

不仅中国，其他国家也有同样的问题，以美国为例，最近有篇总结文章介绍和评论说：

你大约已经意识到当下的基本趋势：过去几十年里，教育的经济回报不断增加，而男性却没有享受到。

在小学和中学，男生的学业表现落在后面。D 等和 F 等成绩中有四分之三是男生。到了大学，男生落后得尤为明显，只有百分之四十学士学位及百分之四十硕士学位由男性获得。

如今，想要取得成功，必须得是那种小时候在学校能坐得住、注意力集中的人，也要善解人意、审时度势，还得与人沟通顺畅。由于遗传和文化因素，许多男人不善此道。①

最后分析的原因不对，不是"遗传和文化因素"。

对于男孩子的教育，贾府缺乏有效手段。中国宋、明、清三代的教育是成功的，而贾府对后代教育的失败，造成家族衰败，又因李纨之子贾兰的成功教育，又得重振。众多红学家认定贾府必将灭亡甚或已经灭亡，是错误的。《红楼梦》李纨的判词和书末贾兰的科举考试的初步成功，明明标明贾府因他而重振家风，李纨因其子有出息而名利双收：她得到皇帝册封诰命，达到了她的太婆婆史太君一样的高贵身份和地位。

2. 中国宋、明、清三代成功教育的历史经验

中国宋、明、清的教育取得了遥遥领先于世界的重大成就。因此，宋代的社会和文化、经济发展遥遥领先于世界。蒙古人的入侵和占领全国，使中国陷入百年大倒退。明清的社会、文化和经济，依旧在世界上领先。即使清政府鸦片战争失败直至被八国联军入侵

---

① ［美］戴维·布鲁克斯（著），王莎莎（译）：《男人为什么失败》（Why Men Fail），载《英语世界》2013 年第 12 期，第 91～92 页。

北京，中国的经济依旧发达，在世界上占着很高的比例。这是与中国社会的民众文化水平有关：知识分子得到成功的教育，民众由于戏曲和曲艺的教育，整个社会的道德、文化素质很高。

明清教育的成功，本书在言及八股文的功绩和八股文培养的成功知识分子时，做了论证。笔者又于《论文化自觉与文艺人才的培养》一文中指出①：

文化自信和文化自觉，要以教育为基础。中国古代和同期的西方一样，没有大众的普及教育，但精英教育则处于同期世界最合理、最高级的地位，所以培养了众多人才，出现不少杰出人才，因而社会的文化风气浓郁，文化、经济和科技发展长期领先于世界。

中国精英教育"最合理"和"最高级"体现在学生自幼年启蒙开始，就学习最合理、最高级的教材：《三字经》、《弟子规》，然后很快即学习、背诵四书五经，兼学古典诗文、作诗方法，在青年阶段兼学道家经典《老子》、《庄子》甚或佛经等。这些教材，将人应该具备的道德和性格的修养，爱国和爱民的志向，既中庸、谨慎又自由、大胆、形象与抽象结合的思维方式，和历史、文化知识、语言训练、文采追求，全套提供给学生，所以学生自小得到文史哲等人文诸学科和作文写诗全面精深的训练。因此从总体上说，中国知识分子和民众历来有着爱国爱乡、热心公益、忠心报国为民的传统，心理和性格是健康向上的，忧郁症患者和非理性的自杀几近于零。

---

① 中国文联理论研究室：《文化自觉与当代文艺发展趋势》，中央文献出版社 2012 年版。

古代和近代，家教和私塾，学生主要是男生。针对男生心理成熟慢、控制力差、顽皮好动、贪玩怕苦的特点，家教和私塾对学生正面教育、鼓励表扬、反复规劝和批评、责骂、体罚相结合。

古代直至清末民国，不少家长和教师对男生采用教育与适当体罚相结合的方式，逼迫智商高的男孩刻苦读书，取得了很好的教育效果。钱钟书和朱光潜等大学者幼少年时都受过体罚。朱光潜作于1980 年、时年83 岁的《作者自传》介绍说："我笔名孟实，一八九七年九月十九日出生于安徽桐城乡下一个破落地主家庭。父亲是个乡村私塾教师。我从六岁到十四岁，在父亲的鞭挞之下受了封建私塾教育，读过并且大半背诵过四书五经、《古文观止》和《唐诗三百首》，看过《史记》、《通鉴辑览》，偷看过《西厢记》和《水浒》之类旧小说，学过写科举时代的策论时文。"① 他在清末受到的家教和私塾教育，其家长用鞭子抽，是非常过分的，一般只是用戒尺打手心和屁股而已。

有的人再打，也读不好书，就不必用这个方法，任何教育方式都并非人人有效的。要因人制宜，因材施教。《红楼梦》中老女佣介绍荣国公因贾赦不肯用功读书，打孩子像打贼一样凶狠，结果依旧无用。而宝玉不肯用功读书，贾政只是虚声恫吓，不予体罚，宝玉就偷懒而无约束。

反传统者将中国古代各方面都妖魔化，似乎中国古近代教育特别落后，体罚即为一例。实际上西方也是一样的，周作人《体罚》

---

① 朱光潜：《朱光潜美学文集》第一卷，上海文艺出版社1982 年版，前言第5 页。

一文介绍：

斯替文生《儿童的游戏》谈到儿时读书，"须天天怕被责罚"。美国人类学家罗伯特·路威在所著《文明与野蛮》第十七章论教育的一节内说："直到近时为止，欧洲的小学教师常用皮鞭抽打七岁的小儿，以致终身带着伤痕。在十七八世纪，年幼的公侯以至国王都被他们的师傅所凶殴。"譬如亨利第四名太子的保姆要着实地打他的儿子，因为"世上再没有别的东西于他更为有益"。太子的被打详明地记在账上。例如：

一六〇三年十月九日，八时醒，很不听话初次挨打。（附注：太子生于一六〇一年九月二十七日。）

一六〇四年三月四日，十一时想吃饭。饭拿来时，命搬出去，又叫拿来，麻烦，被痛打。

到了 1610 年 5 月正式即位，却还不免于被打。王曾曰："朕宁可不要这些朝拜和恭敬，只要他们不再打朕。"但这似乎是不可能的事。

罗素的《教育论》第九章论刑罚，开首即云："在以前直到很近的时代，儿童和少年男女的刑罚认为当然的事，而且一般以为在教育上是必要的。"西方俗语有云："省了棍子，坏了孩子"，就是这个意思。据丹麦尼洛普教授的《接吻与其历史》第五章说：

不但不是恭敬，而且表示改悔，儿童在古时常命在被打过的棍子上亲吻。凯撒堡在十六世纪时曾说过：儿童被打的时候，他们和棍子亲吻，说道，——

亲爱的棍子，忠实的棍子，

没有你老，我哪能变好。

他们和棍子亲吻，而且从上面跳过，是的，而且从上边蹦过。

这个教育上的打，自天子以至于庶人，从上古直到近代，大约是一律通行、毫无疑问的。听说琼生博士很称赞一个先生，因为从前打他打得透而且多。卢梭小时候被教师的小姐打过几次屁股，记在《忏悔录》里，后来写《爱弥儿》，提倡自由教育，却也有时主张要用严厉的处置——我颇怀疑他是根据自己的经验，或者对于被打者没有什么恶意，也未可知。据罗素说：安诺德博士对于改革英国教育很有功绩，他减少体罚，但仍用于较幼的学生，且以道德的犯罪为限，例如说谎、喝酒以及习惯地偷懒。有一杂志说体罚使人堕落，不如全废，安诺德博士愤然拒绝，回答说：

> 我很知道这些话的意思，这是根据于个人独立之傲慢的意见，这是既非合理，也不是基督教的，而是根本的野蛮的思想。①

西方也因此而教育出众多的人才，可见教育成果的基本原理和方法是东西一致的。

中国古代知识分子学习射箭、舞剑："万里风云三尺剑，一庭花草半床书。"学习琴棋书画。主张读万卷书，行万里路。这样文武双全、业余学习艺术和注重旅行、观察各地社会的学习内容，与当今德智体美的全面培养，在本质上是一致的。

3. 李约瑟之问和钱学森之问的答案

从《红楼梦》中贾府的教育失败，可以得到很多启发。古代教

---

① 《体罚》，见周作人：《周作人散文全集》第5册，广西师范大学出版社2009年版，第757页。

育成果是以文科的经典为孩子从小"幼功"的基础。任何专业的人才，缺乏幼功，是极难发展成一流专家的。

在科技人才方面，关于当前教育为何培养不出世界一流人才的"钱学森难题"，钱学森自己早就给了我们答案：人文、艺术教育受到轻视是中国科技目前不能达到世界一流的原因，科研人员只有具备高度的文学艺术修养，才能培养想象力，然后才有可能产生世界一流的杰出科研成果。

2005 年 7 月 29 日钱学森向温家宝总理进言时说："回过头来看，这么多年培养的学生，还没有哪一个的学术成就，能跟民国时期培养的大师相比。"[1] 我们的人文、艺术人才，也是处于一代不如一代的形势。现在国家极其重视传统文化、传统艺术的继承、学习和发展，已经解决了这个最根本的观念问题，接下来是如何正确、有效执行的问题。

钱学森说："我主张学生多学点文言文。"又曾向温家宝总理强调，中国没有第一流的科学家和世界领先的创新成果，是因为科学家没有精深的文艺修养，缺乏文艺作品培养的想象力，他因此提倡"形象思维与逻辑思维合用"的"大成智慧"，还说："欧洲是先有文艺的发展后有科学的发展，中国有几千年的文明史，只要处理好科学与艺术的关系，完全可以在文学艺术与科学上都超过外国。"又曾说：他向夫人蒋英学习音乐艺术，其中"包含的诗情画意和对于人生的深刻理解，使我丰富了对世界的认识，学会了艺术的广阔

---

① 《"李约瑟之谜"与"钱学森之问"》，http：//edu．youth．cn/2010 - 05 - 155：25：00 中国青年网。

思维方法"，并用以"避免死心眼，避免机械唯物论，想问题能够更宽一点、活一点"。① 杨振宁也说其父"发现他有数学方面的天分，不但没有极力地把他向那个方向上推，反而找人来教他念《孟子》，扩展他历史古籍方面知识的层面，是使他终生都大为受用的一件事情"②。

笔者于《论文化自觉与文艺人才的培养》一文中又指出：

不少人指责"应试教育"，并心仪西方尤其美国的"愉快教育"，以为这是造成科技发达的成功的教育。可是批评者不知，西方国家将普通中小学教育定位为"愉快教育"，这些人长大后承担社会中诸多基础服务工作，例如售货员、修理工、机器和仪表操作员等，这是社会需要的最大量的劳动力的来源。他们也可自小业余学习文艺、体育，但以"玩"为主，没有任何压力。这些学生由于智力的限制兼或天性喜欢轻松、悠闲、闲散，不喜读书，也读不好书——再怎样逼迫和诱导，也培养不出来的，自小以自由玩耍为主，只学一些常识和最基本的工作技能。有许多人甚至连常识也懂得很少。以美国为例："如今的美国虽然是世界第一科技大国，但其普通民众的科学素养之差，却也是出了名的。据调查显示，至今仍有31%的美国人相信占星术，18%的美国人仍相信地球是宇宙的中心，25%的年轻人相信阿波罗登月是一场骗局，

① 《钱学森同志言论选编》，载《光明日报》2009年12月1日；李荣：《一本可以改变人思维方式的书》，载《中华读书报》2009年11月4日；《钱学森喜度96岁华诞》，载《光明日报》2007年12月12日；夏琦：《曾同唱＜燕双飞＞今重逢在天堂》，载《新民晚报》2012年2月7日。

② 《教育、科学、创新——光明日报记者对话杨振宁先生》，载《光明日报》2012年7月5日。

63%的美国人不知道他们苦苦攻打的伊拉克在世界何处，更有超过80%的美国人相信政府在罗斯威尔发现并隐瞒了外星人的尸体。因此，科学究竟能不能真正向大众普及，已经成了越来越多人的疑问。"① 这是"愉快教育"的必然和正常的结果，美国社会各阶层和教育界无人感到奇怪或有质疑。社会需要的是最大量的劳动力，这个庞大的群体，不会欣赏高雅艺术，只能沉浸于流行歌曲、通俗电视剧和电影中，看看球类比赛之类，这是美国流行文化兴盛与强劲的重要背景。

但西方国家对于其中少数有培养前途的学生，也自小给予规范的精英教育，同时他们自觉或在引导甚至逼迫下阅读大量文史哲书籍，做各类学习和实验报告，学习各类艺术，而这些完全依据他们自己的兴趣、志向和能力进行，并不断做调整，到大学高年级或研究生阶段才最后确定自己从事的专业。因此西方国家，如美国有私立中学（规模很小，师生比例为1比6），法国有"大学校"（顶级大学，但规模都很小）或名校的预科，都给以严格的高中教育。这些学生由于自小受到严格规范的教育，在高中阶段已经养成自觉、刻苦、规范的学习习惯，每天苦学到深夜，毕业后竞争进入顶级的大学深造。

可见，在文化和科技发达的西方国家，也只有少数人，才可能经过长期艰辛、刻苦的努力，成为社会和艺术、科技精英；而其中小学教育以人文为主。②

① 曹天元：《有一种迷信叫"科学"》，载《东方早报》2012年7月22日。
② 中国文联理论研究室：《文化自觉与当代文艺发展趋势》，中央文献出版社2012年版。

第四章

博大精深的中国文化的辉煌展现

《红楼梦》充分体现了曹雪芹的中国文化根基，中国文化的伟大灵魂和巨大魅力得到丰富展现。

中国文化的主要内容，《红楼梦》都有展示：哲学、史学、文学、艺术，另有美学、植物学、经济学等等，还有许多读者最喜欢的神秘文化。

一、儒家的伟大思想、灵活原则和宝玉的叛逆

贾宝玉反对中举做官，但对孔孟和《四书》非常尊重。

儒家文化的政治理念和思想是古近代世界上最先进、最合理的。其社会关系和人际关系"孝悌忠信礼义廉耻"八项原则和"己所不欲，勿施于人"的平等原则，全面、正确、深入地规范了中国社会发展的康庄大道。在社会公理上，儒家全以仁义为最高原则。

　　具体的论述有很多。孔子论仁、论义的观点非常精辟。又如《孟子·离娄下》："大人者，言不必信，行不必果，惟义所在。"《孟子·告子上》"鱼与熊掌"篇则做了精妙论述。

　　此外，还有重大问题上的一些具体的原则，高明而合理，故而能深得人心，行之久远：

　　一是对于古近代政治领域最重要的为君之道和君臣关系，儒家提出了精当的原则。

　　孔子《论语·颜渊》说："君君，臣臣，父父，子子。"意为做国君应有君的品德，承担君的责任；臣子应有臣的品德，承担臣的责任；父亲应有父亲的品德，承担父亲的责任；儿子应有做儿子的品德，承担做儿子的责任。各个层次的人，应该各守本分，各自承担其责，国家和社会就正常、和谐了。这是一个基本的原则。

　　孟子《孟子·滕文公上》说："父子有亲，君臣有义，夫妇有别，长幼有序，朋友有信。"进一步具体明确了这个原则。

　　《孟子·离娄下》："君之视臣如手足，则臣视君如腹心；君之视臣如犬马，则臣视君如国人；君之视臣如土芥，则臣视君如寇雠。"对君臣关系做了进一步的具体分析。君臣如手足，这是强调双方是平等的。如果不平等，臣就不理国君；贱视臣，臣就将国君视作仇敌了，也即臣可以推翻、诛杀无道之君。反过来，君"无罪而杀士，则大夫可以去；无罪而戮民，则士可以徙。"

　　《孟子·梁惠王下》：孟子给齐宣王讲"武王伐纣"史事，齐宣王问"臣弑其君"可乎？孟子回答："贼仁者，谓之贼；贼义者，谓之残。残贼之人谓之一夫。闻诛一夫纣矣，未闻弑君也。"再次强调无道昏君、独夫之类，没有资格为君，诛杀昏君独夫是合理合

法的。

以上的言论，是在以仁义为最高的这个原则基础上立论的。

二是对于人类社会的繁衍和发展至关重要的婚姻关系，提出切合实际的婚姻原则。

孟子在这方面的论述有很多。他认为社会的和谐要以婚姻满足、和谐为前提，提出"内无怨女，外无旷夫"（《孟子·梁惠王下》）的原则。

鉴于古近代男女没有婚前接触的条件，社会上尚无设立婚姻介绍机构的条件，故而以"父母之命，媒妁之言"为成婚条件的原则。《孟子·滕文公下》："不待父母之命媒妁之言，钻穴隙相窥，逾墙相从，则父母国人皆贱之。"《孟子·离娄上》："不得乎亲，不可以为人；不顺乎亲，不可以为子。"强调父母之命，是当时成婚者年龄幼小，虚龄十四五岁就结婚，不懂事。

但是，儒家主张既要坚持婚姻的基本原则，根据具体情况，又需灵活处理。

例如，有时可以违反父母之命。"不孝有三，无后为大。舜不告而娶，为无后也，君子以为犹告也。"舜私订终身，"不告而娶"，娶了尧的女儿，他父亲瞽瞍却毫不知晓。因为其父是一个不讲道理、很难对付的人，如果预先向他请求，"告，则不得娶"，这个贤惠、优秀的妻子就娶不成。如果按照其父的意旨定亲，失去这个理想的妻子，舜的婚姻就不会美满幸福。《孟子》说："圣人，人伦之至也。"圣人的言行，应该表现天下的最高准则。孟子认为，舜瞒着父亲娶妻，属于不孝。但"不孝有三，无后为大"，舜最终还是遵循了孝的原则，他遵循的是大孝。任何事，只要合乎"义"，即

可；在婚姻领域，私奔也可。

《孟子·告子下》："窬东家墙而搂其处子，则得妻；不搂，则不得妻，则将搂之乎?"《西厢记》中张生不是"搂"的问题，而是未婚同居，这就是"反封建"思想支配的叛逆行为。张崔之恋，是特例。任何时代，如果社会上提倡和主张未婚同居，社会秩序必将打乱，矛盾丛生。

三是寡妇容许再嫁的原则。从先秦到清末，寡妇都可自由再嫁。

《史记·司马相如传》津津乐道和歌颂新寡的卓文君与司马相如私奔。这个精彩的记载，重点不是寡妇再嫁，而是"私奔"。卓文君是私奔，红拂女也是私奔。李贽论红拂女出走，是"千古第一嫁法"。只要嫁得好，私奔也容许，也赞扬。

开明的君主照样娶再嫁之女，甚至立为皇后。例如王娡已嫁金王孙，并生女金俗。王娡不是寡妇，却改嫁太子，太子继位为汉景帝，她后来被立为皇后。武帝即位后，还将金俗寻回，还给母亲，赏金封侯。武帝姐姐平阳公主的丈夫死了，由武帝安排，再嫁卫青。

自由改嫁在明清著名小说中多有描绘。例如《水浒传》王婆提醒潘金莲：初嫁从亲，再嫁由己。动员她休了武大，改嫁西门庆。《儒林外史》中描写女儿要守寡、殉夫，父母是劝说过的。《红楼梦》描写李纨在丈夫死后，将其小妾放出去，任其改嫁。

有人看到某地有不少贞节牌坊，就污蔑中国古代缺乏人性，不准寡妇改嫁。这些人不想想，就是因为这些"守节"的人是自己自愿的，她们坚拒改嫁，立志守节；而且正因为此类人少，才需立牌坊。宋代名臣范仲淹的母亲改嫁，无人非议。

四是为维护女性的尊严，设立"男女授受不亲原则"。男女肢

体不准随便接触，是预防性骚扰的有效手段。

　　古代人口稀少，男女相处容易出事。设立这个原则是预防男子欺凌女性，反过来如果出于救助目的，男女就可以肢体接触。《孟子·离娄上》：淳于髡问孟子"男女授受不亲"是不是礼，孟子说是。淳于髡再问：嫂嫂掉到水里，要不要伸手将她拉上来？孟子说当然要拉："嫂溺不援，是豺狼也。男女授受不亲，礼也。嫂溺，援之以手，权也。"可见儒家的原则不是僵死的教条，是灵活生动的。

　　贾宝玉与林黛玉，偶尔肢体相碰，是有限的相碰，是情人间爱意的表达。例如，有一次，黛玉听了宝玉的故事，翻身爬起来，按着宝玉笑道："我把你这个烂了嘴的！我就知道你是编派我呢。"说着便拧。宝玉连连央告："好妹妹，饶了我罢，再不敢了。我因为闻见你的香气，忽然想起这个故典来。"黛玉笑道："饶骂了人，你还说是故典呢。"（第十九回）另有一次，黛玉一回眼，看见宝玉左边腮上有纽扣大小的一块血迹，便欠身凑近前来，以手抚之细看道："这又是谁的指甲划破了？"宝玉倒身，一面躲，一面笑道："不是划的，只怕是才刚替他们淘澄胭脂膏子溅上了一点儿。"说着，便找绢子要擦。黛玉便用自己的绢子替他擦了，顺着嘴儿说道："你又干这些事了。干也罢了，必定还要带出幌子来。就是舅舅看不见，别人看见了，又当作奇怪事新鲜话儿去学舌讨好儿，吹到舅舅耳朵里，大家又该不得心净了。"宝玉总没听见这些话，只闻见一股幽香，却是从黛玉袖中发出，闻之令人醉魂酥骨。宝玉一把便将黛玉的衣袖拉住，要瞧瞧笼着何物。

　　宝玉与表妹黛玉的这种亲昵，违背男女授受不亲，在当时社会

是自由恋爱的叛逆行为。必须提醒读者：这是他们两人独处时的秘密亲昵，而非堂而皇之的公开叛逆。

贾宝玉看到美小姐、美丫鬟，就"吃"她们脸上、嘴上的胭脂。这是一种怪癖，除了宝玉敢做，无论小说中还是现实生活中，无人敢做。这是一种比吻脸亲嘴更其深入的一种性行为，是性骚扰。这是《红楼梦》塑造这么一个特别的人物典型而描写的一种特殊行为，是书中写的，只能纸上谈兵，不能仿效实践的"叛逆"行为。如果借口"叛逆"，利用自己的权钱优势或使用暴力，看到中意者就这么做，人们必视之为疯子或罪犯。

在古代社会也有一些谬论，例如："君要臣死，不得不死，不死不忠；父要子亡，不得不亡，不死不孝。"另有"三从四德"、"七出"、"一马不配两鞍，一女不嫁二夫"等等。这些谬论不仅不是儒家的，而且是孔孟所警惕、反对的。孔子是私生子，她的母亲并无三从四德。

任何社会总有教条主义，总有僵化死板的理论。以当代社会婚姻状况来说，有以情义为原则的，有以金钱衡量对象的，有遵循性解放的。也有卖身葬父、权钱交易、嫁人骗钱的，五花八门，看人选择什么。但人们要认清社会的主流、主导思想是什么，不能以偏概全，更不能用彻底反传统的目光，将古代中国妖魔化。当代中国青年的婚姻与古代相比，成功率低，离婚率高，幸福指数不高，自由婚姻也有弊端。

儒家思想指导下的中国社会提倡和实践的一些重要原则，不仅在古近代是先进的，其先进性和可操作性至今仍应提倡。以孔子为代表的儒家思想，也应向世界推广，因此，在中国大陆破除反孔迷

雾、提出"弘扬民族文化"前夕的 1988 年，75 位诺贝尔奖得主聚集巴黎开会，发出了向孔子学习的号召：If humanity is to survive in the 21st century, they have to back to 2500 years to absorb the wisdom of Confucius——人类要在 21 世纪生存下去，必须回到 2500 年前的孔子那里去汲取智慧。孔孟之道是一个高于民主与宪政的理想，是"崇德说"① 的伟大理论，是可以破除西方崇力理论、建设世界和谐的高明政治和社会理论体系。

然后我们来看宝玉的叛逆思想和失败人生。

宝玉学业失败，并非如不少红学家所说的，不读经书，反叛封建家庭，有反叛思想。已有专家正确指出：

贾宝玉并不反对孔子、《四书》，他只是反对仕途经济，反对的目的是风月诗酒，也即懒散享受生活。他不会发动和参加革命，只是想早点死掉，化成灰烟。

宝玉对父亲毕恭毕敬，即使背后也不敢议论。他还是一个少年，不敢公开对抗家长，更且在心中认同父亲的教育是正确的。后来他终于听从父亲的安排，认真读《四书》。

宝玉对老师敬畏如仪，循规蹈矩。

宝玉对孔子和包括《论语》在内的四书非常尊敬，今举三例。

宝玉初会黛玉，便走向黛玉身边坐下，又细细打量一番，问起黛玉的名字，黛玉回答有名无字。宝玉笑道："我送妹妹一字：莫若'颦颦'二字极妙。"探春便道："何处出典？"宝玉道："《古今人物通考》上说：'西方有石名黛，可代画眉之墨。'况这妹妹眉尖

---

① 参见沈善增：《崇德说》，上海人民出版社 2012 年版。

若蹙，取这个字岂不美？"探春笑道："只怕又是杜撰。"宝玉笑道：
"除了《四书》，杜撰的也太多呢。"（第三回）他否定众多书籍，
唯独肯定《四书》。

宝玉请医生为晴雯治病时，议论用药必须恰当："这才是女孩
儿们的药。虽疏散，也不可太过。旧年我病了，却是伤寒，内里饮
食停滞，他瞧了还说我禁不起麻黄、石膏、枳实等狼虎药。我和你
们，就如秋天芸儿进我的那才开的白海棠似的，我禁不起的药，你
们那里经得起？比如人家坟里的大杨树，看着枝叶茂盛，都是空心
子的。"麝月笑道："野坟里只有杨树，难道就没有松柏不成？最讨
人嫌的是杨树，那么大树只一点子叶子，没一点风儿他也是乱响。你
偏要比他，你也太下流了。"宝玉笑道："松柏不敢比。连孔夫子都说
'岁寒然后知松柏之后雕'呢，可知这两件东西高雅。不害臊的才拿
他混比呢。"（第五十一回）他热情遵循孔夫子名言提倡的风骨。

宝玉道："这阶下好好的一株海棠花，竟无故死了半边，我就
知道有坏事，果然应在他身上。"袭人听了，又笑起来说："我要不
说，又掌不住，你也太婆婆妈妈的了。这样的话，怎么是你读书的
人说的？"宝玉叹道："你们那里知道？不但草木，凡天下有情有理
的东西，也和人一样，得了知己，便极有灵验的。若用大题目比，
就像孔子庙前桧树，坟前的蓍草，诸葛祠前的柏树，岳武穆坟前的
松树：这都是堂堂正大之气，千古不磨之物。世乱他就枯干了，世
治他就茂盛了，凡千年枯了又生的几次，这不是应兆么？若是小题
目比，就像杨太真沈香亭的木芍药，端正楼的相思树，王昭君坟上
的长青草，难道不也有灵验？所以这海棠亦是应着人生的。"（第七
十七回）连孔子庙前大树也有堂堂正气，崇敬孔子之情溢于言表。

宝玉明确赞成朱熹的"明明德"观点，说"明明德"外"无书"，复述朱熹的观点：认为《四书》以《大学》为纲，是最重要的书，读通了《四书》就无书读不懂了。

贾宝玉在"孝"这个重大原则上，是严肃认真的。所以，他虽然事实上不想读书，不想中举，但是，为了尊敬父亲，为了尽孝，只得读书，只得中举。

至于宝玉反对"文死谏"和"武死战"，并非反封建，而是为国尽忠要有道。宝玉的具体观点是："人谁不死？只要死的好。那些须眉浊物只听见'文死谏''武死战'这二死是大丈夫的名节，便只管胡闹起来。那里知道有昏君，方有死谏之臣，只顾他邀名，猛拚一死，将来置君父于何地？必定有刀兵，方有死战，他只顾图汗马之功，猛拚一死，将来弃国于何地？"袭人不等说完，便道："古时候儿这些人，也因出于不得已他才死啊。"宝玉道："那武将要是疏谋少略的，他自己无能，白送了性命，这难道也是不得已么？那文官更不比武官了：他念两句书，记在心里，苦朝廷少有瑕疵，他就胡弹乱谏，邀忠烈之名；倘有不合，浊气一涌，即时拚死，这难道也是不得已？要知道那朝廷是受命于天，若非圣人，那天也断断不把这万几重任交代。可知那些死的，都是沽名钓誉，并不知君臣的大义。比如我此时若果有造化，趁着你们都在眼前，我就死了，再能够你们哭我的眼泪，流成大河，把我的尸首漂起来，送到那鸦雀不到的幽僻去处，随风化了，自此再不托生为人，这就是我死的得时了。"（第三十六回）

宝玉反对的是向昏君"文死谏"、毫无谋略的"武死战"，而并非无原则地反对"文死谏"和"武死战"。

《红楼梦》描写的宝玉、黛玉的叛逆性，是他们私下建立和发展爱情。但由于贾府早已有长辈要将他们婚配的舆论，所以这个"叛逆性"是极为有限的。

从历史发展的必然规律看，伟大作家对所处的社会和旧制度都天然地带有叛逆性。每一代青年对自己的时代和社会也必然有不满之心，这是社会进步和时代进步的动力。任何时代和社会，都有自己的不足之处，都有需要改进之处，历史的发展即由此而来。

二、曹雪芹的历史观

中国具有五千年的悠久历史，历代文人都重视学习历史、研究历史。曹雪芹的《红楼梦》是一部社会世情小说，作者具有正确的政治观，并据此上升的历史观。《红楼梦》一书所反映的一种对中国历史的基本看法，非常令人瞩目。

1.《红楼梦》女娲补天开首的历史观

《红楼梦》从描写中国历史的源头开始，这种创作方法，在中国文学中是空前绝后的。

中国历史传说的最早源头是三皇五帝时期，司马迁《史记》以《五帝本纪》开始，他将中国历史的源头定为五帝时期。由于五帝时期没有可靠、翔实的记载，属于传说时期，所以司马迁"斥不雅驯之百家言"，即摒弃了部分"荒诞"传说，根据他认为的比较可靠的传说，记载了他的《五帝本纪》。20世纪第一国学大师、新史学开山祖王国维在清华大学国学院给研究生讲课时指出：今日"得地下之新材料（指出土文物）"，"我辈固得据以补正纸上之材料，亦得证明古书之某部分全为实录，即百家不雅驯之言，亦不无表示

一面之事实。此二重证据法也"，因此"虽古书之未得证明者，不能加以否定"。①

《红楼梦》根据古代传说的资料，将中国历史的源头推进到最早的起源，即三皇时期中的女娲，以女娲补天作为小说的开头。本书第二章第一节介绍了中国历史的开端和传说中的女娲的来历和经历。

《红楼梦》开首用自嘲的笔调起笔："你道此书从何而起？说来虽近荒唐，细玩颇有趣味。却说那女娲氏炼石补天之时，于大荒山无稽崖"炼石。作者承认女娲的传说，从没有掌握高深文化的世俗读者来看，女娲炼石和补天近于"荒唐"，其所处之山崖也是其炼石的来源，本属于"荒诞无稽"的故事传说。当然，根据王国维的指导性的观点，"即百家不雅驯之言，亦不无表示一面之事实"。《红楼梦》以此描写宝玉的来历，颇有深意。所以作者郑重正告读者，《红楼梦》像任何文艺作品一样，都是"说来虽近荒唐，细玩颇有趣味"。

于是《红楼梦》的开首，与中国历史同时起源。这个与司马迁《史记》标新立异的历史观，和以此为全书的引子，充分显示了曹雪芹创作《红楼梦》的宏大气魄和深远探索。

2. 匈奴、契丹为患中华和反清的历史观

三皇五帝之后即尧舜时期。《红楼梦》的历史认识，在女娲之后，立即跳跃至尧舜时期。《红楼梦》六十三回有一段情节，贾宝玉庆祝生日之夜，与群芳酒醉之后，沉睡至天亮。在生日庆祝的余兴中，他将自己所喜爱的戏子出身的苏州女子、美丽丫鬟芳官，改

---

① 王国维：《古史新证》，拙编《王国维集》第四册，中国社会科学出版社2008、2012年版，第72页。

名为"耶律雄奴"。贾宝玉说：

　　"雄奴"二音，又与匈奴相通，都是犬戎名姓。况且这两
种人自尧舜时便为中华之患，晋唐诸朝，深受其害。幸得咱们
有福，生在当今之世，大舜之正裔，圣虞之功德仁孝，赫赫格
天，同天地日月亿兆不朽，所以凡历朝中跳梁猖獗之小丑，到
了如今竟不用一干一戈，皆天使其拱手俛头缘远来降。我们正
该作践他们，为君父生色。……如今四海宾服，八方宁静，千
载百载不用武备。咱们虽一戏一笑，也该称颂，方不负坐享升
平了。

　　匈奴（最初称荤粥，读 xūn yù）当时有一部分属于炎帝系统
（后又有一部分属于黄帝后裔），《史记·五帝本纪》说："黄帝北逐
荤粥，合符釜山，而邑于涿鹿之阿。"华夏民族与匈奴最早的战争
起自此时。此后的尧舜时期匈奴之患，史书并无记载，是宝玉说的。
而司马迁则说：夏商周"三代以来，匈奴常为中国患害"（《史记·
太史公自序》）。其患害一直继续到汉武帝时，汉武帝发动反侵略的
汉匈战争。至东汉前期匈奴被彻底打垮后，部分内附，部分西遁欧
洲，部分宣布自己为鲜卑人。匈奴的后裔鲜卑、突厥、契丹、蒙古
不断南侵，所以宝玉说"晋唐诸朝，深受其害"，直至明朝统一全
国时，才初步告一段落。① 此后西部蒙古不断南侵明朝地区，此时，
于明崇祯九年（1636），沙皇俄国向东方扩张，入侵中国黑龙江北
岸地区。入侵的沙俄哥萨克士兵，残暴凶狠，竟在清崇德八年
（1643）冬天入侵时，以人肉为食，吃掉中国百姓 50 人。沙俄的入

_____

　　① 参见拙著《汉匈四千年之战》，上海锦绣文章出版社 2012 年修订版。

侵和中国军民的抗击持续直到康熙二十八年（1689）九月，中俄双方签订《尼布楚条约》，中国的东北边境终于平静，前后历时 53 年，但已经失去了大片土地。

清初起，在中国的西伯利亚和新疆地区的西部蒙古的准噶尔部发动叛乱。准噶尔部抵挡不住俄国的入侵，失去西伯利亚等地区，后又与沙俄勾结，背叛祖国，大力进攻、控制了天山南部、青海和西藏北部，并继续向东进攻。经过康熙二十九年（1690）、康熙三十四年（1695）、康熙三十五年（1696），康熙再度亲征的数次激战，康熙三十六年（1697）终于平定噶尔丹之叛。康熙在平叛的过程中，为避免两面作战，竟然主动将贝加尔湖及其周围地区割让给俄国，而俄国则继续入侵和支持准噶尔部的叛乱。

此后准噶尔部继续叛乱，雍正在平叛的战争期间，也让出领土给俄国，直至乾隆二十年（1755）五月取得决定性的胜利，清朝平定准噶尔，统一全疆，西部诸部纷纷来降。乾隆于此年十二月初八日，"宣谕用兵准噶尔始末，令天下周知"。

冯其庸分析和推想，曹雪芹在乾隆二十年（1755）撰写或修订《红楼梦》时，写了"（宝玉的）这段话，正是反映了百年边患，给边地人民造成了死亡相继、朝不保夕的痛苦，一旦和平突然降临，从此人民的生命财产得到了保障，所以，人们从心底里产生了幸福感和感恩的心情。这段话，也完全可能是曹雪芹发自内心的对西部平定的歌颂"①。

---

① 冯其庸：《〈红楼梦〉六十三回与中国西部的平定》，载《光明日报》2009 年 11 月 10 日。

宝玉说"晋唐诸朝，深受其害"，唐朝五代之后，两宋大受金兵的祸害。曹雪芹不敢提，此因清朝本称"后金"，是金人的后裔；他们叛乱并占领全国，坏事做尽，汉族又一次"深受其害"。曹雪芹因此于内心隐含反清思想，但不能明说，其实宝玉的这段话中就有着反清思想。所以曹雪芹既有平定准噶尔，全国再次和平统一的喜悦，也有感慨汉族数千年大受匈奴以至清人、准噶尔之害的伤巨痛深之意。

3. 薛宝琴咏史诗的历史观

第五十一回"薛小妹新编怀古诗"描写众人闻得宝琴将素昔所经过各省内古迹为题，做了十首怀古绝句，内隐十物，皆说："这自然新巧。"都争着看时，只见写道是：

赤壁怀古

赤壁沉埋水不流，徒留名姓载空舟。

喧阗一炬悲风冷，无限英魂在内游。

交趾怀古

铜柱金城振纪纲，声传海外播戎羌。

马援自是功劳大，铁笛无烦说子房。

钟山怀古

名利何曾伴女身，无端被诏出凡尘。

牵连大抵难休绝，莫怨他人嘲笑频。

淮阴怀古

壮士须防恶犬欺，三齐位定盖棺时。

寄言世俗休轻鄙，一饭之恩死也知。

《赤壁图》　明·仇英

广陵怀古

蝉噪鸦栖转眼过，隋堤风景近如何？

只缘占尽风流号，惹得纷纷口舌多。

桃叶渡怀古

衰草闲花映浅池，桃枝桃叶总分离。

六朝梁栋多如许，小照空悬壁上题。

青冢怀古

黑水茫茫咽不流，冰弦拨尽曲中愁。

汉家制度诚堪笑，樗栎应惭万古羞。

马嵬怀古

寂寞脂痕积汗光，温柔一旦付东洋。

只因遗得风流迹，此日衣裳尚有香。

　　最后两首歌颂《西厢记》和《牡丹亭》这两部戏曲中的虚构人物，谈不上是怀古诗，本书前面已经做了分析评论。

　　第一至第八首是怀古诗。曹雪芹为薛宝琴代拟的怀古诗，可能是他早年身边的少女写的，可能是根据早年认识或听闻的少女之诗修改的，也可能完全是曹雪芹代书中人创作的。这些诗用在小说中，并得到书中人物的集体赞赏，可见是曹雪芹的历史观的反映。

　　这八首怀古诗，按时代排列，西汉的二首分别谈韩信、王昭君，东汉的一首谈马援，三国的一首评论赤壁之战，东晋的一首，唐代

的一首写杨贵妃。但薛宝琴不按一般的时间次序的排列，而是按题材排列。

第一首即《赤壁怀古》，追求视觉和感觉的冲击力。在曹雪芹之前，赤壁怀古诗词有很多，最著名的是北宋苏轼的《念奴娇》：

日圆山应举《杨贵妃图》

> 大江东去，浪淘尽，千古风流人物。故垒西边，人道是，三国周郎赤壁。乱石穿空，惊涛拍岸，卷起千堆雪。江山如画，一时多少豪杰。　遥想公瑾当年，小乔初嫁了，雄姿英发。羽扇纶巾，谈笑间，樯橹灰飞烟灭。故国神游，多情应笑我，早生华发。人生如梦，一樽还酹江月。

此后有明代杨慎（1488～1559）的《临江仙》：

> 滚滚长江东逝水，浪花淘尽英雄。是非成败转头空，青山依旧在，几度夕阳红。　白发渔樵江渚上，惯看秋月春风。一壶浊酒喜相逢，古今多少事，都付笑谈中。

杨慎《临江仙》原是他晚年所著历史通俗说唱之作《廿一史弹词》（原名《历代史略十段锦词话》）中第三段《说秦汉》的开场词。清初的毛宗岗激赏此词丰厚的意境和优美而有气魄的语言，将此词列在他修改、评批的《三国演义》的通行定稿本的卷首，随着这部家喻户晓的巨著而名扬四海。

此词开首两句意境雄浑，第一句精巧地借用了杜甫的名句"无边落木萧萧下，不尽长江滚滚来"的意境，这两句重新组合苏轼的

"大江东去，浪淘尽千古风流人物"千古名句，调换节奏，补入杜甫的"滚滚"两字。此后就自己发挥，感慨后浪推前浪般的英雄叱咤风云的丰功伟绩，就像一江巨水向东流一样，终将被历史长河带走，只是被后人谈笑而已。从豪迈转为悲壮，最后落入虚无。荣辱沧桑，是非成败，一切成空。既旷达超脱又苍凉悲切。这是苏词"人生如梦"的精彩发挥。

薛宝琴此诗接着苏轼和杨慎落笔时的情绪和意境，进一步用悲凉笔调写出战争的残酷无情与无人性，参战战士的无奈和无力，表现内战的无理、无聊，批判发动内战者的无赖和无义。

如果外敌入侵，勇士慷慨赴死，天经地义；而赤壁大战则是统治者为了保持或扩张自己的势力和私利发动的内战。

全诗的用语全部取向悲凉无奈的情绪指向，"沉埋"、"空舟"、"悲风冷"，造成的后果是"水不流"，"徒留名姓"，最后一句"无限英魂在内游"，白白死了这么多英雄好汉，于国于民无利，表达了无限的遗憾。

中国人往往因统治者的无德无能，造成内斗、内乱、内战，结果被外敌趁火打劫。

第二首《交趾怀古》即再申前义，继续批判为一己私利而发动内斗、内乱和内战的野心家、阴谋家，赞誉平乱的英雄——一生以平叛为己任的东汉名将马援（前14～49）。

交趾在今越南，该地区自秦朝至明朝，曾长期归属于中国统治，但曾几次反复。秦始皇统一全国后，在此设交趾郡。

第三首讥刺南朝齐的周颙本想做隐士，后又奉召为官，受到后人（唐朝孔稚珪著名文章《北山移文》，北山即钟山，又称紫金山）

的讥讽。实际上周颙并无隐而复出的事迹，《北山移文》和薛宝琴此诗都是借题发挥，讽刺假隐士贪图官职的虚伪。第四首《淮阴怀古》同情韩信的结局，本书前面已做评论。第五首《广陵怀古》讥讽隋炀帝在扬州逍遥于温柔之乡，过着风流欢快的日子，最后身败名裂。第六首《桃叶渡怀古》感叹桃叶虽嫁给名士王献之为妾，终于惆怅分离。第七首《青冢怀古》描写王昭君，与下面黛玉之诗，意思相近，汉宫竟然让画工决定美人的命运，这种制度愚蠢而可笑，但两诗的表达方法不同。第八首《马嵬怀古》"温柔一旦付东洋"，还是惋惜美人投错怀抱，被唐明皇抛弃，死于非命。

4. 林黛玉《五美吟》的历史观

此外，曹雪芹还通过林黛玉和薛宝琴两位才女"发思古之幽情"的怀古诗、咏史诗，发表自己的历史观。

林黛玉自谓"曾见古史中有才色的女子，终身遭际，令人可欣、可羡、可悲、可叹者甚多"，"胡乱凑几首诗，以寄感慨"，宝玉将它题为《五美吟》（第六十四回）。歌咏历史上的美女，实际上也是一种咏史诗：

《西施》：一代倾城逐浪花，吴宫空自忆儿家。效颦莫笑东村女，头白溪边尚浣纱。

《虞姬》：肠断乌骓夜啸风，虞兮幽恨对重瞳。黥彭甘受他年醢，饮剑何如楚帐中？

《明妃》：绝艳惊人出汉宫，红颜命薄古今同。君王纵使轻颜色，予夺权何畀画工？

《绿珠》：瓦砾明珠一例抛，何曾石尉重娇娆？都缘顽福前生造，更有同归慰寂寥。

《红拂》：长揖雄谈态自殊，美人巨眼识穷途。尸居余气杨公幕，岂得羁縻女丈夫？

第一首说，一代绝色美女如浪花般卷没了，吴宫里的人空自回忆起你的往事。不要讥笑模仿你捧心皱眉的东村丑女，她在若耶溪边漂丝洗纱，倒反能活到白首老年。

西施得到君王的宠爱，却成了政治的牺牲品，年纪轻轻就丧身。不如平凡女子在民间安然度过一生。

第二首说，项羽被汉军包围，即将灭亡，连他的战马也半夜哀鸣，虞姬与项羽（其一对眼睛都有两个瞳孔）相对痛苦落泪。黥布与彭越投降刘邦后被杀害，后者甚至剁成肉酱，还不如在楚营壮烈自刎，名传后世。

身为名将，应该不畏牺牲，屈身投降，还是被惨杀，还不如临危玉碎，博得不朽声名。

第三首说，王昭君和亲，离开汉朝时，这位惊世美女光照汉宫，而红颜薄命则古今相同。君王即使不重视美女的前途，为什么把决定权交给贪婪的画工呢？批判柔弱的昏君昏庸无能，连美女也保不住。历史上众多的君王边的美人，亡国时的下场更其悲惨。

第四首，石尉，即石崇，他曾任散骑常侍、侍中，出领南蛮校尉，故称石尉。绿珠是石崇的侍妾，《晋书·石崇传》："崇有妓曰绿珠，美而艳，善吹笛。孙秀使人求之，崇勃然曰：'绿珠，吾所爱，不可得也！'秀怒，矫诏收崇（冒称皇帝的指令抓捕石崇），崇正宴于楼上，介士（武士）到门，崇为绿珠曰：'我今为尔得罪。'绿珠泣曰：'当效死于君前。'因自投于楼下而死。"

此诗说，把明珠（比喻美女绿珠）像瓦砾一样地丢弃，石崇哪

里真的珍爱这个美丽的女子？石崇虽死，还是有前世注定的厚福，更有绿珠与他一起作伴，同归地府，使他在阴间不至于寂寞难耐。

第五首，据唐代杜光庭《虬髯客传》：隋末时，红拂原是大臣杨素的婢女。本姓张，因侍奉杨素时，手执红拂，即以为名。李靖以布衣入见杨素，从容讨论天下大事，红拂见他器宇轩昂，谈吐不凡，预见他将来必有作为，竟然连夜投奔李靖，与他同往太原辅佐李世民起兵伐隋。此诗说，李靖谒见杨素时，杨素态度倨傲，李靖长揖不拜，高谈阔论，识见超群，不得不使杨素心服。红拂这位美人巨眼识人，在李靖卑贱时即预见他必是英雄。"尸居余气"，典出《晋书》，李胜对曹爽说："司马公尸居余气，形神已离，不足虑也。"杨素的府署留不住红拂，红拂投奔李靖，李靖恐怕杨素不肯罢休，红拂说杨素其人"彼尸居余气，不足畏也"。时人称红拂、李靖与虬髯客为"风尘三侠"，所以黛玉这里恭称她为"女丈夫"。

黛玉这五首诗，惋惜西施、昭君、绿珠这三位著名美人明珠暗投、红颜薄命的遭遇；赞赏虞姬为知己者死的壮烈；歌颂智慧女子巨眼识人，主动与困境中的英雄一起追求美好前景的壮举。

三、腹有诗书气自华

曹雪芹的文化根底，以诗词和戏曲最为丰厚。因此《红楼梦》中，诗词和戏曲的分量最大，在中国小说中，无与伦比。

有识者认为：语言文字、思维模式、行为方式以及价值观等文化特质是一个民族的重要识别符号。五千年来，由中华民族的先人们创作并传承下来的那些脍炙人口、深入人心的古典诗词，带给当代人的不仅仅是一种美轮美奂的文学形式，更重要的是，它们所承

载的内容，生动而深刻地展现了中国文化的魂灵。

并指出：中华民族与生俱来的诗意表达和对诗意生活的崇尚，铸就了中华民族的伟大魂灵，它是民族薪火相传的内生动力。中华诗词是中华民族历史文化传承的重要载体，是文化的血脉。没有诗词见证的历史是苍白的历史，失去诗词佐证的文化是不完整的文化。

这话讲得真好。中华民族在文化与思维高度成熟的初期，即产生了大量诗歌，《诗经》是一个精彩的选本。诗歌创作陪伴了整个中国的历史，到唐宋以后，知识分子几乎人人学习诗歌写作。古人将对联训练、诗歌写作训练作为必修课，并成为人生的一大乐趣。

《红楼梦》中的所有才女全都会写诗，全部加入诗社。这真切反映了明清闺阁女性教育的成功。不仅闺阁诗人，连多位秦淮名妓，也诗画俱佳。清代的弹词作家几乎都是女性，杰出者如陈端生《再生缘》得到国学大师陈寅恪和郭沫若的极高评价。

《红楼梦》中的诗歌，诗、词、曲齐全。其中，词比诗难写，曲最难写，此因格律一个比一个严整。所以当代作家诗人，写旧诗的最多，写词的很少，敢于挑战写曲的极少。《红楼梦》中的曲，高雅的如警幻仙子给宝玉听的《红楼梦曲》，通俗的如酒席上冯紫英、贾宝玉、蒋玉菡等的"女儿"酒令曲，都很美。

曹雪芹在《红楼梦》中舒展自己诗词创作的才情，为书中人物设计他们创作的诗、词、曲。她们在节庆的宴会上，边饮酒，边以酒令形式斗诗比才，气氛热烈而祥和，充分显示了古代中国极高的文化水准。

《红楼梦》中，金陵十二钗大多是才女，薛宝琴、史湘云和妙玉等，皆才情可观，其中诗才最好的是林黛玉、薛宝钗，另有史湘

云、薛宝琴，更有方外奇女子妙玉。

薛宝琴和薛宝钗的诗歌，本书在有关章节中已做评论；这里重点评论林黛玉的诗歌创作和她的诗歌评论。

1. 林黛玉的诗歌创作

俞平伯先生认为《红楼梦》为林黛玉设计的葬花情节和《葬花词》都借鉴了唐伯虎的诗歌和意境。俞平伯《红楼梦辨·十五唐六如与林黛玉》说：

> 《红楼梦》中的十二钗，黛玉为首，而她的葬花一事，描写得尤为出力，为全书之精彩。这是凡读过《红楼梦》的人，都有这个经验的。但他们却以为这是雪芹的创造的想象，或者是实有的经历，而不知道是有所本的。虽然，实际上确有其人、其事，也尽可能；但葬花一事，无论如何，系受古人的暗示而来，不是"空中楼阁"、"平地楼台"。

> 我们先看葬花这件事，是否古人曾经有的？我们且看：

> "唐子畏居桃花庵。轩前庭半亩，多种牡丹花，开时邀文征仲、祝枝山赋诗浮白其下，弥朝浃夕，有时大叫痛哭。至花落，遣小伻一一细拾，盛以锦囊，葬于药栏东畔，作落花诗送之。"（《六如居士外集》，卷二）

> "却是林黛玉来了，肩上担着花锄，花锄上挂着纱囊，手内拿着花帚。……那畸角上，我有一个花冢。如今把他扫了，装在这绢袋里，埋在那里，日久随土化了，岂不干净。"（《红楼梦》，第二十三回）

> "一直奔了那日同黛玉葬桃花的去处来。……只听那边有呜咽之声，一面数落着，哭得好不伤心。"（第二十七回）读者

逐字句参较一下，便可恍然了。未有林黛玉的葬花，先有唐六如的葬花；且其神情亦复相同。唐六如大叫痛哭，林黛玉有呜咽之声，哭得好不伤心。唐六如以锦囊盛花，林黛玉便有纱囊、绢袋。唐六如葬花于药栏东畔，林黛玉说："那畸角上，我有一个花冢。"如依蔡孑民的三法之一（轶事可征），那么，何必朱竹垞，唐六如岂不可以做黛玉的前身？

但我们既不敢如此附会、武断，又不能把这两事，解作偶合的情况，便不得不作下列的两种假定：（1）黛玉的葬花，系受唐六如的暗示。（2）雪芹写黛玉葬花事，系受唐六如的暗示。依全书的态度看，似乎第一假定较近真一点。黛玉是无书不读的人，尽有受唐六如影响的可能性。

而且，还有一证，可以助我们去相信这个假设。黛玉的诗，深受唐六如的影响，这是一比较就可见的。《外集》所谓落花诗，是二十首的七律，与黛玉的葬花诗无关。但《六如集》中另有两首，却为葬花诗所脱胎。我们且节引一下，并举葬花诗对照。

"今日花开又一枝，明日来看知是谁？明年今日花开否？今日明年谁得知？"（卷一，《花下酌酒歌》）

"桃李明年能再发，明年闺中知有谁？……明年花发虽可啄，却不道人去梁空巢亦倾！"（第二十七回）

又如：

"一年三百六十日，春夏秋冬各九十。冬寒夏热最难当，寒则如刀热如炙。春三秋九号温和，天气温和风雨多。一年细算良辰少，况又难逢美景何！"（卷一，《一年歌》）

"一年三百六十日，风刀霜剑严相逼。明媚鲜妍能几时？

一朝飘泊难寻觅。"（第二十七回）后诗从前诗蜕化而来，明显如此，似决非偶合的事情了。且可以参证的还不止此。唐六如住《桃花庵》有"万树桃花月满天"的风物。林黛玉住的地方虽没有桃花（第四十回），但葬的是桃花（第二十七回），又做桃花诗，结桃花社（第七十回）。我们试把六如的《桃花庵歌》，和黛玉的《桃花行》参较一下：

"桃花坞里桃花庵，桃花庵里桃花仙。桃花仙人种桃树，又摘桃花换酒钱。"（卷一，《桃花庵歌》）

"桃花帘外东风软，桃花帘内晨妆懒。帘外桃花帘内人，人与桃花隔不远。"（第七十回，《桃花行》）这虽没有十分的形貌相同，但丰神已逼肖了。又如六如说："花前人是去年身，今年人比去年老。"（卷一，《花下酌酒歌》）黛玉便说："桃花帘外开仍旧，帘中人比桃花瘦。"（第七十回，《桃花行》）至于综观两人的七言歌行，风格极相似，且都喜欢用连珠体。六如有《花月吟》效连珠体十一首（《六如集》，卷二），句句有花有月。黛玉则拟"春江花月夜"之格，乃名其词曰《秋窗风雨夕》（第四十五回）。

总之，我们在大体上着想，已可以知道《红楼梦》虽是部奇书，却也不是劈空而来的奇书。它的有所因，有所本，并不足以损它的声价，反可以形成真的伟大。古语所谓："河海不择细流故能成其大"，正足以移作《红楼梦》的赞语。①

———

① 《红楼梦辨·十五唐六如与林黛玉》，见俞平伯：《俞平伯论红楼梦》上册，上海古籍出版社1988年版，第305～308页。

俞平伯先生深爱《红楼梦》，所以不说《红楼梦》模仿唐伯虎，反而表扬说"相似"得好；也不说唐伯虎的诗歌香蜜甜熟，反而说《红楼梦》因为"深受"其"影响"，"可以形成真的伟大"，赞其"河海不择细流故能成其大"。

唐伯虎的诗风与北宋秦观相似，元好问《论诗三十首》之二十四论秦观说："有情芍药含晚泪，无力蔷薇卧晚枝。拈出退之山石句，始知渠是女郎诗。"唐伯虎写的也是女郎诗，正值得林黛玉继承，由林黛玉写出货真价实的女郎诗。林黛玉继承唐伯虎的诗意，符合王国维"借古人之境界为我之境界"的原则。

2. 林黛玉的唐诗评论

曹雪芹平时博览群书时，也读过一些诗论之作。古代的诗论著作，多称为"诗话"，北宋欧阳修《六一诗话》是首创作品。这是中国美学家创造的一种特殊文体，是其他国家没有的。精彩的诗话之作，《红楼梦》中，林黛玉教导香菱学诗时，就运用了两种，即列入中国古代美学十大名著①中的南宋严羽的《沧浪诗话》和清代王士禛的《带经堂诗话》。

大观园的第一才女林黛玉在诗社赛诗时经常得到第一，是园内出色的女诗人。她的诗写得好，是因为熟读和背诵了众多唐诗的经典和名作，并有着自己的体会。香菱向她学诗时，她对香菱的一番

---

① 我认为中国十大美学著作是：西晋·陆机《文赋》、南朝齐·钟嵘《诗品》、南朝齐梁·刘勰《文心雕龙》、唐·司空图《二十四诗品》、南宋·严羽《沧浪诗话》、清·《金圣叹全集》（其中最重要的是《金批水浒》和《金批西厢》）、叶燮《原诗》、王士禛《带经堂诗话》、刘熙载《艺概》和王国维《人间词话》。

教导，传授了作诗的基本方法和
原则：

香菱

　　且说香菱见了众人之后，
吃过晚饭，宝钗等都往贾母处
去了，自己便往潇湘馆中来。
此时黛玉已好了大半了，见香
菱也进园来住，自是喜欢。香
菱因笑道："我这一进来了，
也得空儿，好歹教给我做诗，
就是我的造化了。"黛玉笑道：
"既要学做诗，你就拜我为师。
我虽不通，大略也还教的起你。"香菱笑道："果然这样，我就
拜你为师，你可不许腻烦的。"

　　黛玉道："什么难事，也值得去学？不过是起、承、转、
合，当中承、转是两副对子，平声的对仄声，虚的对实的，实
的对虚的。若是果有了奇句，连平仄虚实不对都使得的。"香
菱笑道："……如今听你一说，原来这些规矩，竟是没事的，
只要词句新奇为上。"黛玉道："正是这个道理。词句究竟还是
末事，第一是立意要紧。若意趣真了，连词句不用修饰自是好
的，这叫做'不为词害意'。"

黛玉告诉香菱作诗的基本方法，但"第一立意要紧"，要"意
趣真"。

香菱告诉黛玉，她读了陆游的诗，感到很喜欢。黛玉告诉她学
诗要熟读唐代的三大诗人——王维、杜甫和李白的好诗。

香菱道："我只爱陆放翁的'重帘不卷留香久，古砚微凹聚墨多'，说的真切有趣。"黛玉道："断不可看这样的诗。你们因不知诗，所以见了这浅近的就爱，一入了这个格局，再学不出来的。你只听我说，你若真心要学，我这里有《王摩诘全集》，你且把他的五言律一百首细心揣摩透熟了，然后再读一百二十首老杜的七言律，次之再李青莲的七言绝句读一二百首。肚子里先有了这三个人做了底子，然后再把陶渊明、应、刘、谢、阮、庾、鲍等人的一看，你又是这样一个极聪明伶俐的人，不用一年工夫，不愁不是诗翁了。"

香菱听了，笑道："既这样，好姑娘，你就把这书给我拿出来，我带回去夜里念几首也是好的。"黛玉听说，便命紫鹃将王右丞的五言律拿来，递与香菱道："你只看有红圈的，都是我选的，有一首念一首。不明白的问你姑娘，或者遇见我，我讲与你就是了。"香菱拿了诗，回至蘅芜院中，诸事不管，只向灯下一首一首的读起来。宝钗连催他数次睡觉，他也不睡。宝钗见他这般苦心，只得随他去了。（第四十八回）

钱穆先生认为：

黛玉说："这种诗千万不能学，学作这样的诗，你就不会作诗了。"下面她告诉那丫鬟学诗的方法。她说："你应当读王摩诘、杜甫、李白跟陶渊明的诗。每一家读几十首，或是一两百首。得了了解以后，就会懂得作诗了。"这一段话讲得很有意思。

放翁这两句诗，对得很工整。其实则只是字面上的堆砌，而背后没有人。若说它完全没有人，也不尽然，到底该有个人

在里面。这个人，在书房里烧了一炉香，帘子不挂起来，香就不出去了。他在那里写字，或作诗。有很好的砚台，磨了墨，还没用。则是此诗背后原是有一人，但这人却教什么人来当都可，因此人并不见有特殊的意境，与特殊的情趣。无意境，无情趣，也只是一俗人。尽有人买一件古玩，烧一炉香，自己以为很高雅，其实还是俗。因为在这环境中，换进别一个人来，不见有什么不同，这就算做俗。高雅的人则不然，应有他一番特殊的情趣和意境。

钱穆具体分析了黛玉评论陆游这两句诗不可学的理由。

至于陆游的诗歌不可学，"断不可看这样的诗"，是指陆放翁这些浅近的诗。陆放翁另有爱国诗篇，热情向往抗金北伐的，则是千古名著。梁启超《读陆放翁集》四首，前二首为：

诗界千年靡靡风，兵魂销尽国魂空。集中十九从军乐，亘古男儿一放翁！

辜负胸中十万兵，百无聊赖以诗鸣。谁怜爱国千行泪，说到胡尘意不平。

黛玉她们不学不教此类诗，因为清朝的统治者是"胡尘"金国女真的后裔，是"后金"，黛玉她们当然不敢攻击满清统治者，《红楼梦》也必须回避的。

钱穆接着说：

此刻先拿黛玉所举三人王维、杜甫、李白来说，他们恰巧代表了三种性格，也代表了三派学问。王摩诘是释，是禅宗。李白是道，是老庄。杜甫是儒，是孔孟。《红楼梦》作者，或是抄袭王渔洋以摩诘为诗佛，太白为诗仙，杜甫为诗圣的说

法。故特举此三人。摩诘诗极富禅味。禅宗常讲"无我、无住、无著"。后来人论诗，主张要不著一字，尽得风流。但作诗怎能不著一字，又怎能不著一字而尽得风流呢？"①

钱穆先生指出曹雪芹搬运了王渔洋的观点。王渔洋的这个观点非常有名，范文澜《中国通史简编》在记叙唐代文化时也引用了这个观点。王渔洋，即王士祯（1634～1711），避雍正之胤禛名讳，改为王士祯，号渔洋。

《红楼梦》中，林黛玉运用王渔洋的观点是明用，即直接用了王渔洋的观点，但不是写论文和专著，所以没有指名出处，即这个观点的作者和原书、原文的题目。

唐代名声和成就都相当的三大诗人中，王维最擅长五律，杜甫最擅长七律，李白则以七绝最佳。

林黛玉教导香菱初学写诗，要学唐诗的顶峰作品，这是非常经典的教导。南宋严羽的诗学名著《沧浪诗话》说："立志须高，入门须正。"严羽认为诗人立志须高，是立志写出好诗；入门须正，是必须学习盛唐诗歌作为自己的入门的教材和最好的范本。盛唐之诗，好在哪里？唯在兴趣。

林黛玉运用严羽的观点是暗用，即没有直接用严羽的观点，只是将严羽观点的意思用自己的语言作表达。

香菱遵从黛玉的教导，读背唐诗经典之后，又来汇报学习体会：

　　一日，黛玉方梳洗完了，只见香菱笑吟吟的送了书来，又

---

① 《谈诗》，见钱穆：《中国文学论丛》，生活·读书·新知三联书店2002年版，第112页。

要换杜律。黛玉笑道："共记得多少首？"香菱笑道："凡红圈选的，我尽读了。"黛玉道："可领略了些没有？"香菱笑道："我倒领略了些，只不知是不是，说给你听听。"黛玉笑道："正要讲究讨论，方能长进。你且说来我听听。"香菱笑道："据我看来，诗的好处，有口里说不出来的意思，想去却是逼真的；又似乎无理的，想去竟是有理有情的。"黛玉笑道："这话有了些意思！但不知你从何处见得？"香菱笑道："我看他《塞上》一首，内一联云：'大漠孤烟直，长河落日圆。'想来烟如何直？日自然是圆的。这'直'字似无理，'圆'字似太俗。合上书一想，倒像是见了这景的。要说再找两个字换这两个，竟再找不出两个字来。再还有：'日落江湖白，潮来天地青。'这'白''青'两个字，也似无理，想来必得这两个字才形容的尽，念在嘴里，倒像有几千斤重的一个橄榄似的。还有'渡头馀落日，墟里上孤烟'，这'馀'字合'上'字，难为他怎么想来！我们那年上京来，那日下晚便湾住船，岸上又没有人，只有几棵树。远远的几家人家作晚饭，那个烟竟是青碧连云。谁知我昨儿晚上看了这两句，倒像我又到了那个地方去了。"

香菱这样灵慧而又有很强记性的姑娘，不仅读、背，还能反复思索，结合记忆中的风景，对证诗中的佳句。《红楼梦》借香菱之口介绍这种学习方法，字字珠玑，是有示范性的。

《红楼梦》中有过出远门经历的才女，只有宝钗、黛玉、宝琴、香菱四人。宝琴见闻最广。宝钗随同母兄乘船从金陵来到都中，香菱随行。黛玉小时从苏州来至都中，后因父病重回苏州探望，再回都中。她们经历的都是江南到京城的一路。灵慧而记忆力出众的这

三位少女，饱览沿途各地风土人情，在一定程度上实现了"走万里路"的人生要务，增强了学识。

钱穆先生赞誉黛玉的教诗方法，言犹未尽，继续发挥说：

> 我们上边谈到林黛玉所讲的，还有一陶渊明。陶诗境界高。他生活简单，是个田园诗人。唐以后也有过不少的田园诗人，可是没有一个能出乎其右的。陶诗像是极平淡，其实他的性情也可说是很刚烈的。他能以一种很刚烈的性情，而过这样一种极恬淡的生活，把这两者配合起来，才见他人格的高处。西方人分心为智、情、意三项，西方哲学重在智，中国文学重在情与意。情当境而发，意则内涵成体。"采菊东篱下，悠然见南山。此中有真意，欲辨已忘言。"须明得此真意，始能读陶诗。

> 陶、杜、李、王四人，林黛玉叫我们最好每人选他们一百两百首诗来读，这是很好的意见。但我主张读全集。①

钱穆主张读全集不是对《红楼梦》的普通读者说的，而是对有志于文史研究的青年学子的建议。

林黛玉评唐诗的精彩观点，得到读者、学者一致的赞赏，例如端木蕻良也曾说："至于林黛玉的诗论，那就更使我佩服，且一直在支配着我，直到今天。"②

3. 妙玉与黛玉联句和对黛玉琴曲的特殊理解

妙玉这个人的内心世界很不简单。妙玉在中秋的晚上到大观园

---

① 《谈诗》，见钱穆：《中国文学论丛》，生活·读书·新知三联书店2002年版，第122~123页。

② 端木蕻良：《说不完的红楼梦》，上海书店出版社1993年版，第4页。

漫步，玩赏这清池皓月。此时，黛玉和史湘云到凹晶馆去联诗，连缀多句后，一个说"寒塘渡鹤影"，一个说"冷月葬花魂"。妙玉此时路过，从栏外山石后转出，笑道："好诗，好诗，果然太悲凉了，不必再往下做。若底下只这样去，反不显这两句了，倒弄的堆砌牵强。"并指出她们的联句"清雅异常"，但虽然"有几句虽好，只是过于颓败凄楚。此亦关人之气数，所以我出来止住你们。如今老太太都早已散了，满园的人想俱已睡熟了，你两个的丫头还不知在那里找你们呢，你们也不怕冷了？快同我来，到我那里去吃杯茶，只怕就天亮了。"三人遂一同来至栊翠庵中，只见龛焰犹青，炉香未烬。黛玉见她今日十分高兴，便笑道："从来没见你这样高兴，我也不敢唐突请教，这还可以见教否？若不堪时，便就烧了；若或可改，即请改正改正。"

黛玉对妙玉极其恭敬，极其谦逊，她从没见妙玉做过诗，今见她高兴如此，有肯续句的意思，忙说："果然如此，我们虽不好，亦可以带好了。"妙玉道："如今收结，到底还归到本来面目上去。若只管丢了真情真事，且去搜奇检怪，一则失了咱们的闺阁面目，二则也与题目无涉了。"林、史二人皆道："极是。"妙玉提笔微吟，一挥而就，递与她二人道："休要见笑。依我必须如此，方翻转过来。虽前头有凄楚之句，亦无甚碍了。"二人接了看后都称赞不已，说："可见咱们天天是舍近求远。现有这样诗人在此，却天天去纸上谈兵。"

妙玉续诗中，颇有惊醒之句。例如："歧熟焉忘径？泉知不问源。"（我对歧路岔道非常熟悉，怎么会忘却人生的大道本源？就像我对泉流的来龙去脉非常清楚，不问而知源头。）意为她绝对不

会迷失人生和学问的方向。又说："有兴悲何极（脂评本作继），无愁意岂烦？"（我有很高远而又雅洁的意兴，悲伤和愁闷怎么可能入侵和烦扰？）但又感叹："芳情只自遣，雅趣向谁言！"（高妙的情怀我只能自我寄托排遣，高雅的志趣无人可以诉说。）最后说："彻旦休云倦，烹茶更细论。"（第七十六回）（今日碰见你们两位可以理解我丰富的内心世界的高人，我们可以彻夜煮茶长谈细论，兴尽而止。）

曹雪芹在《红楼梦曲·世难容》极度赞美妙玉："气质美如兰，才华馥比仙。天生成孤癖人皆罕。"将她评论为才华与气质高于宝钗、黛玉的"仙"女，所以脂评说"妙卿身世不凡，心性高深"。通过长年的读经和修行，她参透了人生大道。

正因如此，妙玉可以通过琴声和歌词，参透人的性灵。

那天宝玉无聊，偶尔想到多日未见惜春，前去看望，见她正与妙玉下棋。接着别了惜春，宝玉带路，与妙玉离了蓼风轩，弯弯曲曲，走近潇湘馆，忽听得叮咚之声。妙玉道："那里的琴声？"宝玉道："想必是林妹妹那里抚琴呢。"说着，二人走至潇湘馆外，在山子石上坐着静听，甚觉音调清切。只听得低吟道：

> 风萧萧兮秋气深，美人千里兮独沉吟。望故乡兮何处？倚栏杆兮涕沾襟。

歇了一回，听得又吟道：

> 山迢迢兮水长，照轩窗兮明月光。耿耿不寐兮银河渺茫，罗衫怯怯兮风露凉。

又歇了一歇。妙玉道："刚才'侵'字韵是第一叠，如今'阳'字韵是第二叠了。咱们再听。"里边又吟道：

子之遭兮不自由，予之遇兮多烦忧。之子与我兮心焉相投，思古人兮俾无尤（思念老友，使我无过失）。

妙玉道："这又是一拍。何忧思之深也！"宝玉道："我虽不懂得，但听他声音，也觉得过悲了。"里头又调了一回弦。妙玉道："君弦太高了，与无射律只怕不配呢。"里边又吟道：

人生斯世兮如轻尘，天上人间兮感夙因。感夙因兮不可惙，素心如何天上月！

妙玉听了，哑然失色道："如何忽作变徵（zhǐ，五音之一）之声？音韵可裂金石矣！只是太过。"宝玉道："太过便怎么？"妙玉道："恐不能持久。"正议论时，听得君弦"蹦"的一声断了。妙玉站起来，连忙就走。宝玉道："怎么样？"妙玉道："日后自知，你也不必多说。"竟自走了。弄得宝玉满肚疑团，没精打采的，归至怡红院中，不表。（第八十七回）

妙玉从黛玉的琴声听出她"恐不能持久"，即琴声中情感的激越悲伤透露出她生命受此斫伤，必不长久，即短命。

妙玉对黛玉情感与生命的妙悟，这么神奇？我举一例，清末著名昆曲大师俞粟庐先生给后辈的信中谈及：

画者俞语霜，不知何处人。沪上一时哄动。扇面须十元。今来此扇画一女鬼背立，似鬼唱鲍家诗之意，而语霜竟死矣！从前惟罗两峰能白日见鬼。所画鬼趣图，种种不一，曾见一卷，与俞画不同。俞出笔尚秀逸，终嫌薄而凄苦，无福泽，致不永年。此一望而知也。唐葆祥先生注解道：俞语霜（1875～1923），近代画家，名宗原，字宜长，号女床山民。浙江吴兴（今湖州）人。定居上海，卖画为生。工山水，兼画人物、花

卉。为"海上题襟馆金石书画会"驻会会员。题襟馆曾多年设在汕头路其居宅。[①]

中国神秘文化博大精深，无奇不有。不相信此类故事，就作为饭后谈助。曹雪芹和高鹗等人深信此道。总之，曹雪芹为黛玉而创作的《琴曲》颇为精妙，"言为心声"的美学原理通过有趣的情节展示，显示了曹雪芹、高鹗的才情和趣味。

四、戏曲、昆剧、《西厢记》和《红楼梦》

曹雪芹的文化根底，以诗词和戏曲最为丰厚。因此《红楼梦》中，诗词和戏曲的分量最大，尤其是戏曲文化在《红楼梦》中有着举足轻重的重要性，在中国小说中，无与伦比。

在元、明、清三代和民国时期，直至20世纪80年代，戏曲和曲艺都是中国知识分子和普通民众最喜欢的文艺样式。晚明与清代，昆曲因其唱腔悠远流丽，演出高雅精致，剧目丰富精彩，成为全国性的剧种，极得各阶层观众的喜爱。《红楼梦》中所演的戏，全是昆剧。

喜欢戏曲，喜欢演戏，是人之天性之一。所以富豪公子喜欢看戏，不少富豪子女还喜欢演戏，甚至下海。如吴三桂游江南，乘兴在富商家串戏，演毕"下场一笑，连称献丑而去"，主人和众宾客不知他何许人也（《清稗类钞》）。晚明士大夫、世家子弟如彭天锡、祁豸佳，清代著名诗人黄仲则皆曾唱曲串戏。袁世凯的公子袁克文

---

① 俞粟庐：信十七，见唐葆祥：《俞粟庐书信集》，上海古籍出版社2012年版，第33页。

（爱唱昆曲，小生、丑都扮演得很好，拿手好戏是《长生殿》、《游园惊梦》）、陆小曼和著名学者俞平伯、赵景深等都喜拍唱昆曲。自民国时期起，众多的业余爱唱戏曲的戏迷，形成庞大的"票友"群体。

戏曲和曲艺是缺乏读书、学习条件的底层民众接受爱国主义、历史、文化、道德和审美教育的重要途径。中国古代民众是世界上道德、文化素质最高的，原因即在此。由于"文革"的摧残和应试教育的失误，造成许多青少年不会欣赏戏曲，他们被低俗的流行歌曲、电脑游戏之类所俘虏，社会上道德滑坡和民众文化素质低下，这与放弃欣赏戏曲这个优良民族传统也有密切关系。

曹雪芹热爱戏曲，钟情戏曲。与众不同的是，曹雪芹还有其祖父曹寅热爱戏曲、钟情戏曲的遗传因子。前曾言及，曹寅曾创作了多部戏曲作品。《红楼梦》五十四回，贾母在藕香榭听清唱，点了一个戏叫《续琵琶》，此戏的剧本作者就是曹寅。可惜此戏的原本已失传，幸而在国家图书馆藏有此戏的抄本。

《红楼梦》中描写书中人物看戏的活动很多，他们看的是当时最流行的高雅的昆剧。曹雪芹在《红楼梦》中所记叙的众多的戏曲名作及其鉴赏场景，无疑多是他早年在金陵时所观看的。但也有记载说，曹雪芹接触和观看了苏州来北京的昆剧戏班，他自己也"杂优伶中，时演剧以为乐"（善因楼版《批评新大奇书红楼梦》上过录乾隆年间人批语）。戏曲是《红楼梦》一书的主要的文化基础之一。

1. 戏曲在《红楼梦》中的重大作用

赵景深先生早年的学生、已故著名戏曲研究家徐扶明（1921～

1995）深入研究这个论题，著有《红楼梦与戏曲比较研究》① 一书，是一本功力深厚的研究专著。此书完整和系统论述了《红楼梦》与戏曲之间的密切关系这个重大论题，从中我们可以观察曹雪芹是如何将自己的文艺生活——观剧经历，转化为《红楼梦》的创作的。其主要内容为：

1.《红楼梦》与家庭戏班；2.《红楼梦》中戏曲演员生活；3.《红楼梦》中的戏曲演出；4.《红楼梦》中戏曲剧目总单；5.《红楼梦》中戏曲剧目的作用：（1）预示人物命运；（2）揭示人物性格；（3）点染环境氛围；（4）表现豪门的艺术爱好；（5）推动情节发展。

《红楼梦》学习、借鉴戏曲的创作方法，成果卓著：人物出场，如描写凤姐、宝玉、元春的初次出场，皆深受戏曲影响，具有戏剧效果。场面调度，如贾琏追逐平儿求欢，一个在室内，一个在室外，两人隔墙、对窗的种种姿态、动作，也富于戏剧性的场面。人物活动的背景、动作和语言，都运用了戏曲描写和表现手法，形象丰满，描写具体而生动。

此书内容丰富，论述精当，值得《红楼梦》爱好者阅读和研讨。

《红楼梦》中描写了众多戏曲演出的场面，前已言及宝钗喜看《山门》，背台词《寄生草》给宝玉听，帮助他提高欣赏水平等。

贾府中一有机会就演戏，连宁国府也如此：

有一天宝玉只和众丫头们掷骰子赶围棋作戏。正在房内玩得没

① 徐扶明：《红楼梦与戏曲比较研究》，上海古籍出版社 1984 年版。

兴头，忽见丫头们来回说："东府里珍大爷来请过去看戏，放花灯。"宝玉听了，过去看戏。

谁想贾珍这边唱的是《丁郎认父》、《黄伯央大摆阴魂阵》，更有《孙行者大闹天宫》、《姜太公斩将封神》等类的戏文。倏尔神鬼乱出，忽又妖魔毕露。内中扬幡过会、号佛行香、锣鼓喊叫之声，闻于巷外。弟兄子侄，互为献酬；姊妹婢妻，共相笑语。独有宝玉见那繁华热闹到如此不堪的田地，只略坐了一坐，便走往各处闲耍。（第十九回）

戏迷史太君即使到道观打醮，也不忘看戏：

贾母到清虚观，和众人上了楼，在正面楼上归坐。凤姐等上了东楼。众丫头等在西楼轮流伺候。一时贾珍上来回道："神前拈了戏，头一本是《白蛇记》。"贾母便问："是什么故事？"贾珍道："汉高祖斩蛇起首的故事。第二本是《满床笏》。"贾母点头道："倒是第二本也还罢了。神佛既这样，也只得如此。"又问："第三本？"贾珍道："第三本是《南柯梦》。"贾母听了，便不言语。（第二十九回）

2.《红楼梦》受戏曲重大影响举隅

《红楼梦》受了戏曲的重大影响，限于篇幅，仅举数例。

戏曲对曹雪芹塑造林黛玉起着决定性的影响：

第二十三回描写了贾宝玉与林黛玉一起欣赏《西厢记》，以及林黛玉聆听《牡丹亭·游园》的场景：

那日正当三月中浣，早饭后，宝玉携了一套《会真记》，走到沁芳闸桥那边桃花底下一块石上坐着，展开《会真记》，从头细看。正看到"落红成阵"，只见一阵风过，树上桃花吹

下一大斗来，落得满身满书满地皆是花片。宝玉要抖将下来，恐怕脚步践踏了，只得兜了那花瓣儿，来至池边，抖在池内。那花瓣儿浮在水面，飘飘荡荡，竟流出沁芳闸去了。回来只见地下还有许多花瓣。宝玉正蜘蹰间，只听背后有人说道："你在这里做什么？"宝玉一回头，却是黛玉来了，肩上担着花锄，花锄上挂着纱囊，手内拿着花帚。宝玉笑道："来的正好，你把这些花瓣儿都扫起来，撂在那水里去罢。我才撂了好些在那里了。"黛玉道："撂在水里不好，你看这里的水干净，只一流出去，有人家的地方儿什么没有？仍旧把花遭塌了。那畸角儿上我有一个花冢，如今把他扫了，装在这绢袋里，埋在那里，日久随土化了，岂不干净。"

宝玉听了，喜不自禁，笑道："待我放下书，帮你来收拾。"黛玉道："什么书？"宝玉见问，慌的藏了，便说道："不过是《中庸》《大学》。"黛玉道："你又在我跟前弄鬼。趁早儿给我瞧瞧，好多着呢！"宝玉道："妹妹，要论你我是不怕的，你看了好歹别告诉人。真是好文章。你要看了，连饭也不想吃呢！"一面说，一面递过去。黛玉把花具放下，接书来瞧，从头看去，越看越爱，不顿饭时，已看了好几出了。但觉词句警人，馀香满口。一面看了，只管出神，心内还默默记诵。宝玉笑道："妹妹，你说好不好？"黛玉笑着点头儿。宝玉笑道："我就是个'多愁多病的身'，你就是那'倾国倾城的貌'。"黛玉听了，不觉带腮连耳都通红了，登时竖起两道似蹙非蹙的眉，瞪了一双似睁非睁的眼，桃腮带怒，薄面含嗔，指着宝玉道："你这该死的，胡说了！好好儿的，把这些淫词艳曲弄了

来，说这些混账话欺负我。我告诉舅舅、舅母去！"说到"欺负"二字，就把眼圈儿红了，转身就走。宝玉急了，忙向前拦住道："好妹妹，千万饶我这一遭儿罢！要有心欺负你，明儿我掉在池子里，叫个癞头鼋吃了去，变个大忘八，等你明儿做了'一品夫人'病老归西的时候儿，我往你坟上替你驼一辈子碑去。"说的黛玉"扑嗤"的一声笑了，一面揉着眼，一面笑道："一般唬的这么个样儿，还只管胡说。呸！原来也是个'银样蜡枪头'。"宝玉听了，笑道："你说说，你这个呢？我也告诉去。"黛玉笑道："你说你会'过目成诵'，难道我就不能'一目十行'了？"宝玉一面收书，一面笑道："正经快把花儿埋了罢，别提那些个了。"二人便收拾落花。

…… ……

这里黛玉见宝玉去了，听见众姐妹也不在房中，自己闷闷的。正欲回房，刚走到梨香院墙角外，只听墙内笛韵悠扬，歌声婉转，黛玉便知是那十二个女孩子演习戏文。虽未留心去听，偶然两句吹到耳朵内，明明白白一字不落道："原来是姹紫嫣红开遍，似这般都付与断井颓垣。"黛玉听了，倒也十分感慨缠绵，便止步侧耳细听。又唱道是："良辰美景奈何天，赏心乐事谁家院。"听了这两句，不觉点头自叹，心下自思："原来戏上也有好文章，可惜世人只知看戏，未必能领略其中的趣味。"想毕，又后悔不该胡想，耽误了听曲子。再听时，恰唱到："只为你如花美眷，似水流年。"黛玉听了这两句，不觉心动神摇。又听道"你在幽闺自怜"等句，越发如醉如痴，站立不住，便一蹲身坐在一块山子石上，细嚼"如花美眷，似

水流年"八个字的滋味。忽又想起前日见古人诗中，有"水流花谢两无情"之句；再词中又有"流水落花春去也，天上人间"之句；又兼方才所见《西厢记》中"花落水流红，闲愁万种"之句：都一时想起来，凑聚在一处。仔细忖度，不觉心痛神驰，眼中落泪。

这段描写结合落红成阵的风景，刻画宝、黛二人欣赏《西厢记》的动人景象。黛玉形容《西厢记》之美，"词句警人，馀香满口"，成为经典性的评论。尤其是通过欣赏《西厢记》，描绘了宝玉和黛玉知音互赏式的爱情。而《牡丹亭·游园》"如花美眷，似水流年"等句，强烈冲击了黛玉的心灵，黛玉如痴如醉、心动神摇的强烈感受，也给读者以极大的心灵震撼。

这段经典性的描写，为塑造林黛玉的人物形象，起了画龙点睛的作用。

陈寅恪《柳如是别传》甚至认为："清代曹雪芹（1719～1764）糅合王实甫（1260～1336）'多愁多病身'及'倾国倾城貌'，形容张、崔两方之辞，成为理想中之林黛玉。殊不知雍、乾百年之前，吴越一隅之地，实有将此理想具体化之河东君。真如汤玉茗（1550～1617）所写柳春卿梦中之美人，杜丽娘梦中之书生。后来果成为南安道院之小姐，广州学宫之秀才。居然中国老聃所谓'虚者实之'者，可与希腊柏拉图意识形态之学说，互相证发，岂不异哉！"①

戏曲渗透到《红楼梦》的人物矛盾和心理描写的深处，成为全书重要的情节组成部分。例如：

---

① 陈寅恪：《柳如是别传》，上海古籍出版社 1980 年版，第 95 页。

　　一次宝玉无聊中与宝钗无话找话："姐姐怎么不听戏去？"宝钗道："我怕热。听了两出，热的很，要走呢，客又不散；我少不得推身上不好，就躲了。"宝玉听说，自己由不得脸上没意思，只得又搭讪笑道："怪不得他们拿姐姐比杨妃，原也富胎些。"宝钗听说，登时红了脸，待要发作，又不好怎么样；回思了一回，脸上越下不来，便冷笑了两声，说道："我倒像杨妃，只是没个好哥哥好兄弟可以做得杨国忠的！"正说着，可巧小丫头靓儿因不见了扇子，和宝钗笑道："必是宝姑娘藏了我的。好姑娘，赏我罢。"宝钗指着她厉声说道："你要仔细！你见我和谁玩过！有和你素日嘻皮笑脸的那些姑娘们，你该问他们去！"说得靓儿跑了。宝玉自知又把话说造次了，当着许多人，比才在黛玉跟前更不好意思，便急回身，又向别人搭讪去了。

　　黛玉听见宝玉奚落宝钗，心中着实得意，才要搭言，也趁势取个笑儿，不想靓儿因找扇子，宝钗又发了两句话，她便改口说道："宝姐姐，你听了两出什么戏？"宝钗因见黛玉面上有得意之态，一定是听了宝玉方才奚落之言，遂了她的心愿。忽又见她问这话，便笑道："我看的是李逵骂了宋江，后来又赔不是。"宝玉便笑道："姐姐通今博古，色色都知道，怎么连这一出戏的名儿也不知道，就说了这么一套。这叫做《负荆请罪》。"宝钗笑道："原来这叫'负荆请罪'！你们通今博古，才知道'负荆请罪'，我不知什么叫'负荆请罪'。"一句话未说了，宝玉、黛玉二人心里有病，听了这话，早把脸羞红了。（第三十回）

　　这段关于戏曲的描写，用杨贵妃比喻薛宝钗，激发人物矛盾和心理冲突，为宝黛爱情和宝钗性格的发展，起了重要的推动作用。

3. 金批《西厢记》和小说《红楼梦》

《红楼梦》受金圣叹评批的《西厢记》的影响最大。

《红楼梦》引用《西厢记》的词句全用金圣叹评批本《西厢记》。

古代小说中，《红楼梦》引用《西厢记》原文最多，计有：第二十三回（3处，第一本第四折、第四本第二折、第一本楔子）、第二十六回（2处，第二本第一折、第一本第二折）、第三十五回（第二本第二折）、第四十回（第一本第四折）、第四十九回（2处，第三本第二折2处）、第六十二回（第二本第二折）、第六十三回（第二本楔子）、第八十七回（第一本第三折），共12处。另有第一百十七回引用《南西厢》1处（《南西厢·借厢》舞台演出本，《缀白裘》选录）。

第二十六回，宝玉说着，便来到一个院门前，看那凤尾森森，龙吟细细，正是潇湘馆。宝玉信步走入，只见湘帘垂地，悄无人声。走至窗前，觉得一缕幽香从碧纱窗中暗暗透出，宝玉便将脸贴在纱窗上。看时，耳内忽听得细细地长叹了一声，道："每日家情思睡昏昏！"宝玉听了，不觉心内痒将起来。再看时，只见黛玉在床上伸懒腰。宝玉在窗外笑道："为什么'每日家情思睡昏昏'的？"一面说，一面掀帘子进来了。黛玉自觉忘情，不觉红了脸，拿袖子遮了脸，翻身向里装睡着了。……二人正说话，只见紫鹃进来，宝玉笑道："紫鹃，把你们的好茶沏碗我喝。"紫鹃道："我们那里有好的？要好的只好等袭人来。"黛玉道："别理他。你先给我舀水去罢。"紫鹃道："他是客，自然先沏了茶来再舀水去。"说着，倒茶去了。宝玉笑道："好丫头！'若共你多情小姐同鸳帐，怎舍得叫你

叠被铺床？"

第三十五回，黛玉慢慢地扶着紫鹃，回到潇湘馆来。一进院门，只见满地下竹影参差，苔痕浓淡，不觉又想起《西厢记》中所云"幽僻处可有人行？点苍苔白露泠泠"二句来，因暗暗地叹道："双文虽然命薄，尚有媢母弱弟；今日我黛玉之薄命，一并连媢母弱弟俱无。"想到这里，又欲滴下泪来。

第四十回，贾母看戏时，与众女眷喝酒行令，轮到林黛玉时，黛玉道："纱窗也没有红娘报。"

第四十九回，林黛玉回房歇着。宝玉便找了黛玉来，笑道："我虽看了《西厢记》，也曾有明白的几句说了取笑，你还曾恼过。如今想来，竟有一句不解，我念出来，你讲讲我听。"黛玉听了，便知有文章，因笑道："你念出来我听听。"宝玉笑道："那《闹简》上有一句说的最好：'是几时孟光接了梁鸿案？'这五个字不过是现成的典，难为他'是几时'三个虚字，问的有趣。是几时接了？你说说我听听。"黛玉听了，禁不住也笑起来，因笑道："这原问的好。他也问的好，你也问的好。"宝玉道："先时你只疑我，如今你也没的说了。"黛玉笑道："谁知他竟真是个好人，我素日只当他藏奸。"因把说错了酒令，宝钗怎样说她，连送燕窝，病中所谈之事，细细地告诉宝玉，宝玉方知原故。因笑道："我说呢，正纳闷'是几时孟光接了梁鸿案'，原来是从'小孩儿家口没遮拦'上就接了案了。"

第六十二回，宝玉与宝琴的生日是同一天，那天大家为他们过生日。姐妹们一起喝酒、行令，薛姨妈说："我老天拔地，不合你们的群儿，我倒拘的慌，不如我到厅上随便躺躺去倒好。"尤氏等

执意不从。宝钗道："这也罢了，倒是让妈妈在厅上歪着自如些。有爱吃的送些过去，倒还自在。且前头没人在那里，又可照看了。"探春笑道："既这样，恭敬不如从命。"

第六十三回，刚过了沁芳亭，忽见岫烟颤颤巍巍地迎面走来。宝玉忙问："姐姐那里去?"岫烟笑道："我找妙玉说话。"……宝玉听了，恍如听了焦雷一般，喜得笑道："怪道姐姐举止言谈，超然如野鹤闲云，原本有来历。我正因他的一件事为难，要请教别人去。如今遇见姐姐，真是天缘凑合，求姐姐指教。"说着便将拜帖取给岫烟看。岫烟笑道："他这脾气竟不能改，竟是生成这等放诞诡僻了。从来没见拜帖上下别号的，这可是俗语说的'僧不僧，俗不俗，女不女，男不男'，成个什么理数。"

第八十七回描写宝钗给黛玉一信，自诉家中不幸之悲苦，黛玉看了，不胜伤感。又想："宝姐姐不寄与别人，单寄与我，也是'惺惺惜惺惺'的意思。"

第一百一十七回，一日，邢大舅、王仁都在贾家外书房喝酒，贾蔷便说："你们闹的太俗，我要行个令儿。"邢大舅说道："没趣没趣，你又懂得什么字了，也假斯文起来。这不是取乐，竟是怄人了。咱们都蠲了，倒是拳，输家喝输家唱，叫作'苦中苦'。若是不会唱的，说个笑话儿也使得，只要有趣。"众人都道："使得。"于是乱起来。是个陪酒的输了，唱了一个什么"小姐小姐多丰彩"。

前面引及的例子说明，《西厢记》的金批本对《红楼梦》的创作有重大影响，另外——

近二十余年来，有多篇文章论及金圣叹对《红楼梦》和脂砚斋的重大影响，其中最早发表、论述最详尽的是季稚跃《金圣叹与

〈红楼梦〉脂批》① 一文。此文精辟论证了宝黛二人读的是金批本《西厢记》，曹雪芹用的都是《西厢记》金批本的文字，脂砚斋从思想到语言，都受到金圣叹《西厢记》评批本的重大影响。

五、明代小说经典和《金瓶梅》与《红楼梦》

中国自元末明初出现《三国演义》和《水浒传》等经典小说，至晚明再掀高潮，产生了《西游记》、《金瓶梅》等长篇小说经典和名著多部，还有"三言二拍"这样的短篇小说经典。此后，随着描写才子佳人的明代传奇兴起，明末清初涌现了一批才子佳人小说。才子佳人小说形成了"私定终身后花园，落难公子中状元"的模式，以才子佳人"金榜题名时，洞房花烛夜"的大团圆结局寄寓作家怀才不遇，在纸上实现"英雄加美人"的人生理想的渴望。曹雪芹在《红楼梦》中明确表达了对此千篇一律的大团圆式才子佳人小说极为反感，用反其道而行之的思路，描写不喜读圣贤书，不走仕途经济道路的失败青年的失败爱情，既是他在艺术上追求创新的反映，也是他在现实生活中痛苦的人生经验的总结。

曹雪芹鄙弃才子佳人小说的创作方式，也因此类小说无一部是经典性的成功之作。《红楼梦》的写作借鉴了明代小说经典。如果要仔细分析这个学习成果，也需要写一本书。这里只能简略举例。例如，《红楼梦》有三个开头——一部小说竟然有三个开头，即是学习《水浒传》和《西游记》的成果。

---

① 季稚跃：《金圣叹与〈红楼梦〉脂批》，载《红楼梦学刊》1990 年第 1 期。

又如《红楼梦》描写人物，不是好人全好，坏人全坏，也学习了《水浒传》和《西游记》。

更重要的是，《西游记》里的孙悟空是石头里蹦出的石猴，贾宝玉原也是石头，后来下世为人。

他对晚明的长篇小说经典《金瓶梅》的创作经验则有所汲取，《红楼梦》学习和超越了《金瓶梅》，成绩斐然。前人于此颇多论述，例如：

《红楼梦》脂砚斋本第十三回眉批："写个个皆到，全无安逸之笔，深得金瓶阃奥。"（甲戌本眉批，庚辰本眉批）

清末民初的红学家多次指出《红楼梦》对《金瓶梅》的继承：

《红楼梦》脱胎于《金瓶梅》。（诸联《红楼梦评》）

《红楼梦》是《金瓶梅》之倒影。（曼殊《小说丛话》）

《红楼梦》全从《金瓶梅》化出。（阚铎《红楼梦抉微》）

《红楼梦》借径在《金瓶梅》……是暗《金瓶梅》。（张新之《红楼梦读法》）

毛泽东在上世纪五六十年代中央高层干部会议上的讲话中曾指出："《金瓶梅》是《红楼梦》的祖宗，没有《金瓶梅》就写不出《红楼梦》。""（《金瓶梅》）这本书写了明朝的真正历史。"（《毛泽东的读书生活》）

著名学者、《金瓶梅》权威研究家王汝梅先生对《红楼梦》继承《金瓶梅》的艺术成就方面，有很全面、深入的论述。他的主要观点如下：

《金瓶梅》在前，产生在明嘉靖、万历年间（16 世纪）；《红楼梦》在后，产生在清乾隆年间（18 世纪）。《金瓶梅》是《红楼梦》

之祖,《红楼梦》继承与发展了《金瓶梅》的艺术经验。

　　《金瓶梅》写一个商人西门庆的家庭兴衰故事,是以家庭为题材;写现实日常生活,是一部世情小说。西门庆共有一妻五妾(吴月娘、李娇儿、孟玉楼、孙雪娥、潘金莲和李瓶儿)。西门庆经营五六个商铺:生药铺、缎子铺、绸绢铺、绒线铺和典当铺等。西门庆本来是一个普通的小商人,从父亲那里继承了一个生药铺,因为他善于经营,积累了财钱,用钱买官,给

逞豪华门前放烟火《金瓶梅》插图之一

朝廷太师蔡京的管家翟谦送上自己伙计的女儿韩爱姐做小妾,后通过翟谦给蔡拜寿送上大量礼物,拜蔡京做干爹,蔡京让他做了提刑所副千户,通过政商勾结、贩盐、放贷等积累了大量财富,家财有十几万两。《金瓶梅》写一商人之家,辐射到朝廷、官府。其描写以家庭为中心,联系到整个晚明社会,是中国长篇小说以写家庭为题材的第一部。《红楼梦》写贾府,贾元春做了皇妃,上联朝廷,元春说自己到了"不得见人"的地方。《红楼梦》写贾府内部主奴之间、妻妾之间、奴仆之间的矛盾,就人物结构关系而言有类似西门庆家庭的地方。《红楼梦》写到贾府的衰败,坐吃山空,出多进少,抄检大观园之后,树倒猢狲散,"落了片白茫茫大地真干净"。在《红楼梦》之前,《金瓶梅》写商人家庭的败落,在西门庆死后,妻妾各奔东西,树倒猢狲散,西门庆的遗腹子孝哥被普静禅师收留

出家做了和尚。

《金瓶梅》影响《红楼梦》主要表现为以下四个方面。

第一，《金瓶梅》影响了《红楼梦》。《金瓶梅》以家庭为中心，联系整个社会，反映广阔的晚明社会现实，给《红楼梦》写贵族家庭的兴衰开辟了道路。

第二，《金瓶梅》塑造了众多女性形象，潘金莲、李瓶儿、孟玉楼、吴月娘、丫鬟、女仆宋惠莲、春梅、如意儿、秋菊、妓女郑爱月、李桂姐、吴银儿等等。成功的人物形象有 30 多位，人物之间形成了群体结构体系，相互依存又相互矛盾冲突，争宠斗艳。《红楼梦》对女性形象的塑造，借鉴了《金瓶梅》。王熙凤的形象有潘金莲的影子，王夫人的形象有吴月娘的影子，晴雯的形象有春梅的影子。两书都倾心于女性世界，把女性推向舞台的中心，而且共同发现女性美，女性的聪明才智、语言的生动流利与尖刻。两部书写了两个不同时代的女儿国。尽管有的女性有淫荡、争宠等负面的品格，但又都有美好的一面。打破好人完全是好、坏人完全是坏的单一写法，是从《金瓶梅》开始，《红楼梦》又加以发展的。《金瓶梅》、《红楼梦》的主要人物形象都是多重性格的复杂人物。潘金莲、王熙凤都有狠毒的一面，有些恶的品质。但是，读者又喜欢她们。她们是两个有才能的女人，两个要强的女人，两个有自主意识的女人，两个向男性霸权挑战的女人，两个来自上层与下层被社会制度毁灭的女人。两书通过两个女性形象的悲剧结局，呼唤改变妇女的处境和地位。

第三，《金瓶梅》以鲁地方言为基础，善于运用生动鲜活的俗语、歇后语、成语，把人物对话写得很独特，这一点完全为《红楼

梦》所继承。《金瓶梅》写人物语言的功力更在《红楼梦》之上。《红楼梦》中的一些话都是《金瓶梅》中的语言。

第四，《金瓶梅》、《红楼梦》打破大团圆的传统结局，如实描写人生悲剧。两书都背离传统，肯定人欲，置身现实，追求创新。《红楼梦》直承《金瓶梅》而超越《金瓶梅》，使中国古代小说达到最高峰。

《金瓶梅》和《红楼梦》，都有情爱这一主题，是情爱这部人生大书的上下卷，两书不但有继承关系，还是互补的。

《金瓶梅》写性爱以性为中心，直接描写了人物的性行为、性心理。

例如第二十七回写私语与醉闹有三重背景：西门庆派家人来保去东京给太师老爷送礼行贿，贩私盐的盐商王霄云等获释放，翟谦要西门庆在六月十五日给太师庆寿。这使西门庆"满心欢喜"，开始给太师打造上寿的银人、寿字壶、蟒衣，并派来保送往东京，这是社会大背景。六月初，天气炎热，雷雨隐隐，瑞香花盛开，石榴花开，这是小环境中的自然背景。西门庆勾结官府得逞后，在翡翠轩卷棚内避暑，这是人的心理背景。在三重背景下写私语与醉闹。西门庆与瓶儿真情私语，与金莲则是有性无爱地醉闹。此回着力写潘金莲的性行为、性心理，突出刻画她的自然情欲与争强好胜的"掐尖"性格，把性行为描写与广阔的社会生活联系，与人物性格刻画联系，与探索人性联系。这也展现了兰陵笑笑生通过性爱塑造人物、探索人性奥秘的非凡艺术才华。

《红楼梦》写情爱，以情为灵魂，描写情的升华。《红楼梦》第十九回，宝玉到黛玉房中看望，要替黛玉解闷。宝玉要与黛玉

枕一个枕头上，黛玉让宝玉枕自己的枕头，黛玉另拿一个，自己枕了，对面倒下。黛玉发现宝玉脸上有胭脂膏子，黛玉用自己的手帕替他揩拭了。宝玉闻见一股幽香从黛玉袖中发出，便问这奇香是从哪里来的，黛玉问：我有奇香，你有暖香没有（人家宝钗有"冷香"，你就没有"暖香"去配）？黛玉用手帕盖上脸，宝玉怕她睡出病来，就讲耗子精的故事：一小耗子接受耗子精的指令去偷食品，小耗子用变成香芋的办法去偷，结果变成一位美貌小姐。变果子怎么变出了小姐？小耗子说：你们只认得果子是香芋，却不知林小姐方是真正的香玉呢。黛玉要拧宝玉的嘴。这时宝钗来到，二人罢手。

这是宝玉、黛玉相爱过程中最为欢娱的时刻，充满了纯真的情感，又淡淡地表现了黛玉的担心与排他的挚爱之情。曹雪芹继承了李贽"童心说"思想，塑造了纯情的贾宝玉形象，以西门庆形象为反向参照，呼唤人类在心灵上回归童年。

如果我们将《金瓶梅》与《红楼梦》合璧阅读，会觉得两位作家共同探讨一个人生的大问题：人性中的情与性如何平衡和谐。古代作家描写、思考这一问题，感到困惑：为什么人世间因性爱而产生这么多痛苦、烦恼、悲哀呢？人性怎样去恶从善呢？性与情之间怎么这么多样复杂呢？因性生爱，因爱生性，性与爱共生，怎么会有性无爱呢？

阴阳和合、节制欲望、精神与肉体并重是我国古代性爱文化的主流。在这种观念指引下，性爱被看作合乎自然的行为，而不是罪恶。性爱关乎到我们自身的健康成长、生活幸福，也关乎到社会和谐、民族素质提高。英国埃利斯在《性心理学》中指出："在性的

方面，符合自然的、健康的发展，对于人类的进步有重要作用。"性爱是人生的大问题，也是文学永恒的主题。

《金瓶梅》不是单纯地写性，它描写欲望和生命的真实，批判虚伪，批判纵欲，探索人性到极深处，我们应以极严肃的态度、极高尚的心理阅读理解《金瓶梅》的性描写。潘金莲、春梅是市民中的平凡女性，她们为自己的美丽与才艺骄傲，为贫穷而自卑，以极端的方式和手段叛逆正统，争生存、求性爱，不甘心人生命运的卑贱。《金瓶梅》与《红楼梦》是女人的悲剧，其中的每位女性都值得同情怜悯，引起我们的深思。它们是我国古代文学写性爱的最伟大作品，给我们了解明代市民与清代贵族青年性爱生活提供了形象资料。

《红楼梦》、《金瓶梅》分别表现了少年之情与成年之性，从这种意义上说，两书是互补的，是性爱人生的上下卷。

贾宝玉、林黛玉是重情感的代表，他们的情爱是通向未来的。西门庆、潘金莲表现从自然本性出发的生理需求，他们在欲望的泥潭中挣扎。《金瓶梅》、《红楼梦》启示我们深入了解人性，远离对人性的盲目，懂得人性，修炼人性，超越自然本性，回归宇宙大爱，走向人生的天地境界①（人生可分自然境界、功利境界、道德境界、天地境界，以天地境界为最高②）。

---

① 王汝梅：《〈金瓶梅〉〈红楼梦〉合璧阅读》，载《光明日报》2013 年 1 月 7 日。

② 按：这是冯友兰著名哲学著作《新原人》第三章"境界"中首创性的观点，见冯友兰：《三松堂全集》第四卷，河南人民出版社 2000 年第 2 版，第 496～581 页。

六、《红楼梦》是封建社会的大百科全书

《红楼梦》表现的内容极其丰富，素有封建社会的"大百科全书"的盛誉。

清代评论家解盦居士《石头臆说》即极赞：

> 此书才识宏博，诗画琴棋、骈体词曲、制艺尺牍、灯谜联额、酒令爰书、医卜参禅测字，无所不通，迥非寻常稗官所能道。其地则上而庙廊宫闱，下而田野荒寺；其人则王公侯伯、贵妃官监、文臣武将、公子闺秀、儒师医生、清客庄农、工匠商贾、婢仆胥役、僧道女冠、尼姑道婆倡优、醉汉无赖、盗贼拐子，无所不备，惟妙惟肖；其事则忠孝节烈、奸盗邪淫，甚至诸般横死，如投井投缳自戕、吞金服毒、撞头裂脑、误服金丹、斗殴至毙，无所不有，形容极致，可谓才大如海。①

以现代的学术眼光看，众多学者和读者做了多方面的总结：

《红楼梦》全书体现了中国儒、道、佛三家鼎力和互补的宏伟格局，儒、道、佛三家的哲学渗透全书，并以此为指导。

《红楼梦》作为一部文学巨著，文学的四大门类——诗歌、古文、戏曲、小说，都有继承和展示。

《红楼梦》中涉及的艺术门类全面而广泛，诸凡戏曲、曲艺、绘画、书法、金石、音乐、建筑、园林、工艺美术、进口工艺，都有描写和显示。文学方面，诗、词、曲、赋、歌、赞、诔、偈、楹联、匾额、尺牍、笑话、谜语、酒令，诸体齐备。语言方面，地方

---

① 一粟：《红楼梦卷》第一册，中华书局1963年版，第193页。

口音、俗语样式，也有涉及。艺术门类还遍及杂耍、百戏、雕刻、泥塑等。其中戏曲、剧本属于文学，表演和音乐属于艺术。为避免叙述枯燥，戏曲表演不做具体的评论，只说某人演得好即可，因为当时的读者都熟悉戏曲，可以想象演艺如何精湛。关于戏曲音乐，也无具体分析评论，"牡丹亭艳曲惊芳心"也只描绘其精湛唱词和音乐的极大艺术魅力对于黛玉的震动。此也因当时读者熟悉昆山腔的迷人之美。

《红楼梦》是一部文化巨著，它包含着服装文化、饮食文化、建筑文化、交通文化；诸多学问，如艺术学、社会学、道德学、伦理学、经济学、政治学、宗教学、玄学、植物学、动物学、医学。艺术理论有诗话、文评、画论、琴理、茶道。全书渗透了汉文化的一切品质。有打坐参禅拜佛、测字占卜扶乩和格斗射箭舞棍等武艺。具体描绘了美食佳肴、苦口良药，玩器、服饰、礼仪、风俗、人情世故、土地管理、金融举措、农业风俗、建筑风格、园艺设计，还有织补、纺织，以及鼻烟、人参、药品等商品在当时市场上的营销情况等等。

饮食为人之大欲。饮食方面，书中处处写到喝茶。有枫露茶、六安茶、老君眉、龙井茶、普洱茶，还有西洋茶。其中，妙玉最精通茶道，她有很多连贾府都没有的古董文物级别的名贵茶具。给贾母、刘姥姥用旧年的雨水泡的茶，又让贾宝玉、林黛玉、薛宝钗用梅花上的雪水泡茶。贾府中还有人们闻所未闻的玫瑰露和木樨露。

在美食方面的具体描写，有的有文化含量，例如食蟹。

中国食蟹的历史悠久，食法多端。早在周朝时，即有食"蟹胥"（一种蟹酱）的记载。隋代苏州产的"蜜蟹"、"糖蟹"、"糟

蟹"颇负盛名。唐代记载有"金银夹花平截"的点心，"剔蟹细碎卷"，可能是蟹肉、蟹黄做成的花卷。到了宋代，则有蟹黄包子、炝蟹、炒蟹、渫蟹、蟹羹等蟹之美味。元、明时期以吃"洗手蟹"为时尚，是加上多种调料的食法。清人则讲究吃蒸蟹。清代美食家袁枚认为"蟹宜独食"，"最好以淡盐汤煮熟，自剥自食为妙"。嗜蟹如命的李渔也深谙其道："旋剥旋食则有味，人剥而我食之，不特味同嚼蜡。"《红楼梦》第三十八回大观园里吃螃蟹，凤姐把剥的蟹肉让给薛姨妈，薛姨妈说："我们自己拿着吃香甜，不用人让。"

众多美食，名称即令人垂涎：碧粳粥、糟鹌鹑、胭脂鹅脯、糖蒸酥酪、豆腐皮包子、枣泥山药糕、藕粉桂花糖糕、酸笋鸡皮汤、松瓤鸡油卷……

有的美食做法极为精细。例如茄子，用柔软的茄子切成头发样的细丝，又用鸡汤九蒸九晒。凤姐笑着向刘姥姥介绍道："这也不难。你把才下来的茄子把皮刨了，只要净肉，切成碎钉了，用鸡油炸了。再用鸡肉脯子合香菌、新笋、蘑菇、五香豆腐干子、各色干果子，都切成钉儿，拿鸡汤煨干了，拿香油一收，外加糟油一拌，盛在磁罐子里封严了。要吃的时候，拿出来，用炒的鸡瓜子一拌，就是了。"刘姥姥听了摇头吐舌道："我的佛祖，到得多少只鸡来配他，怪道这个味儿。"

至于《红楼梦》描写的各类人物，人生百态，社会万象，借闺阁小事反映家国天下大事，五花八门、琳琅满目，无所不具。这部天下第一奇书，永远也说不尽、道不完，有专为《红楼梦》中的医药写一本书的，为《红楼梦》中的饮食出一本书的，可见它确是封建社会生活的百科全书。

第五章

《红楼梦》的伟大艺术成就

关于《红楼梦》的艺术成就，清人的评论即很多。洪秋藩《红楼梦抉隐》说："《红楼梦》是天下古今有一无二之书。立意新，布局巧，词藻美，头绪清，起结奇，穿插妙……斯诚空前绝后，戛戛独造之书也。"孙桐生说：《红楼梦》"盖作文之妙，在飘渺虚无之间，使人可望而不可即，乃有余味。""是谓亘古绝今一大奇书也可。"①"使天下后世直视《红楼梦》为有功名教之书，有裨学问之书，有关世道人心之书，而不敢以无稽小说薄之。"②

另有多种评点本，予以精细评论。《红楼梦》的众多优胜，评论得已相当齐全。

---

① 孙桐生：《妙复轩评石头记叙》，见一粟：《红楼梦卷》第一册，中华书局1963年版，第40~41页。
② 鸳湖月痴子：《妙复轩评石头记序》，同上，第37页。

现代研究也已汗牛充栋，对《红楼梦》的艺术成就也已有众多的共识。但尚有可以补充之处。

一、综述

《红楼梦》是中国文学史上最伟大而又最复杂的文学作品，其精致细腻的文学成就，造就了彻底而宏大的悲剧。

《红楼梦》有一个宏大而精致的长篇结构，且与《三国演义》、《水浒传》和《西游记》一样，都有三个开头，而各呈千秋。书中第一个开头是作者申明创作动机、宗旨，第二个开头是贾宝玉在人间的故事开头，第三个开头是刘姥姥一进大观园而开始了贾府的故事。

曹雪芹在广阔的社会背景上，以精雕细琢的功夫，描绘了一大批活生生的典型形象。本书第二、三章即梳理全书的主要和重要人物的诸多精神面目和言行表现。

曹雪芹阅人无数，摄入巨著，尤其是出色地表现了闺阁精英的红颜薄命，既展示了"千红一窟（苦、哭），万艳同杯（悲）"的个人命运，也写出了中国优秀女性群体管理和支撑家庭、哺育和教育子女，得以使中国社会数千年顺利运转和发展的巨大贡献。

四大家族"一损皆损，一荣皆荣"的宏观揭示，揭示了政治、经济联姻的一种必然结果，是世界文化史上首创性的一个认识。

纨绔子弟败落家庭的题材是中国文学艺术所擅长的，《红楼梦》之前有《水浒传》、《金瓶梅》和"三言二拍"等多部精彩作品，现当代也有戏曲《陆雅臣》、余华《活着》描写富家公子的败落过程，但都表现个体人物。《红楼梦》则精彩描写了贾府子弟集体性

的腐败堕落，特别令人触目惊心。

《红楼梦》具有很强的写实性，又善于运用神秘文化的资源，以神秘现实主义和神秘浪漫主义手法展开情节、描写人物，增强了趣味，更探索了宇宙和人类创世、人的来处和去向的终极旨归。

《红楼梦》展现了中国博大精深的伟大文化的灵魂和魅力，本书第四章专论此题。又如黛玉遵循孔子《论语·述而》："学而不厌，诲人不倦"的原则教诲香菱，香菱的态度则结合"学而不厌"和《孟子·告子上》弈秋"专心致志"的要求，精彩体现了儒家经典的精神渗透到优秀女子的血脉的普遍性现象。

曹雪芹还通过书中人物之口，揭示了丰富多彩的创作经验，例如宝钗说"诗从胡说来"，指出想象要勇敢大胆而又丰富多样，等等。

《红楼梦》的语言显示了曹雪芹的文学和文字素养之极度丰富深厚，展示了中国汉字、语言的极度精美、丰富和伟大，代表了我国古典小说语言艺术的最高峰。作者以质朴自然为基调，缀以千变万化的光彩：有时富有哲理，有时富于情趣；有时引用前人成语、丽语、警句、妙句，有时一空依傍，自铸伟词；有时辞藻华美，有时洋溢诗意。曹雪芹用形象、隽永、纯洁而精巧的文字，织成繁花似锦、光彩夺目的华美篇章，作为极其丰富和深邃的文化、思想、精神的出色载体，给人们以总结历史和面向未来的思考，取得了登峰造极的伟大艺术成就。

二、《红楼梦》塑造人物的极高成就

《红楼梦》在人物塑造方面，取得了极高的成就。20 世纪至今，

已有众多论文和书籍论述，从各个角度、多个层面，都有了详尽甚至很多重复的总结和叙述。人物塑造的诸多优胜之处，例如生动、鲜明，性格发展的自然、性格特征的突出，外貌描写的生动优美，人物描写的多样、栩栩如生等，皆得到众多的阐释。笔者于此没有异议，都很赞成。

1. 三个领先性的成就

但是《红楼梦》在人物塑造方面，我认为有三个超越众多杰作，取得领先性的三个重大成就，未受到关注和重视：

一是《红楼梦》塑造了系列性的奴婢形象，并为之建构了一个完整的社会体系，形成了一个奴婢世界。

二是《红楼梦》宏观和精细地描写了各类人物的智慧，包括正面的智慧和负面的智慧。

另需强调的是，由于《红楼梦》中人物的智慧内容极其丰富，因此本书第二章和第三章，用两章近10万字的篇幅，梳理和评论红楼梦中的人物智慧。其中，第二章是评论女娲和警幻仙子，刘姥姥和史太君，贾元春和贾探春，薛宝钗和薛宝琴，王熙凤和金鸳鸯，妙玉和李纨，平儿和小红、佳蕙共15位优秀女性的正面智慧。第三章则介绍和评论贾宝玉、林黛玉、史湘云、晴雯和金钏、柳湘莲和薛蟠以及以贾琏和迎春、惜春为代表的贾府其他失败子女的负面智慧。

三是《红楼梦》塑造人物复杂和多面性格的极高成就。

2. 塑造人物复杂和多面性格的极高成就

关于主要人物显现复杂多面的性格和面貌，人们津津乐道于：

曹雪芹在塑造美女形象时，从不把人物写得完美无缺、尽善尽美，而往往是写成美玉微瑕。如黛玉的弱症、宝钗的热症、鸳鸯的雀斑等。这些"微瑕"不仅未影响人物形象之美，反而增加了人物特色，使人物形象更加鲜明。这仅是外表，更重要的是内在的心理和性格。

《红楼梦》在塑造主要人物命运方面，显示了复杂的真相。本书第二、三章中评论的人物都不同程度地具有这个特点，尤其是给薛宝钗、平儿、李纨的定位，林黛玉的自我要求，都被其人生实践所打破，但读者不觉其突兀，因其具体描绘真实、自然、妥帖。

例如林黛玉，人们赞誉她对爱情的执着，对宝玉经过考验后的信任。可是小说描写她听闻张道士要为宝玉介绍对象，后又风闻家长已为宝玉选定宝钗为妻，她都信以为真，并在极度失望之下，以绝食作为自戕、慢性自杀的手段，了结此生。她对宝玉的信任，又很容易打破。

又描写黛玉三岁时，和尚看出她体弱多病短命，要化她出家。后来果然她在十六七岁即死。

又描写她与宝玉的婚姻本胜券在握，从贾母的特别关爱，到贾府的舆论，都显示她将与宝玉配亲。由于她自己的两个先天不足，终致失败：因性格急躁、高傲、任性，而与宝玉争吵或暗斗；体质极差，疾病频发，任何家长都不会欢迎此类体弱多病的媳妇，即使能拖几年，也不能生育。贾母等固然用了调包计，而吊诡的是只要宝玉和宝钗晚结婚一天或几天，黛玉已死，也用不了此计。

对人物复杂的性格写得更为精彩。以李纨为例，她信奉"女子

无才便有德"①的信条，却在大观园中兴办诗社，让群芳比赛诗才。贾府众人认定她"竟如槁木死灰一般，一概无见无闻，唯知侍亲养子"。书中从不介绍她如何侍亲养子，却生动描写了她在诗社当社长，评论和审定名次，热情而公正。她支持探春治家，热诚而积极。她还曾在开办诗社时当众严斥凤姐："这东西亏他托生在诗书大宦名门之家做小姐，出了嫁又是这样，他还是这么着；若是生在贫寒小户人家，作个小子，还不知怎么下作贫嘴恶舌的呢！天下人都被你算计了去！昨儿还打平儿呢，亏你伸的出手来！那黄汤难道灌丧了狗肚子里去了？气的我只要给平儿打报不平儿。忖夺了半日，好容易'狗长尾巴尖儿'的好日子，又怕老太太心里不受用，因此没来，究竟气还未平。你今儿又招我来了。给平儿拾鞋也不要，你们两个只该换一个过子才是。"说的众人都笑了。凤姐儿服软，连忙笑道："这脸子竟是为平儿来报仇的。竟不承望平儿有你这一位仗腰子的人。早知道，便有鬼拉着我的手打他，我也不打了。平姑娘，过来！我当着大奶奶姑娘们替你赔个不是，担待我酒后无德罢！"说着，众人又都笑起来了。李纨笑问平儿道："如何？我说必定要给你争争气才罢！"平儿笑道："虽如此，奶奶们取笑，我禁不起。"李纨道："什么禁不起，有我呢！"（第四十五回）她的侠义和仗义执言的锋芒，与众人的评价和平时的表现完全相反。

再说宝钗，看似藏愚守拙，不露锋芒，王熙凤还说她"不关己事不开口，一问摇头三不知"。她只是对应该尊重的长辈，对心气

----

① "女子无才便是德"是晚明陈继儒引用别人的观点，见（清）石成金《家训钞》引陈眉公语。

狭窄、行事蛮横的黛玉、凤姐这些人藏愚守拙，不露锋芒，实际上她铁肩担道义，广施仁德，该出头时，"夫人不言，言必有中"，给人以重大启发和切实帮助。薛宝钗性格的复杂性和丰富性，还表现在宏观上，她关心贾府的历史和现状，协助探春治家时思路和手段高明，具有很强的可操作性；微观上，她具有关心他人、观察他人极为仔细和深入的品德和责任感，因此她不仅关心人、体贴人、帮助人，而且办事公平、处事周到。对于家境贫寒的邢岫烟、身居困境的史湘云，对于伤害过她的寄人篱下的林黛玉，她都能细心体会其困难，提供种种具体切实的帮助。即使对大观园的下人，她也能体贴他们的起早睡晚、终年辛苦的处境，为他们筹划一点额外的进益。对于她的母亲薛姨妈、长辈王夫人，也在其苦恼时给予正确的开导和切实的帮助。《红楼梦》全书对宝钗的精细描写，处处体现了她的热诚心肠、宽阔胸怀、高远识见和高明的办事处世能力，妙在完美而令人信服，具体而使人惊叹！

三、《红楼梦》的奴婢世界

在《红楼梦》这部巨著中，围绕着少数的主人，活动着大量的奴婢人物。《红楼梦》中的奴婢群体形成一个完整的网络，自成一个完整的世界。《红楼梦》栩栩如生、姿态各异地塑造了众多奴婢的形象，描写了他们多样复杂的性格和交叉错综的关系。这是《红楼梦》对中国和世界文化史所做出的无与伦比的巨大贡献之一。

《红楼梦》中没有明确交代荣国府的奴仆数量，只是在讲述刘姥姥出场之时，介绍说："按荣府中一宅人合算起来，人口虽不多，从上至下也有三百余口人（脂评本作"三四百丁"）。"（第六回）

按照冷子兴对贾雨村的介绍，贾府祖上仅有宁国公与荣国公兄弟二人。荣国府的主人有贾母、贾赦和邢夫人、贾政和王夫人及赵姨娘、贾琏和王熙凤、贾宝玉和贾环、李纨和贾兰、探春和迎春、寄居大观园的林黛玉，总计15人。三百余人扣除15人，还剩三百余人，这就是奴婢的数量。宁国府的主人，宁国公故后有贾代化，其次子贾敬有子贾珍，贾珍也生一子，即贾蓉。贾珍有妻尤氏，贾蓉妻子是秦可卿。贾敬、贾珍（有两个侍妾，不算主人）、贾蓉，尤氏、秦可卿、惜春，总计6人（第二回）。宁国府的奴仆应与荣国府大致相同。荣、宁二府的奴仆，共有六七百人。这些奴婢在书中没有全部出现，据统计，《红楼梦》中共出现丫鬟73人，小厮27人，仆人266人，以上共366人。无疑，《红楼梦》是世界上描写奴婢最多的一部文学作品。

刘姥姥初进贾府，见到平儿是"遍身绫罗，插金带银，花容玉貌"的美人，以为她是主人。而贾府中的体面丫头选的都是"花容玉貌"的俊俏美人，都有"遍身绫罗、插金带银"的打扮，其待遇超过小康之家和一般富户的女儿。这是豪门主人必须配套的高级享受的需要，也是贾府善待下人的一种表现。

《红楼梦》用全力描写奴婢，尤其是其中优秀的丫鬟，具有三个特点。

其一，《红楼梦》的第一主题是描绘优秀女性，其中重点塑造的优秀丫鬟的数量与优秀女主人大致相等。

其二，《红楼梦》描写了奴婢的各种性质、各种层面、各种年龄、各种性格、各种命运。

从性质上说，据《清代奴婢制度》可知清朝的奴婢分为两类：一

类属于白契，一类属于红契。红契是指载入"奴档"，"经过官府税讫登记，钤盖有官府印信的卖身契"，在法律上属于家生子，世代为奴，不可以脱离主家，成年后，主子将丫鬟婚配给身份相当的小厮；晴雯、鸳鸯、金钏和玉钏姐妹、彩霞等都是。但主人也可放他们自由。白契是指仅由"买主和卖身人凭中签立，未经官府钤盖印信，未经录入'奴档'的卖身契"，可以通过赎身重新获得自由；袭人即是。

在素质上说，描写了奴婢尤其是丫鬟中的三种和三等：品德有高尚、普通、低贱。性格有柔弱、普通、强势。智力有聪慧、普通、低能。《红楼梦》善于将这三等、三种互相搭配，写出了众多不同的奴婢形象。

书中所写的奴婢的命运，往往出于读者意料之外。

例如第七十二回，王夫人开恩放出彩霞，让她母亲做主，"随便自己捡女婿去吧"。这本是好事，没想到旺儿媳妇听说了来求凤姐，请求配给她的儿子。其子相貌丑陋，酗酒赌博，是"一技不知"的废物。彩霞本与贾环相契，贾政不同意，认为贾环年纪尚幼，再等一二年不迟。凤姐命彩霞之母答应嫁于旺儿之子，"那彩霞之母满心纵不愿意，见凤姐亲自和她说，何等体面，便心不由意的满口应了出去"，断送了彩霞一生的幸福。

像芳官的养母，品德低贱、性格强势、智力低弱、长相粗陋，却能够欺负长相优异、智力颇高、性格强势又得主人喜爱的芳官，写出人际关系的复杂性。

又如柔弱、低贱、愚笨的傻大姐，一个偶然的发现，竟然连累两个强势、聪明、美丽的高级大丫鬟晴雯和司棋丢了性命。写出了事件发展的错综多变和人物的诡异命运，令人感慨。

其三，由上可见，《红楼梦》不以封建等级，而以人的品格、性格、命运的错综关系平等地处理奴婢形象。甚至丫鬟和主人是平等的，这更体现为《红楼梦》作为主要描写优秀女儿的悲剧，不仅是个体生命的悲剧，也是那个时代败落家庭的青春、美、爱和有价值的生命的悲剧。覆巢之下，安有完卵？这充分显示了作者对家族悲剧进行反思，对自我情感、生活的失败经

司棋（改琦《红楼梦》图咏）

历与无力补天的忏悔，对家世变故中的闺友闺情的追忆，交叉回忆和思索的结果，并将之转化为有效创作的卓越努力。

四、《红楼梦》的人生智慧与对话艺术的极高成就

《红楼梦》作为一部文学艺术巨著，也是哲学、文化巨著。其中充溢着高深的哲学和博大的智慧。关于《红楼梦》哲学思想和精神，已有学者关注，并出版专著和论文。

1.《红楼梦》的人生智慧

关于《红楼梦》的人生智慧，笔者认为《红楼梦》讲的是宇宙和人生的大智慧。《红楼梦》除了在显著的地方，例如《红楼梦曲》和《好了歌》等处正面阐发大智慧外，全书惯用富贵人家日常生活中的普通人际交往和突兀事变，妇女之间的小小的勾心斗角或微妙心事，从具体的细小的情节和人物对话中，不起眼地闪现智慧之

贾母 锦衣军查抄宁国府
（《增评补像全图金玉缘》）

光，读者还经常要从"于无声处"提炼和体会人生智慧。

2.《红楼梦》对话艺术的极高成就

《红楼梦》的对话艺术取得了极高成就，但是过去对此有大相径庭的不同看法。鲁迅全盘否定，而施蛰存先生则全盘肯定。

鲁迅先生说：

高尔基很惊服巴尔札克小说里写对话的巧妙，以为并不描写人物的模样，却能使读者看了对话，便好像目睹了说话的那些人。

中国还没有那样好手段的小说家，但《水浒》和《红楼梦》的有些地方，是能使读者由说话看出人来的。其实，这也并非什么奇特的事情，在上海的弄堂里，租一间小房子住着的人，就时时可以体验到。他和周围的住户，是不一定见过面的，但只隔一层薄板壁，所以有些人家的眷属和客人的谈话，尤其是高声的谈话，都大略可以听到，久而久之，就知道那里有那些人，而且仿佛觉得那些人是怎样的人了。

如果删除了不必要之点，只摘出各人的有特色的谈话来，我想，就可以使别人从谈话里推见每个说话的人物。但我并不是说，这就成了中国的巴尔札克。①

———————

① 鲁迅：《花边文学·看书琐记》。

鲁迅先生将《水浒传》和《红楼梦》的对话贬为上海小市民的水平，与西方名家相比，仅用"中国还没有那样好手段的小说家"一语，即予以全盘否定。

施蛰存先生说："有人认为西洋小说的认知局限于繁冗的描写、心理分析和对话记录等。""《红楼梦》的对话优于西方。"①

两人的观点相比，鲁迅先生的观点显然是错误的，《红楼梦》的对话艺术取得了极高的艺术成就。

当今学者都认为《红楼梦》对话艺术取得了高度的成就，已有多种专著、论文详加阐述，例如海外学者孙爱玲《语用与意图：〈红楼梦〉对话研究（修订版）》② 研究小说对话的作用和现象，运用语境学、语用学、意图论、对话作用进行横切面剖析，在一定程度上解释《红楼梦》对话的种种现象，为中国小说呈现了不同角度的研究。

本书的研究角度与她不同，多是结合具体情节和人物描写，分析评论其艺术性。前已举例分析史太君与刘姥姥的对话，这是老年妇人礼仪交谈的典范。小红和佳蕙两个小丫头的对话，这是聪明少女怒鸣不平的经典对话。小红向凤姐汇报、李纨斥责凤姐欺凌平儿、黛玉临终呼喊宝玉的隔空对话等等，都是智慧型的对话。全书的对话大多如此，取得了极高的成就。

① 施蛰存：《小说的对话》，见吴福辉：《二十世纪中国小说理论资料》第三卷，北京大学出版社 1997 年版，第 470～471 页。
② 孙爱玲：《语用与意图：〈红楼梦〉对话研究（修订版）》，北京大学出版社 2011 年版。

3. 厉害的角色与对话

厉害的角色往往有一张厉害的嘴。《红楼梦》里厉害的"嘴"，多为女性拥有：凤姐、贾母、探春、鸳鸯、司棋、晴雯、小红、尤三姐，都是厉害货，黛玉则最厉害。宝玉的奶妈李嬷嬷说："真真这林姐儿，说出一句话来，比刀子还利害。"薛宝钗说："更有颦儿这促狭嘴，他用'春秋'的法子，把市俗粗话，撮其要，删其繁，再加润色比方出来，一句是一句。"

主人中的凤姐平时多是"世俗取笑"，在处置下人时凶狠，发现丈夫乱搞女人时耍泼；黛玉的语言典雅俊则，另显力量。

贾府女性的骂人，平儿骂得通俗：骂贾瑞"没人伦的混帐东西，叫他不得好死"；骂贾雨村"哪里来的饿不死的野杂种"。赵姨娘骂得低俗：骂芳官等"小娼妇，小粉头，浪淫妇们"。鸳鸯被逼婚时，其嫂子为虎作伥、前来劝说，鸳鸯暴怒之下竟爆粗口："你快夹着屁嘴离了这里，好多着呢！"她训斥嫂子劝她做"小老婆"的言论，是评论小老婆地位和命运的一篇精彩的微型论文；向公众宣布誓死不从时，大篇辞令，也精彩绝伦，是理智型的推车撞壁式对话的典范。黛玉则或机锋暗藏，或温文尔雅，并变化多端。例如林文山先生认为：

> 林黛玉对贾母拆散她同宝玉的婚事的反抗方式才是一位千金小姐的方式。她知道真情后，"反不伤心，惟求速死"。当贾母她们来病榻前看望时，林黛玉喘吁吁地只说了一句话："老太太，你白疼了我了！"这句话，其谴责的分量，又何尝比"掷杯"更少劲？它是对贾母这些年来给予她的全部疼爱的总结，也是黛玉对贾母最坚决的决裂，所以才说得贾母"十分难

受"。对于贾母的劝慰，"黛玉微微一笑，把眼又闭上了"。这就意味着，黛玉从此再也不愿见贾母这些人了。可见，描写矛盾的冲突，要点在恰如其分，找寻典型的细节。对于一位小姐来说，有的时候，微微一笑，其力量远远比声嘶力竭更能震撼读者的心灵。①

林黛玉平时尽管是一个厉害角色，可是她与贾母的对话只能处于劣势，也只能说这样的话。黛玉虽然当时病重气衰，却依旧头脑清醒、思维敏捷，应对极其得体和有力。

但是，与以上各种非常精彩的对话相比，最难写的是非理智型的推车撞壁式的对话，《红楼梦》于此极为擅长。林黛玉此类对话最多，她抱怨最后拿到珠花的指责、讽刺贾宝玉在宝钗处"喝冷酒"、和宝玉的多次争执尤其是将她比拟为戏子的争吵等，都是难以着笔的高难度的对话写作。篇幅所限，下面仅举比拟戏子事件一例。

4. 比拟戏子事件

宝钗生日演戏那天，贾母特别喜欢那演小旦的和那个小丑，特地命人把她俩叫来，称赏一番，另外给了赏赐。凤姐照例在边上凑趣，最后还问："这个小旦活像一个人，你们再也猜不出。"经此一问，众人恍然大悟，但怕得罪人，无人点破，只有史湘云心直口快，不假思索，脱口而出，说像黛玉。宝玉听了，忙把湘云瞅了一眼，使个眼色。

湘云晚间命丫鬟翠缕把衣包收拾了，发火说："明早就走，还

---

① 林文山：《西厢六论》，广西师范大学出版社1996年版，第62页。

在这里做什么？看人家的脸子！"宝玉说："好妹妹，你错怪了我。林妹妹是个多心的人。别人分明知道，不肯说出来，也皆因怕他恼。谁知你不防头就说出来了，他岂不恼呢？我怕你得罪了人，所以才使眼色。你这会子恼我，岂不辜负了我？若是别人，那怕他得罪了十个人，与我何干呢？"湘云道："你那花言巧语别望着我说。我原不及你林妹妹。别人拿她取笑儿都使得，我说了就有不是。我本也不配和他说话：他是主子姑娘，我是奴才丫头么。"宝玉急忙说道："我倒是为你为出不是来了。我要有坏心，立刻化成灰，教万人拿脚踹！"湘云听罢，大怒："大正月里，少信着嘴胡说这些没要紧的歪话！你要说，你说给那些小性儿、行动爱恼人、会辖治你的人听去，别叫我啐你！"说着，至贾母里间里，忿忿地躺着去了。

宝玉没趣，只得又来找黛玉。刚到门槛前，黛玉便把他推出来，将门关上。宝玉又不解何意，在窗外只是吞声叫"好妹妹"。黛玉总不理他。宝玉闷闷地垂头不语，只是呆呆地站在那里。黛玉只当他回房去了，便起来开门，只见宝玉还站在那里。黛玉反不好意思，不好再关，只得抽身上床躺着。宝玉随即进来问道："凡事都有个原故，说出来人也不委曲。好好的就恼，到底为什么起呢？"林黛玉冷笑道："问我呢！我也不知为什么。我原是给你们取笑的，——拿着我比戏子，给众人取笑儿！"宝玉道："我并没有比你，也并没有笑，为什么恼我呢？"黛玉道："你还要比？你还要笑？你不比不笑，比人家比了笑了的还利害呢！"宝玉听说，无可分辩。黛玉又道："这还可恕。你为什么又和云儿使眼色儿？这安的是什么心？莫不是他和我玩，他就自轻自贱了？他是公侯的小姐，我原是民间的丫头。他和我玩，设如我回了口，那不是他自惹轻贱？你是这个

主意不是？你却也是好心，只是那一个不领你的情，一般也恼了。你又拿我作情，倒说我'小性儿、行动肯恼人'。你又怕他得罪了我，——我恼他与你何干？他得罪了我，又与你何干呢？"

黛玉、湘云、宝玉三人的对话，是两女战一男，两女所向披靡，一男毫无招架之功，遑论还手之力。三人的对话，既当面针尖对麦芒，又隔空放射强劲暗器；既切合当时的场景，又不离下午将林黛玉比拟为戏子时的话境；每个人讲的话，对自己来说都是对的，对方听来却都是错的；既符合每个人的身份、性格、年龄和性别，又暗寓普遍性的认识人、处理事的精当原则；既具体入微，又宏观高远，妙在恶狠狠的心情——两女都用非理智型的推车撞壁式的凶话恶斗——然而用美妙的语言表达，三人的对话搭配，夹枪带棒却丝丝入扣、天衣无缝，其效果仅是飞花伤人而已。真如金圣叹评批《西厢记》中莺莺与红娘的争执时说的：犹如小鸟斗口，莺声呖呖，令人心旷神怡。不宁唯是，更奇妙的是，细观原作，三人明枪暗箭，唇尖舌利之时，三人边上还暗藏着一位妙人，她本应是宝玉心理的支撑、靠山，可以化解二女对宝玉的心理伤害，却因宝玉的愚钝而放弃依靠，自寻烦恼。此女就是宝玉事实的妻房，智慧过人的袭人。

《红楼梦》的对话艺术取得如此登峰造极的伟大艺术成就，环顾西方名著，罕有伦比。

五、《红楼梦》的伟大艺术成就对当代作家的重大启示

《红楼梦》这部经典小说的巨大艺术成就，表现在全书中的绝大部分几乎字字珠玑、遍处光华，给当代中国作家以重大启示。

　　其一，作家，其实任何文化高深的学者或艺术家，尤其是作家，文学是基础，中国古典文学经典是其第一基础。

　　我在《论文化自觉与文艺人才的培养》一文中指出：

　　笔者一贯认为当今中国文学艺术没有达到世界一流水平，首先是作家和艺术家没有继承中国传统文化和文学的优秀传统造成的。以当代中国文学"垃圾"论的误传而震惊中国文坛的德国权威汉学家顾彬认为，"中国文学未达世界一流的根本原因是作家不懂外文、不能阅读西方名著"，这个论点有重大偏颇。为此，笔者于2008年9月在上海外国语大学主持了与顾彬的座谈，提出了我的上述观点。顾彬接受了我的这个观点，此后他与中国学者对话交流时，介绍了这个观点的部分内容："他们（指中国作家）的问题在哪儿呢？他们对中国古典文学、哲学了解不够。这几天我有机会跟上海外国语大学的老师探讨这个问题，他们认为中国当代作者看不懂中国古典文学，所以他们没有什么中国古典文学的基础。"[1] 并又撰文复述我的部分观点说："不少人在中国的现代性中感觉无家可归。这种无家可归的感觉始于1919年的五四运动。那时人们认为，可以抛弃所有的传统。当代中国精神缺少的是一种有活力的传统。也就是说，一种既不要盲目地接受，也不要盲目地否定，从批评角度来继承的传统。1919年在中国批判传统的人，他们本身还掌握传统，因此他们能留下伟大的作品。但是他们的后代不再掌握传统，只能在现代、在现存的事物中生活、思考、存在……"[2]

---

　　① 顾彬、刘江涛：《我的评论不是想让作家成为敌人》，载《上海文化》2009年第6期，第111页。

　　② 顾彬：《中国学者平庸是志短》，《读书》2011年第2期。

文化自觉和文化自信是要从小培养和灌输的，人文经典的学习需要自幼必要的背诵和终身反复钻研。① 中国当今的中小学已逐步增加文言文学习和背诵的数量，这是正确的发展趋向。

我因此认为作家、艺术家如果不是中文系出身，没有精读和背诵过古典文学优秀作品的，要补上这一课。

之所以造成当今文学落后的局面，是因为正如研究家所指出的，"一个多世纪以来，特别是'五四'新文化运动以来，中国开始大规模地引进西方文化，并用西方文化来对中国文化进行改造。在这场声势浩大的新文化运动中，对中国传统文化展开迅猛攻击、对西方文化表示热情欢迎的，恰恰是那些最有爱国激情的知识分子。鲁迅应一个杂志社之邀为青年开列必读书目时说：'我以为要少——或者竟不——看中国书，多看外国书。'② 沈雁冰在'五四'时期主持《小说月报》时认为，最要紧的工作是对外国文学的切切实实的译介工作，以此来救治中国古典文学'主观的向壁虚造'等弊病。"③ 鲁迅曾经坦率指出：新文学是在外国文学潮流的推动下发生的；从中国古代文学方面，几乎一点遗产也没摄取。④

虽然主流文坛否定中国文化，全盘接受西方文化，但当时的学习浪潮主要仅着眼于实用的科学技术，文艺方面很少学到西方的文

① 周锡山：《论文化自觉与文艺人才的培养》，见中国文联理论研究室：《文化自觉与当代文艺发展趋势》，中央文献出版社 2012 年版。
② 《鲁迅全集》第 3 卷，人民文学出版社 1981 年版，第 18 页。
③ 李怀亮：《国际文化贸易三题》，见《文化蓝皮书·2003：中国文化产业发展报告》，社会科学文献出版社 2003 年版，第 97 页。
④ 鲁迅：《集外集拾遗补编·"中国杰作小说"小引》，《鲁迅全集》第 8 卷，人民文学出版社 1981 年版，第 399 页。

化精华。即以文学为例，鲁迅同时也强调：向外国学习时，"外国文学的翻译极其有限，连全集或杰作也没有，所谓可资'他山之石'的东西实在太贫乏"①。

鲁迅领导的新文学阵营，鄙弃中国传统文化和文学，造成严重的后果是：除了鲁迅本人，听从鲁迅教导而鄙弃古典文学学习的新文学作家没有产生受到读者欢迎的精彩作品，并先后受到革命领袖兼著名文学家、评论家瞿秋白，哲学家冯友兰，荣获1938年诺贝尔文学奖的美国女作家赛珍珠和武侠小说家金庸的严厉批评。②

最引人注目的是，瞿秋白早在1931年，于其《吉诃德的时代》和《论大众文艺》等文章里，就指出："五四式"的各种体裁的文艺作品充其量也不过销行两万册，满足一二万欧化青年的需要，那些极大多数的中国人则与中国的新文学无缘。瞿秋白感慨在"武侠小说连环画满天飞的中国里面"，新文学作者没有重视大众文艺的体裁的重要性，"反而和群众隔离起来"。他对新文学的批评是严厉的，但他按当时的认识水平只能批评其脱离群众，而未能指出其不受欢迎的要害是艺术性差。当时风靡于社会的是武侠小说和言情小说。

最新发表的权威性意见是中国现当代文学专业博导、华东师范大学教授钱谷融的体会：

> 钱老在华师大中文系教了几十年中国现当代文学，也培养

---

① 鲁迅：《集外集拾遗补编·"中国杰作小说"小引》，《鲁迅全集》第8卷，人民文学出版社1981年版，第399页。

② 周锡山：《论赛珍珠在中国现代文学史上的地位和意义》，《赛珍珠纪念文集》第2辑（2008·镇江·赛珍珠获诺贝尔文学奖70周年纪念国际研讨会论文集专辑），广西师范大学出版社2009年版；全文又刊《社会科学论坛》2009年第5期。

了一批国内知名的现当代文学学者，但钱老却说："我喜欢中国古典文学、西方文学，不喜欢中国现当代文学，但古典文学和外国文学的教职都满了，挑剩的只有我不喜欢的现当代文学，最后居然也能培养出不少国内知名学者，我自己都想不通。"

中国现当代文学教授却几乎不看现当代文学，甚至有点厌烦，这似乎有些怪，他说："因为上当多了就索性不看了，当年看了许多现当代文学，但有点受骗的感觉。"①

因此，从中小学生到作家学者，应该学习和继承的是古典文学。掌握了文言文，白话文不必学，自然就全懂了。

在精深掌握中国古典文学的基础上，我们也必须学习和继承西方文学经典的遗产。但是反过来，如果没有中国文学的基础，是学不好外国文学的；犹如汉语不精深，外语肯定学不深。

其二，作家和所有的知识分子，必须努力学习国学，即儒、道、佛三家文化，包括哲学和历史。

其三，作家必须重视经历的重要性。鲁迅有一个著名的沉痛回忆："有谁从小康人家而坠入困顿的么，我以为在这途路中，大概可以看见世人的真面目。"曹雪芹从豪富跌入贫困，体会更其深刻。没有这样的经历，曹雪芹和鲁迅写不出、写不好小说。没有丰富经历的作家，必须深入和体验自己作品中反映的实际生活。

以上是重要的启示。在具体的创作中，作家可以得益极大，主

---

① 石剑峰：《钱谷融：我的成就是"批"出来的》，载《东方早报》2008年3月7日。

要是无形的得益，作家可以将古典文学的经典化为自己和自己作品的血肉。有时也有有形的得益。以《红楼梦》来说，本书前已指出《红楼梦》对《西厢记》、《金瓶梅》的学习和运用，引及俞平伯先生指出林黛玉《葬花诗》等借鉴了唐伯虎的诗歌。近年还有学者精辟指出：

> 盛唐诗人王维全面的艺术造诣使之对后世诗学以及艺术理论形成了很大的笼罩力。《红楼梦》的文本较为充分地反映出王维对后世的强大而深远的影响力。对浑融蕴藉、兴象玲珑诗美和高度情景交融艺术的继承和发展，是促使《红楼梦》"诗化"艺术形成的重要因素。

曹雪芹通过《红楼梦》第四十八回香菱学诗的情节，明确标举王维诗歌。俞平伯先生认为："黛玉跟香菱谈诗，不妨视为悼红轩的诗话。"而香菱对于王维诗歌体会入微、得其神妙的鉴赏，实际上就是曹雪芹对王维诗歌的品赏之见。香菱对王维诗歌发表的那番精微的鉴赏，已多为后人论王维诗歌写景如画、精于炼字艺术时所引用。《红楼梦》中的大量诗文曲赋多有对王维诗歌字句、意象立意的袭用和借鉴，可见出作者对王维诗歌的熟悉和欣赏。

《红楼梦》中各种描写景致的文字，多通过对王维的山水田园诗句和诗意的借鉴和化用，来营造一种宁静幽美、清雅如画的境界。如贾宝玉所作《蘅芷清芬》"轻烟迷曲径，冷翠湿衣裳"（第十八回）一联，取意于王维《山中》"山路原无雨，空翠湿人衣"。而《赞会芳园》中"石中清流激湍，篱落飘香；树头红叶翩翩，疏林如画"（第十一回）几句，则颇有《山中》"荆溪白石出，天寒红叶稀"的如画意境。贾宝玉所作藕香榭对联上句"芙蓉影破归兰

桨"（第三十八回）以动写静，显然源自王维《山居秋暝》中的"竹喧归浣女，莲动下渔舟"一联的特殊写法。第五十回中，李纹的咏雪诗句"寒山已失翠"，翻用了王维《辋川闲居赠裴秀才迪》诗中"寒山转苍翠"。第七十六回"振林千树鸟，啼谷一声猿"的妙对，也受了王维《送梓州李使君》"万壑树参天，千山响杜鹃。山中一夜雨，树杪百重泉"意境的启发。

《红楼梦》中的诗歌不仅在具体的字句、意境方面袭用王维诗歌，还在情趣、神韵方面进行模仿，往往神情逼肖。第十八回黛玉为宝玉代拟的那首《杏帘在望》尤显功力。诗云："杏帘招客饮，在望有山庄。菱荇鹅儿水，桑榆燕子梁。一畦春韭熟，十里稻花香。盛世无饥馁，何须耕织忙。"语言清新明快，境界安详和乐，充溢着浓郁的生活气息，与王维田园诗代表作《渭川田家》、《淇上田园即事》、《山居秋暝》等的结构和情调十分相似。

《红楼梦》的"诗化"还表现在将"诗的素质、手法、境界，运用到小说中去"。从曹雪芹对王维诗歌的推崇和精到的评赏可见，曹雪芹在诗学审美取向上的确倾向于王维诗歌所体现出来的那种富有"神韵"的审美趣旨，这一审美趣旨渗透到《红楼梦》全书的艺术思维和艺术手法中去，追求空灵的韵致，传神写意，造成明净自然、蕴涵不尽的艺术效果。

王维的辋川别业（今陕西蓝田西南）将诗画的意境融会于庭园的布局与造景之中，体现出后世园林所崇尚的内省和精致的美学品位，以及一种宁静淡泊的情致。随着《辋川集》和《辋川图》的问世，辋川别业的自然胜景和其中的诗意生活更加成为后世追慕仿效的经典。《红楼梦》的大观园与王维的辋川别业在设计、规划、命

名、立意等方面都有着相似的审美追求，表现出士大夫心目中富有诗意的理想境界。大观园中楹联、匾额、景点的设置和命名，有很多可以从王维辋川景致和王维诗歌中找到其艺术渊源。如大观园的"暖香坞"、"蘅芜苑"、"潇湘馆"、"藕香榭"、"紫菱洲"这些雅致而优美的命名很容易联想到辋川的"辛夷坞"、"竹里馆"、"文杏馆"、"斤竹岭"、"木兰柴"、"茱萸沜"。而大观园中稻香村"黄泥筑就矮墙，墙头皆用草茎掩护"、外面"各色树稚新条，随其曲折，编就两溜青篱"，与王维《文杏馆》"文杏裁为梁，香茅结为宇"朴素简洁、回归自然的追求也十分一致。尤其是潇湘馆"数楹修舍，有千百竿翠竹遮映"（十七回）的清幽意境，与王维笔下的竹里馆非常神似。《红楼梦》第十七回写贾政察看潇湘馆时暗暗忖思："这一处倒还好，若能月夜至此窗下读书，也不枉虚生一世。"宝玉为潇湘馆题的对联是"宝鼎茶闲烟尚绿，幽窗棋罢指犹凉"（十七回）。当宝玉询问黛玉住哪一处好时，黛玉笑道："我心里想着潇湘馆好，我爱那几竿竹子，隐着一道曲栏，比别处幽静"。（第二十三回）这些描写都是着眼于这一环境清雅幽静、绝俗超逸的意蕴，而这一环境的居住者也非"孤高自许，目无下尘"的黛玉莫属。

王维在诗中擅长为各种人物"审象求形"、"传神写照"。如《与卢员外象过崔处士兴宗林亭》"绿树重阴盖四邻，青苔日厚自无尘。科头箕踞长松下，白眼看他世上人。"先画出人物所在的清幽洁净的环境，然后抓住人物"科头箕踞"的动作和"白眼看人"的神态，寥寥两笔，便栩栩传神地塑造出一位寂居林下、孤高傲世的隐士形象。这一诗意也为第三十八回史湘云所作的《对菊》所借用，以"萧疏篱畔科头坐，清冷香中抱膝吟。数去更无君傲世，看

来惟有我知音"描绘了清幽高逸的环境，刻画出不拘礼法的"傲"的情态。《红楼梦》在人物形象塑造上，着重写其"神韵"，多用象征物态突出人物的神态气质。俞平伯先生认为《红楼梦》的笔法堪入"神品"。清人姚燮评第四十九回宝玉往妙玉栊翠庵乞梅一节写道："妙玉于芳洁中，别饶春色。雪里红梅，正是此意。"白雪红梅的描写，在将神情寄寓于物、象征着人物的精神境界方面，与王维《袁安卧雪图》中的雪中芭蕉相似。王维以芭蕉比喻袁安，表现凡夫俗子之身不怕苦行即可成佛的禅理。曹雪芹以冰雪晶莹天地之中吐芳怒放的红梅，比喻妙玉在孤傲高洁个性之中深蕴对生活的美好追求，很好地揭示了人物的精神世界。①

王维是与李白、杜甫并列的唐代三大诗人之一，又是一流画家和后世画坛的宗师，兼具极高的音乐造诣。他能将绘画和音乐的元素水乳交融地融入诗中，故而其总体成就高于李杜。

曹雪芹本人的诗才虽好，但比不上一流诗人，他借鉴名家以藏拙，是高明的；此文指出，他更能将学习王维的成果化为自己的血肉，运用到小说要表现的人物和环境中，给当今作家以极大的启发。

---

① 袁晓薇：《王维与〈红楼梦〉的诗化意蕴》，载《光明日报》2007 年 1 月 26 日。

主要参考书目

《红楼梦》（程甲本），【清】曹雪芹著，清刻本。

《红楼梦》（程乙本），【清】曹雪芹著，人民文学出版社 1982年第 2 版。

《红楼梦》（脂评庚辰本），【清】曹雪芹著，中国艺术研究院红楼梦研究所校注，人民文学出版社 1992 年版。

《八家评批红楼梦》，冯其庸纂校订定，文化艺术出版社 1991年版。

《红楼梦资料汇编》（上下，《古典文学研究资料汇编·红楼梦卷》），一粟编，中华书局 1964 年版。

《红楼梦研究稀见资料汇编》，吕启祥、林东海主编，人民文学出版社 2001 年版。

《曹雪芹传》，周汝昌著，百花文艺出版社 1983 年版。

《曹雪芹》，吴新雷著，江苏人民出版社 1983 年版。

《曹雪芹评传》，李广柏著，南京大学出版社 1998 年版。

《曹雪芹江南家世考》，吴新雷、黄进德著，福建人民出版社 1983 年版。

《胡适红楼梦研究论述全编》，胡适著，上海古籍出版社 1988 年版。

《俞平伯论红楼梦》（上下），俞平伯著，上海古籍出版社 1988 年版。

《红楼梦论源》，朱淡文著，江苏古籍出版社 1992 年版。

《红楼梦新证》（增订本，上中下），周汝昌著，中华书局 2013 年版。

《红楼佛影》，张毕来著，上海文艺出版社 1979 年版。

《读红楼梦》，张毕来著，知识出版社 1985 年版。

《红楼梦与戏曲比较研究》，徐扶明著，上海古籍出版社 1984 年版。

《红楼梦哲学精神》，梅新林著，学林出版社 1995 年版；华东师范大学出版社 2007 年版。

《红楼梦人物论》，王昆仑著，三联书店 1983 年版。

《红楼梦人物谱》，朱一玄著，百花文艺出版社 1986 年版。

《红楼梦学刊》，中国艺术研究院红楼梦学刊杂志社。

《红楼梦》研究专著和论文极多，本书参考了很多种，还有注释标明的引用著作等，限于篇幅，不再列出。

后 记

　　我的研究重点，古代戏曲是《西厢记》、《牡丹亭》和《长生殿》，古代小说是《红楼梦》和《水浒传》，古代美学是金圣叹和王国维两家，现当代文学是鲁迅和金庸两家。文史结合的研究有"历史新观察"书系3种。另外，我自己创立了"意志悲剧说和意志喜剧说"、"神秘现实主义和神秘浪漫主义"理论和"中国文论评论和研究西方名著"方法研究，观照古今中外的文学艺术名著，都已出版多种论著或论文。

　　关于《红楼梦》研究，我已经出版《红楼梦的人生智慧》和《红楼梦的奴婢世界》两书。本书的内容与上两书完全不同，从梳理、分析和评论曹雪芹创作《红楼梦》的思想和理路的角度，对《红楼梦》做全面的研究。在接受当今研究成果的基础上，提出了全面的新见解。前两书尤其是《红楼梦的人生智慧》得到不少读者的关注和评论，非常感谢。本书与前两书是相辅相成的，希望读者继续关注。如有不当或不足之处，还请热心的读者不吝指正。

周锡山

癸巳冬至于上海静安九思斋

图书在版编目(CIP)数据

曹雪芹：从忆念到永恒/周锡山著. —济南：
济南出版社，2014.5（2023.5重印）
（文化中国/乔力，丁少伦主编. 永恒的话题. 第4辑）
ISBN 978 – 7 – 5488 – 1282 – 1

Ⅰ.①曹…　Ⅱ.①周…　Ⅲ.①曹雪芹（？～1763）—
人物研究　Ⅳ.①K825.6

中国版本图书馆 CIP 数据核字（2014）第091992号

整体策划　丁少伦
责任编辑　张所建
装帧设计　侯文英

出版发行　济南出版社
地　　址　济南市二环南路1号（250002）
发行热线　0531 – 86131731　86131730　86116641
编辑热线　0531 – 86131721　86131722
网　　址　www.jnpub.com
经　　销　新华书店
印　　刷　肥城新华印刷有限公司
版　　次　2014年6月第1版
印　　次　2023年5月第2次印刷
规　　格　150毫米×230毫米　1/16
印　　张　19.75
字　　数　220千字
定　　价　59.80元

（济南版图书，如有印装错误，请与出版社联系调换。**联系电话**:0531 – 86131736）
法律维权:0531 – 82600329